図解

いちばんやさしく丁寧に書いた

合同会社
─ 設立・運営の本

JN026829

成美堂出版

はじめに

　本書は『図解 いちばんやさしく丁寧に書いたLLC（合同会社）設立・運営の本』、『図解 いちばんやさしく丁寧に書いた合同会社設立・運営の本』の改訂版（3訂版）です。2016年春に初版を刊行して以来、多くの方にご愛読いただきました。

　合同会社の年間の設立件数は、平成23年（2011年）は9,130件でしたが、10年後の令和3年（2021年）には37,072件と4倍以上に急増しています。また、会社設立総数に占める合同会社の割合は平成23年は約10％でしたが、令和3年には約28％と3倍ぐらいとなり、今や、合同会社はマイナーとはいえない会社組織となっています。そして、合同会社の設立が増えたことにより、実際に合同会社を経営（運営）している経営者の方からの疑問や相談が増えてきている現状です。そのため、今回、情報を更新し、改めて刊行することにいたしました。

　上述したように、近年、合同会社の設立が急増しています。しかし、初めて合同会社の設立を検討してみると「合同会社のつくり方がよくわからない」「合同会社って株式会社とどう違うの？」「合同会社を選ぶメリットって何？」「合同会社の設立にかかる期間と費用はどれぐらいなの？」「合同会社は定款によって運営方法が大きく変わるって聞いたことがあるけれど…」「自分のビジネスは合同会社でよいの？」など、疑問に思うことやわからないことに多々出合うでしょう。合同会社は新しい組織体であるため、株式会社と違って情報が少ないのは事実です。

　本書では、初めて合同会社を設立しようとする人が、よく疑問に思うことをできるだけカバーし、丁寧に段階を追って解説しています。合同会社は定款によって運営方法が大きく変わるのですが、定款の作成の仕方も詳しく解説しています。また、想定される合同会社の設立パターンもいくつか収録しました。さらに、設立後の届出や運営に関するポイントも解説しています。

　合同会社を手早くつくりたい、しかし、きちんと合同会社の特徴を知っておきたい、という人のための本となっています。

　なお、合同会社は新しい組織体であるため、各登記所での取り扱いが完全に統一されているとはいえず、必要とされる書式が本書にある書式とは異なっている可能性があります。その点をご承諾いただいた上で、本書をご利用くださいますようお願いいたします。

令和5年4月吉日

行政書士・税理士　中島吉央

これだけある!!

合同会社の
メリット

これから事業を始めようとしているあなたに、合同会社という組織形態を選ぶ「メリット」と「デメリット」を、株式会社や個人事業主と比較しながら紹介します。

合同会社のメリット1●「安く」「早く」設立できる!!
　　　　　　　　　　　　株式会社より「少額・短期間」
合同会社のメリット2●「社会的信用力」が上がる!!
　　　　　　　　　　　　会社なので個人事業より社会的信用「大」
合同会社のメリット3●「定款自治」で柔軟に運営!!
　　　　　　　　　　　　「柔軟な機関の設計」と「柔軟な損益分配」
合同会社のメリット4●社員全員「有限責任」なのでリスク小!!
　　　　　　　　　　　　倒産時の返済義務は「出資額」まで
合同会社のメリット5●税金を抑えられる!!
　　　　　　　　　　　　個人事業は累進課税だが、法人税は一律
合同会社のデメリット

1 「安く」「早く」設立できる!!

株式会社より「少額・短期間」

合同会社の設立にかかる費用と期間は、株式会社のそれと比べて半分ほどの「少額・短期間」で済みます。

株式会社の場合は、定款を作成して公証人の認証を受ける必要があります。公証人による定款認証の手数料は1件当たり、資本金の額等が100万円未満の場合「3万円」、資本金の額等が100万円以上300万円未満の場合「4万円」、300万円以上の場合「5万円」です(令和4年1月1日以降)。また、謄本代(定款の原本をそのまますべて写しとった「謄本」の手数料)が約2,000円かかります。

一方、合同会社を設立する場合には、定款の作成は必要ですが、**公証人の認証は必要ないので、認証手数料と謄本代はかかりません。**

設立時に書面で作成する定款の原本には、合同会社、株式会社ともに収入印紙が4万円必要です(注0-1)。電磁的記録による会社の電子定款については、印紙を貼付する必要はありませんが、一般の方が電子定款を作成するのはハードルが高いため、電子定款にする場合は行政書士などの専門家に依頼することが多いでしょう。現時点では、インターネットで探せば5,000円程度で作成してもらえるような感じです。

■ 登録免許税の金額

合同会社の設立登記に関する登録免許税の金額は、**資本金の1000分の7もしくは6万円のいずれか高い金額が必要です。**資本金100万円の会社の設立でいえば、登録免許税は7,000円ではなく6万円が必要となります。ざっくりいえば、資本金の額が857万円までは登録免許税は6万円になるということです。ちなみに、株式会社の場合は、登録免許税として資本金の1000分の7もしくは15万円のいず

設立にかかる費用の目安(株式会社との比較)	株式会社	合同会社
定款印紙代	40,000円	40,000円
定款認証手数料と謄本代	52,000円	0円
登録免許税	150,000円〜	60,000円〜
その他	約10,000円	約10,000円
合計	252,000円〜	110,000円〜

※資本金300万円以上の場合の設立費用

合同会社は定款認証手数料と謄本代がなく、登録免許税も安いため、株式会社の半額ほどで済む。

れか高い金額が必要です。

　そのほかに、株式会社、合同会社ともに、専門家である司法書士に設立登記の手続きを依頼すると、その報酬（手数料）などが別途必要となります。また、印鑑証明書代や会社代表者印代、交通費などに1万円くらいかかるでしょう。

■ 設立に必要な期間

　設立に必要な期間も、合同会社のほうが株式会社よりも比較的短期間で済みます。株式会社の設立手続きには、発起設立（発起人が全株式を引き受ける設立）と募集設立（発起人が全株式を引き受けず、株主となる人を募集する設立。一般的に、小規模な会社の設立には募集設立よりも発起設立が採用される）があります。発起設立のほうが募集設立よりも短期間で会社を設立できますが、それでも会社設立登記までにはおおむね10日間必要となります。

　一方、**合同会社はおおむね4〜5日間程度で設立登記が可能**です。それは、合同会社が「社員の決定」「社員による定款の作成」「出資金の払込み」「書式の作成」「設立登記の申請」という短いフローで立ち上げることができるからです。

　なお、**株式会社、合同会社ともに、登記申請をしてから約1〜2週間ぐらいで登記が完了します。**

　以上のように、株式会社と比べると合同会社は、設立にかかる費用も少なく短期間で設立が可能です。

合同会社設立までの流れ（例）

 第1日目　基本事項（「社員の決定」など）を決める

 第2日目　書式作成の準備をする

 第3日目　書式を作成する
（「定款の作成」「出資金の払込み」など）

 第4日目　登記申請をする（「設立登記の申請」など）

 設立登記の完了

手続きの流れについて、詳しくは32ページ参照。

注0-1　国税庁ＨＰ質疑応答事例「課税される定款の範囲」
https://www.nta.go.jp/law/shitsugi/inshi/24/01.htm

2 「社会的信用力」が上がる!!

会社なので個人事業より社会的信用「大」

　事業を始めようとする場合、個人事業主で始めるか、それとも会社（法人）にするのかで悩むところでしょう。また、個人事業主から会社にするタイミングも悩むと思います。中小企業白書（2014年版154ページ）によると、**個人事業主の「小規模事業者の組織形態別法人化する（した）動機」の１番の動機は「信用力が上がるため」であり、２番目の動機は「税務上のメリット」となっています。**

　個人事業主に比べると、会社のほうが社会的信用力に優れていることから、会社設立をする人が多いといえます。社会的信用力の優位性は、具体的には「取引」「融資」「雇用」の面で大きな違いが出るといえるでしょう（次ページ参照）。合同会社は個人事業と違いれっきとした会社であり、株式会社より「少額・短期間」で設立できるのでおすすめです。

資料：中小企業庁委託「中小企業者・小規模企業者の経営実態及び事業承継に関するアンケート調査」（2013年12月、㈱帝国データバンク）

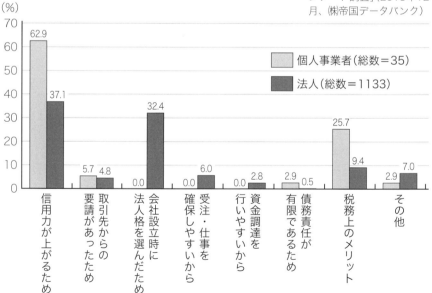

小規模事業者の組織形態別法人化する（した）動機

（注）1．個人事業者については、「今後法人化を考えている事業者」または「法人化を考えていたが断念した事業者」について集計している。
　　2．法人化する（した）動機について１位から３位を回答してもらった中で、１位として回答されたものを集計している。

■ 取引——個人事業主より取引されやすい

　個人事業主と比べて、情報がとりやすいため、取引がされやすいといえます。なぜなら、登記所に行けば誰でも登記事項証明書をとることができるからです。これから取引を始めようとする会社の登記事項証明書をとれば、その会社の商号、本店所在地、目的、役員構成、代表社員の氏名及び住所がわかります。その一方で個人事業主は、税務署に「個人事業の開業届出書」を提出する必要はあるものの、登記の義務はありません。

　会社によっては「取引先は法人のみ」としているところもあります。とくに大企業にそのような傾向があります。

■ 融資——株式会社と比べて信用力の面で大差ない

　融資を受けようとする際の、金融機関からの信用度は、個人事業主よりも会社のほうが高いため、一般的に個人事業主よりも融資が受けやすくなります。

　なお、合同会社は株式会社より周知度では劣りますが、**商工中金は「法人格がある合同会社は、信用力の面で株式会社と大差ない」と評価**しています（注0-2）。

■ 雇用——個人事業主より従業員を採用しやすい

　設立後、会社を将来的に発展させていくためには、優秀な人材が必要です。**個人事業主より会社のほうが信頼感を与えるため、優秀な従業員を採用しやすい**といえます。

取引 融資 雇用 に有利!!

うちも会社組織にしようかなぁ

合同会社を設立した人　　　　　　　　　　個人事業主

3 「定款自治」で柔軟に運営!!
「柔軟な機関の設計」と「柔軟な損益分配」

　合同会社は、所有と経営が一致しています。なぜなら、原則として、合同会社は全社員が出資者であり、かつ、業務を執行するからです。合同会社では業務執行をスムーズに行うため、「定款自治」がとられています。

　定款自治とは、定款による自治運営が可能なことです。**そもそも定款とは、会社において、目的や組織、活動などに関する根本規則をいいます。定款自治がとられているということは、定款の作成または変更を行うことで、事業のニーズに応じた柔軟な組織運営が可能になります**。定款自治の具体例としては、次に挙げる「柔軟な機関の設計」と「柔軟な損益分配」があります。

■ 柔軟な機関の設計

　株式会社は、原則として所有と経営が分離しています。そのため、最低でも株主総会と取締役の設置が必要となります。取締役会を設置する場合は、取締役は3人以上必要であり、監査役の設置が必要となります。また、大会社の場合には会計監査人の設置が必要となります。このように機関の設置が必要なため、迅速な意思決定を行えませんでした。

　一方、合同会社は株式会社のような取締役会や監査役のような監視機関の設置が必要とされていませんし、社員総会の設置義務もありません。また、社員が2人以上いる場合には、合同会社の業務は社員の過半数をもって決定することになっていますが、定款で別段の定めをすることも可能です。社員の中から、業務を執行する社員を定款で定めることもできます。このように**合同会社は、株式会社と比べてすばやい決断が可能で運営のコストが低く抑えられます**。

■ 柔軟な損益分配

　合同会社は、特定の取り決めを行えば出資比率にかかわらず、柔軟な損益分配が可能です。損益分配とは、利益が出たときに出資者である社員の間でどのように分配するか、また損失が出た場合にどのように分担するか、ということです。原則としては、社員が出資した価額に応じて決まります。しかし、**定款によって特定の取り決めをすれば、出資比率にかかわらず出資者のノウハウや提供などに応じて損益分配をすることができるのです**。

4 社員全員「有限責任」なのでリスク小!!

倒産時の返済義務は「出資額」まで

　会社を運営していくにあたって、商品や設備などを購入する必要があります。手持ちの現金で購入することができるのであれば問題ないのですが、なかなか毎回はそううまくいきません。現金で払えない場合は、「掛」にしてもらい、月毎などに返済していきます。また、銀行などから資金を借りれば借入金の返済の義務が生じます。このような会社の債務に対し、もし会社が倒産してしまったら、出資者は業者や銀行にいくら返済すべきでしょうか。

　会社が倒産した場合、会社の債務であっても、出資者の個人財産などから全額返すという考えが「無限責任」となります。出資者は出資金以上の責任を負うリスクがあるということです。会社の一形態である合名会社の出資者である社員の全部が、これにあたります。

　一方、合同会社の場合、社員全員が原則として出資者が出資額までしか責任を負うことのない「有限責任」です（株式会社も同様）。つまり、会社が倒産しても会社の債務を個人財産で返済する義務はなく、自分の出資金が返ってこないだけで済みます。ですから、様々な事業へチャレンジしやすいのです。 ただし、合同会社の社員（有限責任社員）がその責任の限度を誤認させる行為をしたときは、その誤認に基づいて合同会社と取引をした者に対し、その誤認させた責任の範囲内で合同会社の債務を弁済する責任があります。また、代表者個人が会社の保証人となっているケースは、会社の債務であろうとも返済するということになります。

　会社法では、合名会社、合資会社と合同会社を一緒にし「持分会社」というグループでくくられています。しかしながら、令和3年における設立件数は合同会社が3万7072件あるのに対し、合名会社は16件、合資会社は33件と極端に少ない件数となっています。これは、合名会社や合資会社の場合、出資者である社員に無限責任社員がいることが要求されるからです。

持分会社の種類

種　類	責　任
合名会社	全員が無限責任社員
合資会社	無限責任社員と有限責任社員が存在
合同会社	全員が有限責任社員

持分会社のうち、全社員（＝出資者）が有限責任なのは、合同会社だけである。

5 税金を抑えられる!!

個人事業は累進課税だが、法人税は一律

　個人事業主の場合、儲けである所得には所得税がかかります。これは累進課税であるため、所得が増えれば増えるほど、税率が高くなっていきます。一番低い税率は5％ですが、最高税率は45％となっています。なんと一番低い税率の9倍にもなってしまいます。

　一方、会社の所得に対しては法人税がかかりますが、令和5年度は原則として一律23.2％となっています。さらに、**中小企業者等に対しては、特例として所得金額年800万円以下の部分に対しては15％と税負担が軽減されています**（令和7年3月31日までの間に開始する事業年度まで）。

　つまり、ある程度以上の所得になると、所得税よりも法人税のほうが安くなるということです。そして、重要なこととして、個人事業主は事業主本人に対して給料の支払いはできませんが、会社の場合は役員給与として給料を経費にすることができます。その分、所得が減ることになるので法人税を減らすことができるのです。

　役員給与に対しては所得税がかかりますが、給与所得控除を差し引くことができます。役員給与そのものに対して税金がかかるわけではないので、個人事業主と比べてお得となっています。

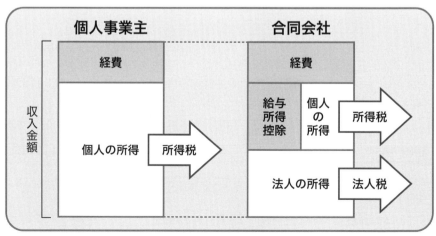

個人事業主、会社ともに、この他に地方税等が課される。

10

所得税の速算表

課税される所得金額	税率	控除額
1,000円 から 1,949,000円まで	5%	0円
1,950,000円 から 3,299,000円まで	10%	97,500円
3,300,000円 から 6,949,000円まで	20%	427,500円
6,950,000円 から 8,999,000円まで	23%	636,000円
9,000,000円 から 17,999,000円まで	33%	1,536,000円
18,000,000円 から 39,999,000円まで	40%	2,796,000円
40,000,000円 以上	45%	4,796,000円

個人事業の場合は
左表のとおり
累進課税。

法人税は
原則一律です

[コラム] 合同会社のデメリット

　個人事業と比べてのデメリットは、まず「設立のためにお金がかかる」(株式会社よりは少額です)ということです。個人事業の場合は税務署等への届出で済みますが、合同会社の場合は登記をしなければならないため登録免許税がかかります。また、電子定款ではなく紙の定款であるならば、収入印紙を貼らなければなりません。

　個人の申告(いわゆる毎年3月15日までの確定申告)と比べて、法人の申告は難しく、通常、税理士に申告業務を依頼します。そのため、税理士報酬がかかります。また、会社が黒字であろうが赤字であろうが一切関係なく、毎期、支払わなければならない法人住民税の均等割(50ページ)という税金がかかります。

　ただし、**ある程度の利益が見込めるビジネスならば、上記のデメリットに比べて法人化するメリットのほうが大きい**といえます。

　第1版では合同会社のデメリットとして株式会社に比べて「知名度が低い」点を挙げましたが、合同会社の設立件数は年々急激に増えており、もはやデメリットとはいえなくなっています。あえて挙げるとしたら、「**大規模な資金調達が難しい**」ことと「**証券市場で上場することができない**」ことがデメリットとなるでしょう。

　なお、合同会社を設立した後、事業が軌道に乗り株式会社にしたくなった場合には、いつでも株式会社への組織変更ができます。そのため、上記の**株式会社に比べてのデメリットは、そんなに気にするほどのことではない**でしょう。

Column

▶個人事業主と会社の併用

　一般的には、個人事業主が会社を設立する場合、その後は会社運営に専念し、今まで行ってきた個人事業を廃止します（いわゆる「法人成り」）。しかし**最近は、個人事業主が会社を設立しても、個人事業を廃止せずに、個人事業主と会社を併用するケースが増えてきました。**いわゆるマイクロ法人（小さな規模の会社で、規模の拡大を目的としていない法人）の活用といわれるものです。

　利用されている最大の理由は、社会保険料の削減です。個人事業主の場合、国民健康保険料・国民年金保険料を払うことになります。国民年金保険料については定額（2023年4月から月額16,520円）であり、将来自分がもらう年金についてのことなのでさほど負担感はないかと思います。一方、国民健康保険料について非常に高いと感じている個人事業主の方は多いと思います（所得が多いと年間100万円ぐらいとなる自治体も多い）。

　よって、会社を設立し、会社で安い役員給与をもらうことにより健康保険料・厚生年金保険料を抑えるというスキームです。会社を設立し、その会社の代表者となり役員給与をもらった場合は、社会保険の被保険者となります（報酬0円なら、被保険者になりませんが）。

　この場合、国民健康保険料・国民年金保険料を払うことはなくなり、健康保険料・厚生年金保険料を払うということになりますが、健康保険料・厚生年金保険料は、一般的には、役員報酬月額によって決まります。

　東京都の令和5年3月分からの健康保険料・厚生年金保険料の最低水準の金額となるのは報酬月額63,000円未満の場合ですが、その報酬月額の場合の健康保険料は月額5,800円（40歳から64歳までの方は介護保険料も加わるので月額6,855.6円）、厚生年金保険料は月額16,104円であり、それぞれ被保険者と会社で折半して負担することになります。また、そのほか、会社全額負担分の子ども・子育て拠出金が月額316円となっています。

※「令和5年3月分（4月納付分）からの健康保険・厚生年金保険の保険料額表（東京都）」https://www.kyoukaikenpo.or.jp/~/media/Files/shared/hokenryouritu/r5/ippan/r50213tokyo.pdf

　会社と折半で負担するといっても、一般の勤め人と違い、マイクロ法人の場合は、代表者が実質的には両方とも負担する感覚でしょう（法人と個人は別人格ですので、法的には明確に分ける必要はありますが）。ただし、会社負担分を合わせても、40歳以上の方では月額約23,000円の負担で済んでしまいます。また、国民年金保険料月額16,520円に対し、厚生年金保険料月額16,104円と安いです。

社会保険料を最大に下げるポイントは、報酬月額63,000円未満であるということです。役員給与（報酬）額が高くなれば、当然、健康保険料・厚生年金保険料も高くなってしまいます。

　このように、マイクロ法人を活用すれば簡単に社会保険料を削減できるため、会社を設立する方が増えてきている状態です。ただし、あまりにも簡単に社会保険料を削減できてしまうため、これを問題視をしている人も当然にいるわけで、突然、法改正などによりこのスキームを利用できなくなる可能性はあるということを理解しておく必要があります。

　また、社会保険料の削減目的のためにマイクロ法人を設立するといいましたが、**個人事業主と会社を併用することで、結果的に税負担も削減になるということが多いものです。**よって、以下の税務リスクも検討する必要があります。

　1つ目は、個人事業主とマイクロ法人の事業目的は異なる必要があります。個人事業主とマイクロ法人の事業目的が同じですと、個人事業主としての売上なのか、マイクロ法人の売上なのかの客観的な線引きができません。つまり、売上の付け替えが簡単にでき、売上（利益）調整が簡単にできてしまいます。これでは、当然、税務調査が入った際にはもめることになるでしょう。

　なお、個人事業主と違う事業を法人で行うといっても、実際はなかなか難しい場合もあるでしょう。そのような場合には、無理にマイクロ法人を設立することはお勧めできません。

　マイクロ法人の設立で最近多く増えたと感じるのは、株式や投資信託等の金融商品に関する取引（売買や配当等）を法人の事業目的としているケースです。ネット証券が増えてきて手数料が安くなっているのが原因の一つでしょう。もっとも、手持ち資金にある程度余裕がある方でないと難しいと思いますが。

　2つ目は、個人事業主とマイクロ法人の間で、外注費を支払うことは極力避けるということです。例えば、個人事業主が、自身が代表であるマイクロ法人に外注費の支払をすれば、利益調整が簡単に出来てしまいます。これでは当然、税務調査が入った際にはもめることになるでしょう。過去の税務裁判例などでも、個人事業としての必要経費として認められなかった例があります。

　個人事業主とマイクロ法人は別人格とはいえ、実質、二者間の取引はどうにでも調整出来てしまうので、このような疑われやすい取引は極力避けるべきだと思います。

これだけある!! 合同会社のメリット

1章 合同会社とは、どんな会社か

2章 合同会社設立の準備

3章 定款のつくり方

4章 登記の申請

5章 設立後にするべきこと

6章 合同会社の運営ポイント

本書で参考例として掲載している書式は、「印鑑届書」以外はすべてA4用紙で作成してください。作成した書式は左側をステープラーで綴じるので、用紙の左側の2〜3cmは文字を記載しないようにしてください。また、文字の大きさは12ポイント（書式の一番上にある「書式名」は除く）、フォントは明朝体が一般的で見やすいでしょう。

●本文中にある氏名、名称、商号、住所等は架空のものであり実在のものと一切関係ありません。
●明記した場合を除き2023年4月現在の法令に基づいています。
●本文中の各URLは2023年4月5日現在のものであり、変更される場合があります。

本書の特徴と使い方

合同会社設立に関するいくつかのパターンを用意

　本書は、合同会社設立に関するいくつかのパターンを想定したものを盛り込んで書いています。合同会社を1人(の社員)で設立しようとする方だけでなく、複数で設立しようとする方にも利用できる内容となっています。また、法人が経営者(業務執行社員や代表社員)となる場合に必要な書式についても詳しく解説しています。

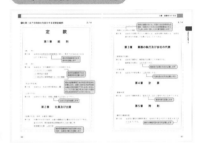

設立を急いではいない方
↓
初めから最後まで通して読む

設立を急いでいる方
↓
「2章 合同会社設立の準備」
「3章 定款のつくり方」
「4章 登記の申請」を読み、
まず定款から書類を作成していく

　金銭出資(お金による出資)による設立だけでなく、現物出資(モノによる出資)による設立のケースについても解説しています。

会社設立を急いでいる方は

　できれば、本書を最初から最後まで読んでから、合同会社の設立の準備に入ってくださるのがよいと思います。ただし、「とにかく急いで会社を設立したい」という方は、2～4章を先に読んで書類を作成してください。なお、会社設立に必要な書類は159～160ページの書類リストに書いています。

3章　定款のつくり方

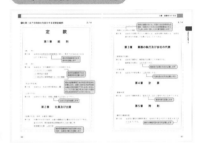

定款の作成

　会社設立のために必要な書類はいくつかありますが、定款の作成を真っ先にしてください。定款作成の仕方については3章で解説しています。なお、合同会社は定款によって運営方法が大きく変わりますので、会社の運営方法にこだわりがある方は6章も読んでいただければと思います。

6章　合同会社の運営ポイント

1章

合同会社とは、
どんな会社か

合同会社は新しい形態の会社組織です。会社を新設するにあたっ
てのメリットの大きさが特徴ですが、株式会社と比べて、まだ合
同会社についての情報が周知されていません。この章では、合同
会社の特徴や誕生のねらい、合同会社に向いているビジネスを紹
介します。

合同会社にはこんな特徴がある
　　合同会社の設立が急増している／他の事業体との比較／合同会
　　社の特徴は —— モノより人を重視した会社組織
合同会社は日本版のLLC
　　合同会社がLLCともいわれる理由／外資系企業の日本法人に
　　合同会社が多い理由
合同会社に向いているビジネス

合同会社にはこんな特徴がある

合同会社の設立が急増している

　会社には株式会社、合名会社、合資会社と合同会社がありますが、**合同会社は平成18年5月1日の会社法の施行から設立が可能になった比較的新しい会社の形態**です。

　e-Stat（政府統計の総合窓口）によれば、平成18年以降の会社の種類別設立件数は以下のようになっています。

　株式会社の設立件数は横ばい状態ですが、**合同会社の設立件数はここ数年急激に伸びている**ことがわかります。令和3年の設立件数は37,072件であり、1日あたり100社以上の合同会社が誕生しているということになります。

会社の種類別設立件数

（年度）	2006年	2007年	2008年	2009年	2010年	2011年	2012年	2013年
	平成18年	平成19年	平成20年	平成21年	平成22年	平成23年	平成24年	平成25年
合名会社	86	52	48	31	29	40	60	84
合資会社	1,001	490	414	312	199	250	131	105
合同会社	3,392	6,076	5,413	5,771	7,153	9,130	10,889	14,581
株式会社	76,570	95,363	86,222	79,902	80,535	80,244	80,862	81,889
合　計	81,049	101,981	92,097	86,016	87,916	89,664	91,942	96,659

（年度）	2014年	2015年	2016年	2017年	2018年	2019年	2020年	2021年
	平成26年	平成27年	平成28年	平成29年	平成30年	令和元年	令和2年	令和3年
合名会社	93	119	93	104	87	48	34	16
合資会社	104	93	58	58	52	47	41	33
合同会社	19,808	22,223	23,787	27,270	29,076	30,566	33,236	37,072
株式会社	86,639	88,803	90,405	91,379	86,993	87,871	85,688	95,222
合　計	106,644	111,238	114,343	118,811	116,208	118,532	118,999	132,343

他の事業体との比較

　まず、最初に**営利を目的としているかどうかで、法人は営利法人と非営利法人に分けることができます**。営利とは、法人が経済活動によって得た利益を、その法人の構成員へ分配することを意味します。株式会社や持分会社は営利法人にあたります。一方、非営利法人には、非営利型の一般社団法人・一般財団法人、公益社団法人・公益財団法人、特定非営利活動法人（ＮＰＯ法人）といったものがあります（ただし、収益事業を行うことは可能）。

　次に、**所有と経営が一致しているか否かで、会社を株式会社と持分会社に分けることができます**。株式会社とは、資金集めのために多くの出資者を募り、出資者とは別の人たちが経営を行うことができる会社のことです。つまり、所有と経営が分離しています。一方、持分会社とは、所有と経営が一致している会社のことで、合同会社・合名会社・合資会社がこれにあたります。持分会社では、原則として、出資者がお金を出すだけでなく業務も行います。ですから、業務がスムーズに行えるように定款自治がとられています。

　最後に、**有限責任か無限責任かで、持分会社を合同会社と合名・合資会社に分けることができます。合同会社の社員は、すべて有限責任社員なので、会社が債務を負っても、社員は出資額までしか責任を負いません**。一方、合名会社は全員が無限責任社員であり、合資会社も無限責任社員が必要です。

　以上のように、事業体を分類することができます。

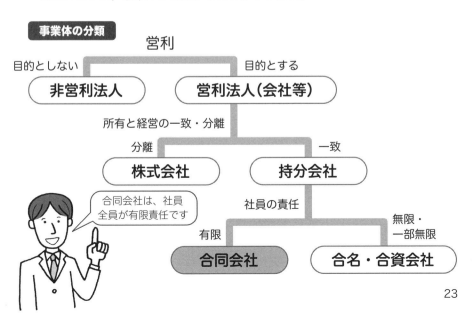

事業体の分類

合同会社の特徴は── モノより人を重視した会社組織

　会社法で「持分会社」というグループでくくられているとおり、合同会社には持分会社としての特徴があります。株式会社の場合、出資者である株主が有する権利を株式といいますが、この**株式会社の株式に相当するものを持分会社では持分といいます**。出資者である社員の地位を表すものとなります。

◼ 持分会社としての特徴

　持分会社は、相互に人的信頼関係を有し、つながりの強い少人数の者が出資して共同で事業を営むことを予定した会社であり、次の特徴を持ちます。

①会社の内部関係（社員間及び会社・社員間の法律関係）の規律については原則として自由に設計できる。つまり、会社法などの法律に反しない限り、**定款によって会社の内部関係を自由に設計ができる。**

②株式会社の場合は出資者（社員）を株主というが、持分会社では出資者を株主といわず、社員という。

③株式会社における必要的常置機関である株主総会と違い、社員総会の設置は強制されていない。

④株式会社の取締役のような機関の設置は強制されず、**原則として全社員が自ら会社の業務を執行する。**ただし、定款の定めによって業務を執行する社員を限定することも可能となっている。

⑤株式会社では出資者である株主でなくても、会社の業務執行を行う取締役になることはできるが、持分会社では**出資者である社員でなければ業務を執行する者になることはできない。**

⑥株式会社の場合、取締役の任期があるため、同一の者が取締役をしようと思っても、任期が満了したら株主総会の決議によって選任する必要がある。そして、役員変更登記が必要であり、登録免許税として資本金の額が1億円を超える場合は3万円、1億円以下の場合は1万円かかる。一方、持分会社の**業務執行社員の任期というものはない。**

⑦株式会社の定款は、公証人の認証を受けなければ効力が生じないが、持分会社の定款には公証人の認証が必要とされていない。

⑧株式会社は決算公告が義務となっているが、持分会社は**決算公告が義務と**

なっていない。決算公告は毎期、定時株主総会の終結後、財務情報を広く一般に知らせることだが、官報公告の費用は6万円ぐらいかかる。

⑨社員の同意等の権利は、原則として1社員につき1個となっている。なお、定款の作成には全社員の同意が必要であり、定款の変更にも原則として全社員の同意が必要である。つまり、**社員一人一人が定款の作成・変更といった重要なことについて拒否権を有している**ことになる。株式会社のように資本を多く出した者が支配する仕組みにはなっていない。

⑩株式会社は自己株式の取得ができる。持分会社は、その持分の全部または一部を譲り受けることができず、取得した場合にはその持分は消滅する。

合同会社は、上記のように持分会社としての特徴を持ちますが、さらに、下記のような合同会社としての固有の特徴があり、他の持分会社とは異なります。

◯合同会社としての固有の特徴

社員はすべて有限責任社員であり、社員は出資の価額を限度として会社の債務を弁済する責任を負います。つまり、**社員は間接有限責任のみを負う**ということです。このため、会社債権者保護のための規制がいくつか設けられています。

(ア) 合同会社の設立において 社員になろうとする者は、定款の作成後、合同会社の設立の登記をするときまでに、その**出資にかかわる金銭の全額を払い込み、またはその出資にかかわる金銭以外の財産の全部を給付しなければならない。**また、合同会社が新たに社員を加入させる場合においては、新たに社員となろうとする者は、払込みまたは給付を完了したときに合同会社の社員となる。

(イ) 会社法において、「計算書類の閲覧」「資本金の額の減少」「利益の配当」「出資の払戻し」「退社に伴う持分の払戻し」といった合同会社の計算などに関する特則が設けられている。

(ウ) 合同会社の清算方法は、合名・合資会社と異なり任意清算が認められない。合名・合資会社と異なり無限責任社員がおらず、債権者保護手続きが必要となるため法定清算による必要がある。

以上、「持分会社としての特徴」からすると、合同会社は、基本的には非公開の株式会社よりもさらに閉鎖性を有しているといえます。一方、「合同会社としての固有の特徴」をみると、株式会社の特徴をも踏まえた会社形態だといえます。

合同会社は日本版のLLC

■ 合同会社がLLCともいわれる理由

　アメリカには、事業を行う組織体としてコーポレーション、パートナーシップなどが存在します。このうち、コーポレーションが日本の株式会社に相当し、パートナーシップは日本の組合に相当します。アメリカで、コーポレーションの法人格と有限責任制、パートナーシップの定款自治の徹底という性質を兼ね備えた組織が必要だということになり、1977年にワイオミング州で初めてLLC法（Limited Liability Company Act）が制定され、LLCが誕生しました。現在では全米の各州（50州）およびコロンビア特別区においてLLC法が制定され、200万社近くのLLCが利用されています。

　当初は、あまり利用されていなかったのですが、1997年にチェック・ザ・ボックス規則が導入され、LLC制度は急速に普及しました。

　チェック・ザ・ボックス規則とは、LLCが法人課税か、それとも構成員課税（パススルー課税）なのかを選択できる画期的な方式です。Form 8832という届出で、選択をする該当箇所のボックスにチェックをすることから、チェック・ザ・ボックスと呼ばれています。

　法人課税の場合は、組織体が利益を得た場合は、まず法人税が課されます。そして、税引き後の利益を出資者である構成員（member）に配当したら、その配当に対してさらに課税されます。一方、構成員課税の場合は組織体自体に対する課税は行われず、構成員に分配される利益に対して課税されます。組織体自体に対しては課税が行われないため、パススルー課税とも呼ばれています。

　この米国で爆発的に増大しているLLCに注目して、**経済産業省が日本でも同じようなものをつくろうと動き誕生したのが合同会社です**。そのため、合同会社は「日本版LLC」とも呼ばれています。なお、合同会社の商号を英文表示する場合には「～　LLC」や「～，LLC」と、英文社名として定款に表示することができます。

　ただし税法上、財務省が「**合同会社は会社であるから法人格があり、法人税を適用する**」としたため、米国のように構成員課税を選択するようなことはできません。

なお、**構成員課税ができるものとして「有限責任事業組合」（日本版ＬＬＰ）があり
ます。**

法人課税と構成員課税

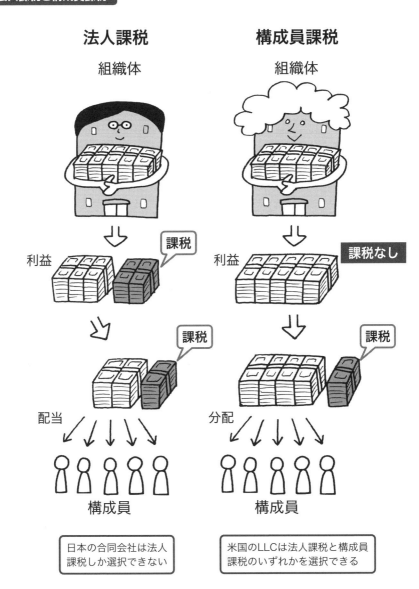

外資系企業の日本法人に合同会社が多い理由

　米国の主要ＩＴ企業であるＧＡＦＡ（Google、Amazon、Facebook、Apple）の中で、Google、Amazon、Appleの日本法人については合同会社の形態を取っています。その他にも、**外資系企業の日本法人には合同会社が多くあります**。多い理由としては、以下のことが挙げられます。

①日本の企業の子会社にもいえることだが、子会社は親会社の意思決定で運営される立場である。株式会社においては株主総会や取締役会などの監視機関の設置義務があるが、合同会社はそのような機関を設ける必要がない。そのため、**スムーズな意思決定が可能**である。また、**子会社であるため上場する必要性がなく**、その意味でも株式会社にする必要がない。このため、ENEOSグループの東燃化学合同会社のように、日本の大企業も支配している会社に合同会社を活用する例がある。

②「米国税法との関係では、日本の合同会社は、米国のＬＬＣと同様、会社（Corporation）と異なりその社員権の上場が認められないという特性に鑑み、チェック・ザ・ボックス規制（Check-the-box regulation）により構成員課税が認められている。従って、米国法人が合同会社の社員である場合、当該米国法人の米国における課税関係では、合同会社における損益について、当該米国法人には構成員課税が認められることとなる」（注1-1）。つまり、親会社が米国法人で子会社が日本の合同会社の場合、米国における課税関係では構成員課税が認められるので、有限会社法廃止以降に設立された米国法人の日本の子会社は法人格として合同会社を選択することが多い。

③親会社の知名度、資金力、信用力が絶大の場合、すでに高い知名度等があるので、日本法人の組織体は株式会社である必要がない。

主な外資系企業の日本法人

グーグル合同会社　　アマゾンジャパン合同会社　　Apple Japan合同会社
Ｐ＆Ｇプレステージ合同会社　　エクソンモービル・ジャパン合同会社
日本ケロッグ合同会社　　シスコシステムズ合同会社
ユニバーサル ミュージック合同会社　　ワーナー ブラザース ジャパン合同会社

注1-1　関口智弘・西垣建剛「合同会社や有限責任事業組合の実務上の利用例と問題点」法律時報80巻11号 19ページ

合同会社に向いているビジネス

　合同会社に向いているビジネスは、**大きな資本を必要としない専門的なサービス事業**です。例えば、ソフトウェア開発、デザイン、経営コンサルティング、などがあります。これらの事業は、**物的資産よりも人的資産が中心なので合同会社に向いている**といえます。

　１人でビジネスをしたいけど、個人事業主ではなく法人にしたいという人には合同会社がおすすめです。外部から出資を募ったり上場を目指したりしていないなら株式会社にする必要はありません。また、会社が大きくなった場合にも合同会社から株式会社に変更すればいいだけの話です。
　会社の種類よりも屋号（お店の名前）のほうがビジネスの前面に出る商売は合同会社で充分です。例えば、美容院、小売店、クリーニング店、飲食店、パン屋、アパート経営などです。

　また、合同会社は株式会社と違って、出資の多寡にかかわらず平等な発言権があるため、**少額出資者の意見を尊重する場合に向いています**。例として、「桃浦かき生産者合同会社」があります（復興庁ＨＰ、https:// www.reconstruction.go.jp/topics/main-cat4/sub-cat4-1/20150208_genki40_challenge5.pdf）。
　平成23年３月11日に発生した東日本大震災で、宮城県石巻市桃浦は、住居家屋数が震災前65家屋から震災後４家屋に、漁船数が震災前62隻から震災後７隻に激減するほどの壊滅的な打撃を受けました。
　その後、「単なる復旧ではいずれ同じ姿になるだけであり、将来に向け集落が維持できるような復興が必要」との考えのもと、桃浦のかき養殖に企業的経営手法を導入するべく、平成24年８月、「桃浦かき生産者合同会社」が設立されました。出資金は地元漁業者15名がそれぞれ30万円ずつ、仙台市の有力水産卸事業者である株式会社仙台水産が440万円の計890万円となっています。

　注目すべき点は会社の形態を合同会社にした理由ですが、それは「合同会社は出資額によらず議決権を決めることのできる唯一の会社形態。一人１票にして、漁業者主体を担保。出資者は出資社員と呼ばれ、従業員でありながら、議決権を持

つ経営者でもある。」とのことです。

　株式会社仙台水産は出資金890万円のうち440万円を出資しているのですが、1人1票の議決権のため6.25％（地元漁業者15名と株式会社仙台水産の計16名が平等の議決権を持つため）の議決権しか持っていないということになります。株式会社仙台水産の「産地の復興なくして我が社の復興なし」との基本姿勢による支援があって成り立つものですが、このように、少額出資者の意見を尊重するには合同会社が向いています。

2章

合同会社設立の準備
―書式を作成する前にすること

この章では、まず設立手続きの流れを把握してから、定款等の書式作成に必要な基礎知識（合同会社における社員の定義や基本事項等）、作成の準備を解説します。また、合同会社設立に必要な項目をまとめたチェックリストを掲載したので、実際の準備の際に活用してください。

合同会社設立の手続きを知る
　合同会社設立手続きの流れ／チェックリストの作成と必要備品の準備
合同会社における社員の定義
　社員＝「出資者」「経営者」／業務執行社員以外の社員は業務を執行できない／業務執行社員を定めたら、代表社員をその中から選ぶ／業務執行社員や代表社員には法人でもなれる／１人社員か複数社員か、事業内容と照合して決める／合同会社で配偶者や子供を役員、従業員にする場合の税務上の注意点／現物出資（モノでの出資）もＯＫ
基本事項を決める
　会社名（商号）を決める／本店の所在場所を決める／資本金はどのくらいにすべきか（資本金の額の決定）／資本金はどのくらいにすべきか（税金の観点から）／事業目的を決める
書式作成の準備をする
　代表社員になる者の印鑑登録証明書等を取りに行く／商号を調査する／登記所に相談する／会社代表者印をつくる／銀行印など、その他の印の作成／決算期（事業年度）を決める／会社設立日を決める

合同会社設立の手続きを知る

合同会社設立手続きの流れ

　巻頭の「これだけある!! 合同会社のメリット」でも述べたように、合同会社設立の手続きはおおむね4～5日間でできます。手続きの1日目で、いわゆる合同会社の基本事項を決めます。「会社名」「事業目的」「本店所在地」「社員」などが基本事項です。2日目は実際の書式を作成するための準備をします。3日目は書式を作成します。4日目に登記申請をします。登記申請後、登記事項証明書が取れるようになったら、税務署等役所へ届出をします。下はその一例です。

第1日目 基本事項を決める（例：令和○年6月1日）

　社員の構成と出資金額を決める

　業務執行社員と代表社員を決める

　会社名（商号）を決める（つけられない商号がある）

　本店所在地を決める

　資本金はどのくらいにすべきか資本金の額の決定

　事業目的を決める

　事業年度（決算期）を決める

第2日目 書式作成の準備をする（例：令和○年6月2日）

　代表社員になる人の印鑑証明書を取りに行く

　商号調査をする

　登記所の窓口で相談する

　会社の印鑑（会社代表者印等）をつくる

第3日目 書式を作成する（例：令和○年6月3日）

　定款を作成する

　代表社員、本店所在地及び資本金決定書を作成する

　代表社員の就任承諾書を作成する

　資本金の払込みをする（出資の履行）

　払込みがあったことを証する書面を作成する

> 4日間で登記申請まで行い、登記完了後に税務署への届出など行います

合同会社設立登記申請書を作成する

印鑑届書を作成する

第4日目 **登記申請をする**（例：令和○年6月4日）

登記申請をする

会社設立（登記完了）後（例：令和○年6月11日）

登記事項証明書、印鑑証明書を取得する

金融機関での預金口座を開設する

税務署などへ届出をする

チェックリストの作成と必要備品の準備

　合同会社を設立することを決めたら、次ページに掲載した「合同会社設立チェックリスト」に確定した事項を記入していきましょう。**複数で合同会社を設立する場合は、代表社員になる方が主導して決めていく**とよいでしょう。

　合同会社は、相互に人的信頼関係を有し、つながりの強い少人数の者が出資して共同で事業を営むことを予定した会社です。そのため原則として、出資者全員が会社の業務を執行します。

　また、定款の変更は、原則として出資者全員の同意が必要となります。そのため、**会社設立の段階で出資者全員が納得がいくように、代表社員になる方が皆の意見をまとめましょう。**

　「合同会社設立チェックリスト」の記載項目を埋めていけば、定款の作成から、資本金の払込み、登記申請書や添付書類の作成など、会社設立までミスすることなくできます。

　なお、項目によっては現時点では何のことかわからないかもしれませんが、本書を最後まで読んだ後ならわかりますので心配ありません。また、会社設立のためにあらかじめ用意しておく主な備品は以下のようになっています。

設立前に用意しておく主な備品

□ 社員になる人全員の印鑑（代表社員になる人は実印）　　□ 朱肉
□ パソコン　　□ プリンター　　□ A4サイズ用紙必要枚数
□ ステープラー　　□ ボールペン　　□ 大きなクリップ数個

合同会社設立チェックリスト

商号（会社名）	
商号のフリガナ	
商号の英語表記	← 英語表記する場合のみ
事業目的	（1） （2） （3）
許認可事業の有無	有・無 ← 有る場合は、事業内容を記載
登記上の 本店（所在場所）	
定款上の本店	
公告方法（電子公告の 場合は、URLも記載）	← 決算公告の義務はないが、登記事項なので公告の方法を選んでおく必要がある
社員の氏名・住所・出 資金額 なお、住所は、印鑑証 明書どおりに記載	1.（氏名） 　（住所） 　（出資金額）○円 2.（氏名） 　（住所） 　（出資金額）○円 3.（氏名） 　（住所） 　（出資金額）○円
業務執行社員の氏名	1.（氏名） 2.（氏名） 3.（氏名）
代表社員の氏名・生年 月日	（氏名） （生年月日）昭和／平成
代表社員のフリガナ	
代表社員が法人の場合	← 職務執行者の氏名及び住所も記載
資本金の額	○円
事業年度	毎年○月1日～○月○日
申請する登記所	
電話番号	← 登記所から、電話があってもいいように日中つながる番号
備考	← 現物出資がある場合などに記載

記載例

商号（会社名）	合同会社成美堂商店
商号のフリガナ	ゴウ）セイビドウショウテン
商号の英語表記	Ｓｅｉｂｉｄｏ ｓｔｏｒｅ,ＬＬＣ
事業目的	（1）レストランの経営 （2）喫茶店の経営 （3）前各号に附帯関連する一切の事業
許認可事業の有無	有（飲食店等営業許可）
登記上の 本店（所在場所）	東京都港区六本木一丁目２番○号
定款上の本店	東京都港区
公告方法（電子公告の 場合は、ＵＲＬも記載）	官報に掲載する方法により行う
社員の氏名・住所・出資金額 なお、住所は、印鑑証明書どおりに記載	1．（氏名）山田太郎 　　（住所）東京都新宿区歌舞伎町九丁目８番○号 　　（出資金額）100万円 2．（氏名）渋谷次郎 　　（住所）東京都渋谷区渋谷九丁目９番○号 　　（出資金額）100万円 3．（氏名）品川三郎 　　（住所）東京都品川区品川一丁目２番○号 　　（出資金額）100万円
業務執行社員の氏名	1．（氏名）山田太郎 2．（氏名）渋谷次郎 3．（氏名）品川三郎
代表社員の氏名・生年月日	（氏名）山田太郎 （生年月日）昭和55年５月５日
代表社員のフリガナ	ヤマダタロウ
代表社員が法人の場合	ナシ
資本金の額	300万円
事業年度	毎年６月１日～翌年５月31日
申請する登記所	東京法務局　港出張所
電話番号	03－XXXX－XXXX
備考	

合同会社における社員の定義

▌社員＝「出資者」「経営者」

　合同会社における「社員」とは、世間一般でいう従業員のことではありません。出資者であり、原則として業務の執行をする人のことをいいます。つまり、**出資者であり経営者**ということになります。そのため、出資をしない社員はいません。

　持分会社である合同会社では、株式会社のように「所有と経営の分離」がはっきりとしていません。そのため、社員の全員が、定款に別段の定めがある場合を除き、合同会社の業務を執行し、合同会社を代表します。

　ただし、**社員は１人でもかまいませんし、自然人だけでなく法人でもかまいません**。社員が２人以上いる場合には、合同会社の業務は、定款に別段の定めがある場合を除き、社員の過半数をもって決定することになります。ただし、あくまでも「定款に別段の定めがある場合を除き」の場合なので、定款で別段の定めがある場合は定款で記載されたとおりにできます。例えば、定款で「当会社の業務は、総社員の同意をもって決定する」と定めれば、そのとおりとなります。また、社員が２人しかいない合同会社で社員の意見が対立した場合には決定することができなくなるので、あらかじめ、定款で別段の定めをしておくことが必要です。

　なお、上記のように規制されていることは、会社運営にとって重要な「業務」だけです。「業務を執行する」とは、合同会社の目的である事業活動に関与し、意思決定及び執行行為をすることです。会社を運営していくに当たっては、このような重要な業務だけでなく、通常の業務や日常的な軽微と認められる行為もあります。このような通常の業務や日常的な軽微と認められる行為は、「常務」といいます。このような日々行われる常務まで、社員全員の意思を確認することは、ただ煩雑になり、運営に支障をきたします。そのため、**常務の完了前に他の社員が異議を述べない限り、おのおのの社員が単独で行うことができる**ことになっています。

　また、株式会社の場合は出資金額の大きさで発言権が変わってきますが、合同会社では出資金額に関係なく社員全員が平等な発言権を持つことになります。

業務執行社員以外の社員は業務を執行できない

　合同会社では、社員の全員が合同会社の業務を執行することが原則となります。しかし、**業務を執行する社員を定款で定めた場合は、その他の人には業務執行をする権利を持たせないことも可能**です。この合同会社の業務を執行する社員として定められた人を業務執行社員といいます。業務執行社員は、株式会社における取締役兼株主に相当するといえます。

　業務執行社員を定款で定めた場合は、それ以外の社員は業務執行権を喪失します。ただし、業務執行権を持たない社員であっても、定款に別段の定めがある場合を除き、会社の業務および財産の状況を調査することはできます。要するに、業務執行社員を監視する権利は認められるということです。しかも、この調査する権限は、事業年度の終了時または重要な事由があるときの調査に関しては、定款によっても制限することができません。また、**業務執行社員は他の社員の請求があるときは原則として、いつでもその職務の執行の状況を報告し、その職務が終了した後は遅滞なくその経過及び結果を報告しなければならない**ことになっています。

　業務執行社員は、原則として合同会社を代表します。なお、業務執行社員が2人以上いる場合には、各自が合同会社を代表します。そして、合同会社の業務は、定款に別段の定めがある場合を除き、業務執行社員の過半数をもって決定します。ただし、日常的な軽微と認められる常務の場合は、完了前に他の業務執行社員が異議を述べない限り、各業務執行社員が単独で行えることとなっています。

　業務執行社員を定款で定めた場合は、その業務執行社員の全員が退社したときは、定款の定めは、その効力がなくなります。つまり、原則に戻り、各社員が合同会社の業務を執行することになります。

　また定款に別段の定めがある場合を除き、業務執行社員は、正当な事由がなければ辞任すること

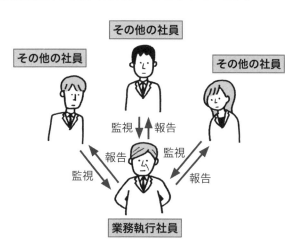

ができません。同様に、定款に別段の定めがある場合を除き、業務執行社員を解任する場合も、正当な事由がある場合に限り、かつ、他の社員の一致によることが必要となります。要するに、**業務執行社員は責任がある立場なので、辞任・解任は簡単にはできない**ということです。

　なお、株式会社の取締役の任期は原則として2年(株式譲渡制限会社では、10年まで伸ばすことが可)のため、任期が来たら役員の構成が変わらなくても役員変更登記をしなくてはいけませんが、**合同会社の業務執行社員は任期の定めがないため、定期的に変更登記をする必要がありません**。

▐ 業務執行社員を定めたら、代表社員をその中から選ぶ

　合同会社では、原則として社員全員が会社の業務を執行し、会社を代表する権限を持っています。前ページで述べたとおり、定款によって業務執行社員を定めた場合は、原則としてその業務執行社員が合同会社を代表することになり、業務執行社員が2人以上いる場合には、各自が合同会社を代表する権限を持つことになります。ただし、他に**合同会社を代表する社員**を定めることができます。

　定款または定款の定めに基づく社員の互選によって、業務執行社員の中から合同会社を代表する社員を定めることができることになっています。つまり、業務執行社員でない者を代表社員とすることはできないということです。

　会社法上の規定ぶりからすると、互選の主体は通常の社員となっているようにみえますが、業務執行社員による互選という解釈のほうが有力です(注2-1)。なお、法務省のホームページ上にある合同会社設立登記申請書様式にある定款の記載例でも「(代表社員)第9条　代表社員は業務執行社員の互選をもって、これを定める」とされています(https://houmukyoku.moj.go.jp/homu/content/001252889.pdf)。

　このように**代表社員を定めた場合は、それ以外の社員は代表権がなくなります**。合同会社では、一般的には、代表社員を定めます(したがって、この項も代表社員を定めるものとして記載しています)。代表社員は、株式会社における代表取締役兼株主に相当するといえます。

　代表社員は、合同会社の業務に関する一切の裁判上または裁判外の行為をする権限を持つことになります。この権限について制限を加えたとしても、その制限があることを知らない善意の第三者に対抗することはできません。

注2-1　小川秀樹・相澤哲「通達準拠 会社法と商業登記(金融財政事情研究会)」287ページ、松井・商業登記 612ページなど

社員、業務執行社員、代表社員の例

	社　員	業務執行社員	代表社員
ケース1	Aさん、Bさん、Cさん	Aさん、Bさん、Cさん	Aさん
ケース2	Aさん、Bさん、Cさん	Aさん、Bさん	Aさん
ケース3	Aさん、Bさん、Cさん	Aさん	Aさん

業務執行社員を定めた場合は、代表社員は業務執行社員の中から選ぶ。

▌業務執行社員や代表社員には法人でもなれる

　株式会社では、法人が取締役や代表取締役になることはできません。

　一方、**合同会社の場合、業務執行社員や代表社員には自然人だけではなく法人もなれます**。ただし、法人が業務執行社員になるといっても、実際に業務を行うにあたっては、職務を行うべき自然人がいない状態は不可能です。

　そのため、法人が業務執行社員である場合には、その法人は職務を行うべき自然人（職務執行者）を選任します。そして、その選任した者の氏名及び住所を他の社員に通知する必要があります。なお、法人が代表社員である場合には、この職務執行者の氏名及び住所が登記事項となります。

　業務執行社員たる法人の職務執行者についても、他の業務執行社員と同様に、善管注意義務、忠実義務などの義務及び責任を当然に負うことになっています。職務執行者の資格には制限がないため、業務執行社員となる法人の役員や従業員でなくてもかまいません。したがって、その法人の顧問弁護士等でも問題ありません。

　また、**職務執行者の選任は業務執行社員となるその法人の業務執行の決定機関が行う**ことになります（取扱通達・第4部 持分会社 第2 設立 81ページ）。一般的にその法人が株式会社で取締役会設置会社の場合は取締役会で、取締役会非設置会社の場合は取締役の過半数をもって選任することになります。その法人が持分会社である場合には、社員の過半数をもって選任することになります。

1人社員か複数社員か、事業内容と照合して決める

　合同会社は、1名以上の個人または法人の社員が必要となっています。ですから、社員は自分1名のワンマンカンパニーも可能です。合同会社における社員とは、出資者であり、原則として業務の執行をする人のことをいいます。そのため、**その人を社員とすることが設立される合同会社にとって本当にプラスになるのかを冷静に判断して決定すべき**でしょう。立ち上げたばかりの会社で、社員の意思が同じ方向に向かっていかないと事業はうまくいかないものです。

　では、合同会社を設立する際は、社員は自分1人だけの会社で設立したほうがよいのでしょうか。それとも、知人、友人など社員を複数にして設立したほうがよいのでしょうか。

　1人で会社を設立すれば、誰にも縛られません。合同会社は、定款自治が認められていますが、定款の変更には原則として、全員一致が必要となります。ですから、複数の人間で設立した場合は、すべての自分の意見を事業に反映させることは難しいかもしれません。**経営力や資金力などがあり、自分自身の意見やアイデアで事業を進めたい場合は、1人で事業を始めたほうがいい**でしょう。しかし、それはメリットである反面、デメリットでもあります。大企業が倒産したニュースなどをたまに耳にしますが、それは、社長のワンマン経営が原因のものも少なくありません。なぜなら、社員が1人の場合、自分以外の人の意見を聞く機会が少なくなり、ワンマン経営に陥る場合があるからです。

　一方、**複数の社員で設立した場合、パートナーがいますので、精神面でも資金面でも心強い**ものです。事業の問題点を遠慮せずに批判し合ったり、パートナーとの話し合いで、新規事業のアイデアが浮かんだりすることもあります。しかし、仲のよい知人や友人同士で事業を始めたとしても、月日が経てば意見の違いから分裂してしまうこともあります。合同会社の場合は、社員全員の合意のもとで事業を運営していくことが基本ですので、社員の意見が食い違うと、事業の運営に支障をきたす場合も出てくるかもしれません。**なお、複数の社員で設立する場合、「社員資本持分管理表」を作成しておきましょう**(252ページ)。

　以上のように、1人社員と複数社員のメリット・デメリットはそれぞれあるので、事業内容と照らし合わせしっかり考えることが大切です。

合同会社で配偶者や子供を役員、従業員にする場合の税務上の注意点

　中小企業の場合、代表者の配偶者や子供といった家族を役員、従業員にすることが多いものです。人を採用するといっても、中小企業では難しい場合が多く、会社の運営にあたり、配偶者や子供は貴重な戦力といえます。また、将来の後継者となる者として、子供を役員や従業員にしているケースも多くなります。

　合同会社を設立する際に、配偶者や子供を「役員にするのか、従業員にするのか」で迷う場合もあるでしょう。

　役員給与なのか従業員給与なのかで税務上の違いはありますが、そこを1番の考慮事項として選択をするのではなく、**経営に関与するか否かで役員とするか否かを選択すべきだと思います。**

　また、代表者(合同会社の場合は代表社員)の配偶者や子供に給与を支払う場合には、いくつかの注意点があります。

　1つ目の注意点は、役員給与(役員報酬)にしろ、従業員給与にしろ、高すぎると問題になるということです。

　まず、役員給与のうち「不相当に高額な部分」の金額は損金の額に算入されないことになっています。多額の給与を支払い、法人税の負担軽減を図ることを防止するためです。

　例えば、売上5000万円、役員給与4000万円、その他経費1000万円で、会社の利益(所得)が0円(5000万円−4000万円−1000万円)だったとします。この場合、法人税は0円となります。

　ただし、役員給与4000万円の適正金額が2500万円であり、過大金額が1500万円だったということになると、この1500万円の部分に法人税がかかってしまいます。

　役員給与が何と比べて高いと問題になるのかといえば、それは、同業類似法人の役員給与支給状況との比較です。ただし、同業類似法人のデータを課税庁側は持っていますが、会社側は調べることができません。ですから、その意味で会社側は不利といえます。

　また、役員給与と同様に、従業員給与の場合にも、会社代表者がその配偶者や子供に多額の給与を支払い、法人税の負担軽減を図ることができるという問題があり、役員の親族などに対して支給する過大な従業員給与(不相当に高額な部分の金額)についても、損金の額に算入しない措置が講じられています。

　なお、役員と違って従業員の場合は、経営に関与せず経営責任もないため、純粋に実労働をしていることが求められます。よって、従業員としての給与が世間

相場の単価と乖離するのはおかしいということになります。

　2つ目の注意点は、配偶者や子供に給与を支払う場合は、実際に働いてもらう必要があるということです。 当然のことだと思われる方も多いと思いますが、働いていない配偶者や子供に給与を払っている会社も世の中にはあります(税務裁判例等による)。

　例えば、給与所得控除や所得税の累進課税制度の仕組みからいって、同じ給与の金額を払うにしても、複数でもらった方が所得税の金額が小さくなります。

　具体例をあげると、2000万円の給与を支払う場合、1人で2000万円もらうより、2人で1000万円ずつもらった方が所得税の金額は小さくなります。つまり、1人の所得税より、2人の所得税の合計額の方が小さくなるということです。

　同様に、2人で1000万円ずつもらうより、4人で500万円ずつもらった方が所得税の金額は小さくなります。給与所得控除や所得税の累進課税の仕組みから、そういうことが起こるのです。

　この仕組みを悪用して、実際には働いていないが、働いているという形にして配偶者や子供に給与を支払い、会社代表者である自分の給与を下げている人がいます(税務裁判例等による)。

　このような行為は、節税ではなく脱税です。 税務調査で指摘された場合、悪質ということで重加算税という重いペナルティーの税金がかけられることになるでしょう。

　3つ目の注意点は、「みなし役員」です。

　みなし役員の説明の前に、役員給与と従業員給与の大きな違いを説明したいと思います。**役員にボーナス(賞与)を支払う場合は、支給時期、支給額を記載した書類をあらかじめ税務署に届け出(事前確定届出給与に関する届出)をしないと損金(税務上の経費)にはできません。**

　例えば、今期は利益が結構出た(出そうな)ので、臨時の決算賞与を従業員に支払うという場合があると思います。しかし、役員への支払いは事前に届出をしていないと損金にできないため、法人税の削減とはなりません。事前に届出をするといっても、通常、利益が出るかどうかわからない状態のときに届け出をしないといけないため、臨時的な賞与には対応できないのが実情です。

　よって、臨時のボーナスを払う場合があることを考慮して、あえて、配偶者等を役員にしないで従業員という立場にしている会社はあります。

　ただし、**税務の世界には「みなし役員」といって、一定の場合、登記上の役員ではなくても役員とみなされてしまいます。**

　従業員と思ってボーナスを払っても、みなし役員ということになると、このボ

ーナスは、役員に対する臨時のボーナスということで損金とならないということになります。

　では、どういう場合に「みなし役員」に該当するのでしょうか。小さい会社の場合は、その従業員である自分の家族が「経営に従事」しているか否かがポイントとなります。「経営に従事」しているとは、一般的には、経営方針に参画して次のような計画・決定に自己の意思を表明し反映させている場合が該当するとされています。

- ・職制の決定　　・販売計画　　・仕入計画　　・製造計画
- ・人事計画　　　・資金計画　　・設備計画　　　　など

　例えば、①会社の資金調達等に当たり、銀行から資金を借り入れることを決定するなど、その資金計画を行っていること、②商品の仕入、販売の計画を行っていること、③従業員の採用の諾否及び給与の決定を行うなどをしているような場合、「経営への従事」に該当すると考えられています。

　つまり、冒頭で書いた通り、配偶者等の家族を役員とするのか従業員とするのかは、経営に関与するか否かで選択すべきだということです。

配偶者を非常勤役員とする場合の注意点

　配偶者を社会保険の被保険者にさせたくないために、配偶者を非常勤役員としたいと考えている方も多いでしょう。

　ただし、非常勤役員だからといって、社会保険の被保険者にならないとは言い切れません（報酬0円なら、被保険者になりませんが）。（非常勤）役員が社会保険の被保険者となるか否かの判断は難しいのですが、日本年金機構から示されている判断材料は以下の通りとなっています。

1. 当該法人の事業所に定期的に出勤しているかどうか
2. 当該法人における職以外に多くの職を兼ねていないかどうか
3. 当該法人の役員会等に出席しているかどうか
4. 当該法人の役員への連絡調整又は職員に対する指揮監督に従事しているかどうか
5. 当該法人において求めに応じて意見を述べる立場にとどまっていないかどうか
6. 当該法人等より支払いを受ける報酬が、社会通念上労務の内容に相応したものであって実費弁償程度の水準にとどまっていないかどうか

なお、上記項目は、あくまでも例として示すものであり、それぞれの事案ごとに実態を踏まえ判断されたい。

　上記6項目を総合勘案をして判断をすることになるのですが、あくまでも6項目は例示でしかありません。ですから、判断に悩む場合は、管轄の年金事務所に相談・確認しておいたほうがいいでしょう。結構、年金事務所によって、判断が違っています。

　なお、**合同会社の場合、業務執行社員は業務執行をする権利があるので、役員給与をもらっている以上は、社会保険の被保険者になるという考え方があります**（同じ役員といっても、株式会社の取締役とは違うという考え方）。

　ですから、合同会社の設立を考えていて、かつ、非常勤業務執行社員の採用を検討の方は、事前に、管轄の年金事務所に相談・確認をしてください。

　また、税務上、非常勤役員については、名目的存在であり職務の執行が十分になされていない場合が多くあるため、職務の内容に照らして支給された役員給与が過大であると判定されることがあるので注意をしてください。

　簡単にいうと、税務調査が入った際に否認される可能性が高いということです。例えば、月20万円払っていたが、月6万円が適正金額とされるというようなことが起こりえるということです。職務の執行を全くしていないことが確認されてしまうと0円が適正金額となってしまうので、非常勤とはいえ、何らかの職務の執行はしている必要があります。

　なお、過大役員給与となるかどうかについては、税務署に相談に行っても答えてもらえないでしょう。

■ 学生や未成年の子供を役員とする場合の注意点

　将来の後継者となる者として、学生や未成年の子供を役員としている中小企業は確かにあります。ただし、一般的には役員ではなくアルバイトをしている者が多い世代でしょう。

　ですから、税務調査が入った際には、実態がどうなっているかを必ず調べられると思ってください。過大役員給与と認定されたり、実際は代表者である親の役員給与であると判断されたりしないように注意が必要です。

　たとえ、子供が将来自分の後継者となる者であるとしても、知識、経験、勤務状況、職務内容等からみて給与が過大であれば当然、否認されます。

現物出資（モノでの出資）もOK

　社員の出資は金銭等に限るとされています。金銭等による出資とは、**お金での出資はもちろん、価額（モノの値段に相当する金額）の評価が可能なモノでの出資でも可能**だということです。例えば、パソコンや車での出資が可能ということになります。なお、「合同会社の社員について、価額の評価が可能な財産を出資の目的としなければならないという要請はあるものの、労務出資や信用出資について、労務や信用に係るものであることを理由に禁じられているわけではないから、たとえば報酬債権や評価可能な営業権等を出資の目的とすることは、差し支えない」（注2-2）とする見解がありますが、一般的には、信用や労務での出資はされていません。労務出資とは社員自身の労務を提供、つまり、社員が会社のために働くことを目的とする出資のことです。また、信用出資とは社員自身の信用を供与、つまり、社員の信用を会社に利用させることを目的とする出資のことです。

　株式会社の場合、現物出資財産について検査役や設立時取締役等の調査が必要とされていますが、合同会社では要求されていません。また、株式会社の場合、現物出資財産の価額が定款に記載された価額に著しく不足するときは、発起人及び設立時取締役は、当該株式会社に対し、連帯して不足額を支払う義務を負うことになっています。一方、合同会社の場合、このような規定はありません。とはいえ、**現物出資財産の「客観的な価格」を「定款に記載する価額」とするのが当然望ましい**、といえます。中古パソコンや中古車を現物出資する場合は、中古価格を目安とするといいでしょう。

　なお、「客観的な価格」といいながらも実際判定が難しいモノもあるでしょうが、「客観的な価格」と「定款に記載された価額」が著しく違わない限り、そんなに気にする必要もないでしょう。

　また、定款における現物出資の記載方法があいまいなまま登記申請をした場合、登記所においてNGが出ます。そのため、**現物出資をして合同会社を設立する場合は、登記申請前に必ず、登記所の窓口で事前相談をする**ようにしてください。

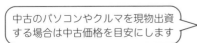
中古のパソコンやクルマを現物出資する場合は中古価格を目安にします

基本事項を決める

会社名（商号）を決める

　商号とは、会社の名称のことです。会社の商号とは、これから立ち上げる会社のイメージにも大きな影響を与える、その会社の「名前」となるものです。親が自分の子どもに名前をつけるときには、その名前に子どもの将来を託したり、親しみやすさなどを考えたりするものでしょう。商号を決めるときも同様です。以下のような点から考えて選ぶとよいでしょう。

- 商号から、仕事の内容や商品がわかるようにする　例 合同会社○○建設
- 地元密着をアピールする　例 合同会社六本木○○
- 覚えやすいものにする
- 会社の成長・発展をイメージする

　商号は、原則として会社を設立しようとする者において自由に決めることができます（商号選定自由の原則）。ただし、**一定のルールに則って選定しなければ、商号として使用することはできません**。以下で基本的なルールを紹介します。

- **商号には、必ず「合同会社」という文字を入れなければならない**
  ただし「合同会社」という四文字だけの商号は許されない。
  OK例 「○○合同会社」、「合同会社○○」
  NG例 「○○ＬＬＣ※」
  ※「○○ＬＬＣ合同会社」は可
- **１つの会社では１つの商号しか使用することができない（商号単一の原則）**
- **会社の支店であることを示す文字を用いることや、会社の一部門であることを示す文字は使用することができない**
  NG例 「合同会社○○東京支店」「合同会社○○営業部」
- **商号には、ひらがな、カタカナ、漢字、ローマ字（a、b、A、B、…）、アラビア数字（1、2、3、…）を用いることができる。また、「＆」（アンパサンド）、「'」（アポストロフィー）、「,」（コンマ）、「－」（ハイフン）、「.」（ピリオド）及び「・」（中点）の6種の符号を使用した商号も登記可能**

ただし、この6種の符号は字句を区切る際の符号としての使用に限る。したがって、ピリオドは省略を表すものとして商号末尾に使用できるが、それ以外の符号は商号の先頭または末尾には使用できない。

● **「ＡＢＣ東日本合同会社」「大阪ＸＹＺ合同会社」のように、ローマ字と日本文字とを組み合わせた商号も許される**

ただし、「ＡＢＣ（エイビーシー）合同会社」のような、ローマ字の読みを括弧書きでするようなことはできない。

● **ローマ字を用いて複数の単語を表記する場合に限り、当該単語の間を区切るために空白（スペース）を用いることができる**

OK例 「合同会社Best Partners」

● **既存の他の会社と商号及び本店の所在場所を同一とする内容の設立の登記は許されない**

● **不正の目的をもって、他の会社であると誤認されるおそれのある商号を使用することは禁止されている**

違反して、他の会社（外国会社を含む）であると誤認されるおそれのある商号を使用した者は、100万円以下の過料に処することになっている。

● **他の法令により使用を禁止されている文字を用いることは許されない**

例えば、銀行や信託等の各事業を営むものでない会社が、その各業者であることを示すような文字を商号中に用いることはできない。

● **公序良俗に反する商号は使用できない**

　以上のように、商号はルールで定められた範囲で自由に決めることができるということになります。

本店の所在場所を決める

　会社の「本店」とは、営業上の主軸となる店舗のことをいい、その所在場所を「本店の所在場所（所在地）」といいます。要するに会社の住所ですが、「本店」の場所なので当然、1社につき1か所のみとなります。ただし、**本店の所在場所として会社専用のビルや専用のオフィスを用意する必要はなく**、例えば、代表社員の自宅を本店の所在場所としてもかまいません。

　会社を経営する上で、事業の業種によっては自宅兼事務所というのはあまり好

ましいとはいえない場合もあるでしょう。しかし、無理をすることは禁物です。経営が軌道に乗るまでの当分の間、自宅を事務所にするというのもひとつの方法です。なお、**居住用で借りている賃貸マンションやアパートであっても会社の本店として登記をすることはできます**。ただし、後々トラブルにならないように、その物件の所有者である大家や、物件を管理している管理会社などには「会社の本店としてよいか」どうかを登記申請前にあらかじめ確認してください。事業用は絶対に不可の場合もあるでしょうから。

　また、株式会社同様に、合同会社でも支店を設けることは可能ですが、その場合、本店同様に支店の所在場所も登記事項となっています。しかし、合同会社を設立する場合に、支店を同時に設けるケースは極めて稀といえますので、本書では解説を省略しています。

■ 資本金はどのくらいにすべきか（資本金の額の決定）

　合同会社の社員になろうとする者は、定款の作成後、合同会社の設立の登記をするときまでに、その出資にかかわる金銭の全額を払込み、又はその出資にかかわる金銭以外の財産の全部を給付しなければならないことになっています。**この払い込みまたは給付された範囲内で、自由に資本金の額を決定することができます**。ただし、0円以上の額に限ります。理論上は資本金の額を0円とすることはできるということになりますが、そのような会社と取引をしようとする人は少ないでしょう。

　株式会社の場合には、払込みまたは給付にかかわる額の2分の1以上を資本金として計上しなければならない規定がありますが、合同会社の場合にはそのような規定はありません。そのため、例えば500万円が出資された場合は、資本金の額を500万円としてもよいし、200万円としてもよいということです。なお、資本金に計上しなかった額は資本剰余金となります。ただし、**設立の場合、出資された全額を資本金の額とするのが一般的**です。例えば、100万円を社員が出資したならば、資本金の額が100万円となります。

　資本金をいくらにしたらいいか悩む方はいると思います。資本金は1円でも、1万円でもかまいませんが、資本金の額は合同会社の登記事項であるため、登記事項証明書に記載されます。登記事項証明書は誰でもが取得できるため、**取引し**

ようとする人が躊躇するような資本金の額は避けたほうがよいといえます。

　また、業務運営の観点から、資本金が多いほうが当然にいいです。**一般的な資本金の額の目安は、最低6か月分の運転資金**となります。運転資金が1か月100万円かかる予定でしたら、最低資本金600万円が必要となります。実際に仕事をしてもすぐにお金が入ってくるわけではありません。だいたい3か月後に入金されると考えたほうがよいでしょう。それ以外の残りの3か月分は、仕事がうまくいかなかったときのことを考えて、余裕を持つ必要があるためです。余裕分がなかった場合、その時点で会社の運営がストップしてしまいます。なお、個人事業から会社にする(法人成り)の場合は、会社設立時の段階で売上入金等が見込めますので、もう少し少額の資本金で始めても大丈夫です。

　取引先や金融機関の信頼の観点からも、資本金が多いほうが当然にいいです。**資本金＝会社の体力と考えられますので、取引先なども資本金が多いほうを信頼する**傾向にあります。現在、金融機関は資本金10万円ぐらいの少額で会社を設立した場合、法人口座の開設をしたがらない傾向にあるので注意をしてください。

　e-Stat(政府統計の総合窓口)によれば、2021年における合同会社、株式会社の設立時における資本金階級別の件数は以下のようになっています。**合同会社の設立時における資本金の額は100万円未満の場合が半数近くを占めており、300万円未満が全体の80%以上を占めています。**また、株式会社に比べると、少額の資本金で設立されていることもわかります。

合同会社の設立時における資本金階級別の件数

	100万円未満	100万円以上	300万円以上	500万円以上	1000万円以上	2000万円以上	5000万円以上	1億円以上	総数
設立件数(件)	17,897	12,356	2,872	3,732	159	32	16	8	37,072
総数に占める割合(%)	48.28	33.33	7.75	10.07	0.43	0.09	0.04	0.02	100.00

株式会社の設立時における資本金階級別の件数

	100万円未満	100万円以上	300万円以上	500万円以上	1000万円以上	2000万円以上	5000万円以上	1億円以上	10億円以上	50億円以上	100億円以上	総数
設立件数(件)	14,886	38,145	16,298	21,235	2,802	1,122	442	273	11	1	7	95,222
総数に占める割合(%)	15.63	40.06	17.12	22.30	2.94	1.18	0.46	0.29	0.01	0.00	0.01	100.00

合同会社(上表)と株式会社(下表)を比べると、合同会社のほうが少額の資本金で設立されていることがわかる。

資本金はどのくらいにすべきか（税金の観点から）

税金の観点から見ると、資本金には1000万円と1億円の壁があります。

資本金が1000万円未満の場合、一定の要件を満たせば会社設立後2事業年度は消費税を納める必要がありません。資本金（正確には資本金等の額）が1000万円以下の場合、法人住民税の均等割が最低金額で済みます。法人住民税の均等割とは、会社が黒字だろうが赤字だろうが一切関係なく、毎期、支払わなければならない税金ですが、資本金と従業者数によって金額が変わっています。例えば東京23区の場合、資本金が1000万円以下（かつ、従業者数が50人以下）の場合、均等割額は年額7万円となっています。それが、1000万円を超えると、均等割額は年額18万円となってしまいます。均等割は毎年払わなければならないので、11万円の差は中小企業にとってはかなり大きいものといえます。また、1億円を超える（かつ、10億円以下）と、均等割額は年額29万円となります。

次に、**資本金が1億円を超えると税務上、中小企業とされないため、**かなりの税優遇が受けられなくなります。主なものを挙げておきます。

①取得価額が30万円未満である減価償却資産

従業員500人以下である青色申告法人である中小企業は、取得価額が30万円未満の減価償却資産については、購入・使用時の期にすぐに損金算入できる（ラフにいうと経費にできる）が、それができなくなる。つまり、全額経費で落とすまでに数年かかるということになる。

②特別償却・特別税額控除

中小企業投資促進税制、中小企業技術基盤強化税制など、中小企業のための特別償却や特別税額控除が利用できなくなる。

③軽減税率

法人税の税率は平成30年4月1日以後に開始する事業年度からは23.2％となっているが、中小企業であれば、所得金額のうち年800万円以下の部分に対する法人税の軽減税率は15％（令和7年3月31日までの間に開始する各事業年度）となっている。

④交際費

中小企業の場合は、年800万まで経費で落とせる。資本金の額が1億円を超えると、原則、交際費は1円も経費にならない（損金不算入）。ただし、接待飲食費については、50％は経費となる（資本金100億円超の法人は除く）。得意先との飲食代でも、1人5,000円以下なら接待交際費から除外できる。

⑤欠損金等の控除限度額

中小企業以外の会社については、毎年の所得金額の50％までしか繰越欠損金を利用できないという制限が存在する。つまり、2000万円の赤字（欠損金等）が発生した翌年に2000万円の黒字（所得）が発生したとしても、50％の1000万円しか欠損金を利用することができず、1000万円に対して課税される。その一方、中小企業の場合は100％の2000万円の欠損金を利用することができ、課税されない（欠損金の繰越控除を利用できる法人は、欠損金額が生じた事業年度において青色申告書である確定申告書を提出し、かつ、その後の各事業年度について連続して確定申告書を提出している法人である）。

⑥法人事業税の外形標準課税

資本金の額が１億円を超えている法人は外形標準課税の対象となり、税負担と申告作業が増大する。外形標準課税の対象企業は2020年度には約２万社であり、ピークの06年度から約１万社減少しているが、総務省は、課税を逃れる目的であえて１億円以下に減資した企業が相当数あるとみている。

旅行大手のＪＴＢは、2021（令和３）年３月31日付で資本金を23億400万円から１億円に大幅に減資しました。また、エイチ・アイ・エスは、2022（令和４）年10月27日付で資本金を247億円から１億円に大幅に減資しました。これにより**税制上は「中小企業」と見なされる**ようになったのです。

事業目的を決める

事業目的とは、会社が行う事業の内容のことです。会社の事業目的は定款の絶対的記載事項（次章で解説）ですから、**定款に記載されていないと厳密にはその会社の事業とはなり得ません**。そのため、定款の作成前に事業目的を決めておく必要があります。個人事業主から法人化される方は、今まで行っていたビジネスを軸に事業目的を決めるとよいでしょう。

事業目的は１つだけ定款に記載するのでもかまいません。また、どれだけ多くの目的を掲げてもかまわないという建前になっています。会社を設立した後、目的の変更や追加をした場合、定款の変更や登記をし直さなければならないので費

用と時間がかかります。そのため、当面は予定していないような事業についても目的に掲げる会社は多いものです。

　ただし、あまりにも多くの「目的」が記載されていると、第三者は違和感を覚えるものです。取引をしようと思う人がいても「ウリがない会社」や「何の事業をしたいのかわからない会社」と敬遠される可能性があります。さらには会社設立後、金融機関で預金口座の開設や借入をする場合に、あまりにも事業目的が多い場合は不審がられると思います。ある金融機関は、ホームページ上の「法人口座を開設されるお客さまへ」のところで「謄本上事業目的が多岐にわたる場合、その内容についてご説明をお願いします」と記載しています。そのため、**本当に自分がやろうとする事業だけを記載するのがよいと思われます。また、記載する目的の最後に「前各号に附帯する一切の業務」等と入れれば、目的の範囲を広げることができます。**

　目標としている会社があるならば、その会社の登記事項証明書をとり、事業目的を参考にするとよいでしょう。登記事項証明書は、その会社の経営者等関係者でなくても誰でも取得できます。

　なお、会社の目的の記載には次のルールがあります。

①適法性（法令または公序良俗に反しないこと）

　会社は、法規範のもとに存在しているものだから、強行法規（当事者の意思にかかわらず、その適用を排除できない法規）又は公序良俗に反する事業を目的とすることはできない。例えば、たばこ事業法によって、たばこは、日本たばこ産業株式会社でなければ、製造してはならないとなっている。そのため、合同会社の目的に「たばこの製造」を入れることはできない。

②営利性（会社の目的は利益を得ること）

　利益を得る可能性のない事業を会社の目的とすることはできない。例えば、「政治献金」は、それによって、直接利益を挙げ得る可能性がないので入れることはできない。

③明確性（目的の意味が明らかであること）

　明確であるとは、現時点で、語句の意味が明らかであり、目的全体の文意が明らかであることをいう。例えば、インターネットという語句は、現時点では、明確性があるが、30年ほど前には明確性があるとはいえなかった。そのため、目的に「インターネットを利用した各種情報提供サービス業」と記載しても公証人から認証（株式会社の場合）を拒絶され、登記も受理されなかった。ただし、語句というものは時間とともに認知されていくものなので、現時点では明確性がないと判断されても、数年後には明確性が出てくる場合もある。

なお、法務省の見解は下記のとおり。

(法務省HP、設立登記申請書様式の定款例目的の注

https://houmukyoku.moj.go.jp/homu/content/001331097.pdf)。

「ローマ字による用語や専門用語等を使用する場合には、それらが一般に市販されている用語辞典に掲載されているなど、広く社会的に認知されているものでないときには、登記申請が受理されない場合もありますので、御留意ください。また、これらの場合には、ローマ字による用語や専門用語の後に括弧書きで当該用語を説明するなど、登記事項証明書を取得した方に理解しやすいものとなるように御留意ください」

例えば、ITという用語が広く社会的に認知されているとまではいえないような時代には、「IT（インフォメーションテクノロジー）」や「IT（情報技術）」のように、丸括弧書きで説明を書くのが一般的で「IT（情報技術）を活用したコンサルタント」のように事業目的を記載していた。

④具体性（目的の意味が具体的であること）

以前は、目的の記載については、具体性がなければならないとされていたが、現在では、会社の目的の具体性については、審査を要しないものとされた（取扱通達・第7部　商業登記に関するその他の改正 第2 会社の目的の具体性 129ページ）。そのため、「商業」「商取引」といったような記載でも相当とされる。しかし、会社の目的が具体的でないと、例えば許認可や取引等において不都合が生ずることもあり得る。したがって、具体性があったほうが望ましいといえる。なお、法務省の見解は下記のとおり（設立登記申請書様式の定款例目的の注）。

「事業等を行うことについて官公庁等の許認可、登録、届出等（以下「許認可等」といいます。）が必要な場合や登記事項証明書の提出が必要な場合等には、定款に定める目的に問題がないかどうかを当該官公庁等に事前にお問い合わせください。登記申請が受理された場合であっても、許認可等の関係で問題とされる場合がありますので、御留意ください」

主な業種の許認可一覧

業　種	許認可等の種類	担当窓口・問い合わせ先
不動産業	宅地建物取引業免許	都道府県等
建設業	建設業許可	
旅行業、旅行業者代理業	旅行業新規登録、旅行業者代理業新規登録	
人材派遣事業	労働者派遣事業許可	都道府県労働局
有料職業紹介事業	有料職業紹介事業許可	
お酒の販売	酒類販売業免許	税務署
タバコの販売	製造たばこの小売販売業許可	ＪＴの支社
飲食店、喫茶店の営業や菓子製造など	飲食店等営業許可	保健所
ホテル営業、旅館営業	旅館業営業許可	
理髪店、美容院	理容所開設届、美容所開設届	
クリーニング店	クリーニング所開設届	
産業廃棄物処理業	産業廃棄物収集運搬業許可 産業廃棄物処分業許可	都道府県等
金融商品取引業	金融商品取引業登録	財務局
貸金業	貸金業登録	日本貸金業協会等
古物営業	古物商許可	警察署
風俗営業	風俗営業許可	
バー、酒場等	深夜酒類提供飲食店営業営業開始届出	
警備業	警備業認定	
探偵業	探偵業開始届出	

書式作成の準備をする

代表社員になる者の印鑑登録証明書等を取りに行く

　会社設立には、登記所への設立登記申請書（122ページ）と印鑑届書（144ページ）の提出が必要となります。自然人（個人）が代表社員になる場合は、印鑑届書に、個人の実印と会社代表者印（58ページ）を押印する必要がありますので、印鑑届書の添付書類として、その者の印鑑登録証明書も必要となります。

　印鑑登録証明書は、本人の実印であることを証明するものです。会社設立に必要な通数は1通です。なお、**発行から3か月以内の印鑑登録証明書である必要があります**。それより前の発行の印鑑登録証明書が仮に手元にあったとしても利用できませんので新たに発行してもらう必要があります。

　代表社員が複数いる場合は、会社代表者印として印鑑を届け出る方1名の印鑑登録証明書（印鑑届書への添付用）が必要となります。それ以外の方の印鑑登録証明書は必要ありません。なお、代表社員が複数いる場合に、印鑑登録証明書をそれぞれ取得し、かつ、会社代表者印、印鑑届書をそれぞれごとに作成して代表社員それぞれの印鑑を届け出ることも可能です。ただし、設立の段階では「印鑑届書」を提出する代表者1名を決めておいて、会社を運営していく段階で、印が複数必要になったときに届出をしてもよいでしょう。

　法人が代表社員や業務執行社員となる場合には、登記申請書や印鑑届書といった一定の書類が必要です（次ページ参照）。

　以上のことは、登記所において必要とされていることですが、**定款に正確な「社員の氏名及び住所」を記載するためには、社員が複数いる場合には社員全員の「印鑑登録証明書」等、次ページのように一定の書類を取得しておいたほうがよい**と思います。また、行政書士など代理人に電子定款の作成依頼をする場合には、社員に架空名義人がいないことを確認するために社員全員の「印鑑登録証明書」等を要求される場合もあるでしょう。

補注：業務執行社員、代表社員を別に決めていない場合は、社員全員が業務を執行し、
　　　代表権を有することになるので社員のだれか、もしくは複数人が代表者としての
　　　届出印を出すことになる。ただし、業務執行社員、代表社員を決めるのが一般的。

● 自然人が代表社員になる場合

書類	左の書類の添付書類（公的書類）
登記申請書	なし
印鑑届書	市区町村長が作成した印鑑証明書で作成後３月以内のもの

● 法人が代表社員、業務執行社員になる場合の添付書類

書類	書類の添付書類
登記申請書	137〜141ページ参照

● 法人が代表社員になる場合の添付書類

書類	書類の添付書類
印鑑届書	147〜150ページ参照

商号を調査する

　既存の他の会社と商号及び本店の所在場所を同一とする内容の設立の登記は、することができません。つまり、**同一商号でありかつ同一本店の会社が既に登記されている場合にのみ設立はできません。**

　なお、「ホウム株式会社」と「ホウム合同会社」、あるいは「ホウム合同会社」と「合同会社ホウム」といったものは、同一の商号には当たりません。ただし、トラブルを避けるために、新たに設立する場合には、そのような商号は避けたほうがよいでしょう。

　また、既存の会社が「一丁目１番１号」で登記されている場合において、新たに設立する会社の本店を「一丁目１番１号101号室」とした場合は、同一本店とみなされます。しかし、既存の会社が「一丁目１番１号101号室」で登記されている場合において、新たに設立する会社の本店を「一丁目１番１号102号室」とした場合は、同一本店とみなされません。

　一戸建てで自宅兼事業所を構えるなら問題ないということになりますが、**オフィスビル・雑居ビルの中に事業所を構える場合は、一応、登記申請の前に商号調査をする必要がある**ということになります。

なお、登記所に行かずに、お持ちの**パソコンでインターネットを経由して商号調査をすることができる方法**があります。

　オンライン登記情報検索サービスを利用して商号調査(詳しくは、法務省ホームページの「オンライン登記情報検索サービスを利用した商号調査について(https://www.moj.go.jp/MINJI/minji06_00076.html)」)を行う方法がありますが、この方法は登録が必要で面倒です。一方、国税庁の法人番号公表サイト(https://www.houjin-bangou.nta.go.jp/)は登録が不要なのでお勧めです。

法人番号サイトによる商号調査
(1) トップページの「商号又は名称」に設立予定の商号を入力する。
(2) 同じ画面の「所在地」に設立予定場所の都道府県、市区町村を選択する。
(3) 同じ画面の「検索」ボタンを押す。
(4) 設立予定場所の都道府県、市区町村に設立予定と同じ商号がなければ「入力された条件に該当するデータが存在しません。」というメッセージが表示されます。設立予定場所の都道府県、市区町村に設立予定と同じ商号の法人があれば表示され、(本店)所在地がどこにあるか等が表示されます。
(5) 同一商号でありかつ同一本店の会社があるかないかが以上のことでわかります。
※法人番号については、200ページ参照

登記所に相談する

　会社設立でわからないことなど、登記所では相談する場が設けられています。例えば、東京法務局では、対面・電話・ウェブにより登記手続案内を行っています。1回の利用は20分以内となっています。
　ただし、完全予約制となっているため、利用に当たっては、前日までに予約をする必要があります。
　対面・電話での案内を希望する場合の予約をするための電話番号は「登記電話案内室 03-5318-0261」となっています。東京法務局以外の所轄で会社を設立予定で相談希望の方は、所轄している登記所に電話をしてどのような方法があるのか聞いてみるとよいでしょう。

○法務局ＨＰ「東京法務局　登記手続のご案内」
　https://houmukyoku.moj.go.jp/tokyo/category_00020.html

会社代表者印をつくる

　会社代表者印とは、「会社の実印」とも呼ばれ、**登記の申請書に押印すべき代表社員が本店を管轄する登記所に届け出る印鑑のこと**をいいます。そのため、登記所に登記申請をする前につくっておく必要があります。

　この印は、会社設立後には契約書など重要な書類に押印する印鑑となります。

　印鑑を提出する時期ですが、あらかじめ印鑑を提出することとされていますが、**会社設立登記の申請と同時に提出を行うことが一般的**であり、それで問題ありません。また、印鑑の提出方法は、具体的には、印鑑届書（144ページ）をもってすることとなります。

　なお、会社代表者印には規格があり、印鑑の大きさは１辺の長さが１cmを超え、３cm以内の正方形に収まるものである必要があります。また、鮮明に押印できて照合に適するものでなければならないとされています。上記の規格を満たしていればかまわないので、稀に個人の印鑑を会社代表者印としても利用される方もいます。ただし、けじめをつける意味でも新たにつくるべきでしょう。

　実績があるハンコ屋さんでは、当然、会社代表者印の規格のことは知っているので「会社代表者印をつくりたい」と頼めば、規格どおりの印をつくってもらえます。なお、会社代表者印は、円の内側に「代表社員之印」、その外側に商号である会社名が彫られていることが多いようです。即日で会社代表者印をつくってもらえるハンコ屋さんもありますが、数日かかるところもありますので、**商号が決定したら即、作成の依頼をしましょう。**

会社代表者印の規格

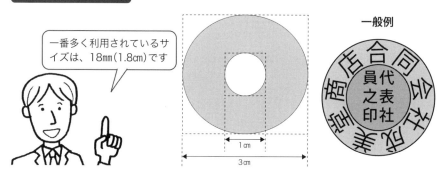

一番多く利用されているサイズは、18mm(1.8cm)です

一般例

1cm

3cm

銀行印など、その他の印の作成

会社設立のためには、会社代表者印だけ作成してあればよいものです。ただし、会社設立後の運営のために、お金に余裕があるならば、銀行印など、その他の印も作成しておくとよいでしょう。

◯ 銀行印

銀行印とは、**会社設立後、銀行に口座を開設する際に用いる印**であり、小切手や手形の振り出し、預金の引き出しなどに使います。

代表者印をそのまま、銀行印としても使用することは可能です。ただし、小切手や手形の振り出しが多く、押印し続けていると**使用頻度が激しいために、破損や摩耗のおそれがあります**。また、使用頻度が高いと、**紛失の可能性も高くなります**。そのため、通常は代表者印とは別に銀行印をつくります。ただし、新設会社の場合、小切手や手形の振り出しをすることが少ないため、当面の間は、会社代表者印を銀行印として使用してもよいでしょう。

銀行印の場合は、代表者印のような規格がありません。ただし、代表者印と間違わないように、**一般的には、代表者印よりは少し小さめにつくります**。また、より間違えないようにするために、例えば、代表者印は天丸型、銀行印は寸胴型にするというようにされる方も多いようです。

寸胴型

天丸型

◯ 社印（角印）

社印（角印）とは、見積書、請求書や領収書などに使う印です。**法的に正式な印ではない**ですが、日常業務で頻繁に利用する場合は、あったほうが便利でしょう。

社印

合同会社
成美堂商
店之印

■ゴム印

ゴム印とは、請求書、領収書、契約書や各種の届出書など、幅広く、押したりして使用するゴム製の印です。**法的に正式な印ではない**ですが、手書きをすることがわずらわしいなどのために作成されます。また、パーツに分かれているものが利用しやすいです。

ゴム印

| 合同会社成美堂商店 |
| 代表社員 ○○○○ |

〒106−0032
東京都港区六本木１丁目○番×号

TEL03−××××−××××
FAX03−××××−××××

決算期（事業年度）を決める

事業年度とは、**会社の経営成績や財務状態などを明らかにする目的で、決算をするために設けた一定期間**のことです。事業年度は１年以内であればよく、「毎年４月１日から翌年３月31日まで」というように年１回決算（決算期間12か月）としても、「毎年４月１日から９月30日まで、及び10月１日から翌年３月31日まで」というように半年ごとの年２回決算（決算期間６か月）としてもかまいません。ただし、決算作業は手間がかかるため、一般的には年１回決算にしている会社がほとんどです。事業年度の最後の日を決算日といいますが、決算日を決める際の注意としては、**会社としての繁忙期に決算日が重なるような決め方や、資金繰りがショートしてしまうような事態は避けるべき**だということです。

繁忙期に決算日がきてしまうのでは、せっかく「会社が軌道に乗りかけてきた」というときや、「今こそ稼ぎどきだ」というときに伝票や帳簿の整理に追われてしまい、通常の業務にも支障をきたしてしまいかねません。

また、納税時期（法人税の納税は、原則決算日より２か月以内）と賞与支払の時期が重なると、資金繰りが大変になります。

以上のことを参考に、工夫をしながら、事業年度を決めるとよいでしょう。

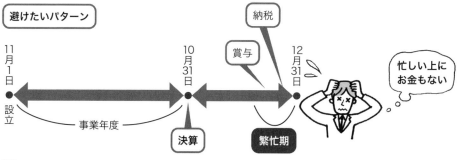

会社設立日を決める

　会社設立日とは、却下などがない限り、**登記所に設立の登記を申請した日（登記年月日）**となります。会社設立日を、大安にしたり、ご自身の記念日を選んだりするケースが多いものです。そのため、希望する会社設立日から逆算して、会社設立の準備をするとよいでしょう。

　登記所の受付は国民の祝日に関する法律に規定する休日及び年末年始の休日を除く月曜日から金曜日までの午前8時30分～午後5時15分となっています。そのため、土・日・祝日は受付をしないことになるため、自動的に、その日を会社設立日にすることはできません。よって、縁起がいいからといって、1月1日を会社設立日にしたいと思ってもできません。

　登記申請を郵送により行うことは可能ですが、この場合の登記年月日は、申請書が登記所に到達し、受付手続を行った日になります。そのため、希望の会社設立日があるならば、郵送による登記申請はすべきではないでしょう。

　会社の設立後最初の事業年度の開始の日は、会社設立の日によることとなっています。そして、法人税法上、事業年度は1年以内となっています。

　そのため、会社設立日から決算日まであまり月日がないと大変です。例えば、会社設立日が令和6年6月24日で、毎年7月1日から翌年6月30日を事業年度としたとします。この場合、最初の事業年度は令和6年6月24日から令和6年6月30日となります。事業年度は1年以内のため、最初の事業年度を令和6年6月24日から令和7年6月30日とするようなことはできません。会社を設立したら、すぐに決算手続きをして税務申告をすることになってしまいます。

　例えば、会社設立日が令和6年6月24日であれば、毎年6月1日から翌年5月31日を事業年度とした方が、最初の事業年度は令和6年6月24日から令和7年5月31日となり、決算日まで時間があるということになります。

　なお、定款作成日は関係ありません。例えば、定款作成日が令和6年6月24日、会社設立日が令和6年7月1日で、定款に「毎年7月1日から翌年6月30日を事業年度」と記載したとします。この場合、最初の事業年度は令和6年7月1日から令和7年6月30日となります。

失敗 会社設立日が6月24日で、決算日（事業年度末日）を6月30日にした場合は1期目の決算は、すぐにきてしまう。

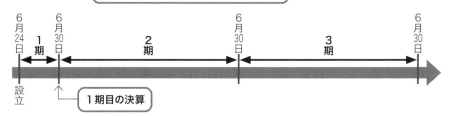

6月24日
設立

6月30日
1期
↑ 1期目の決算

2期

6月30日

3期

6月30日

成功 会社設立日が6月24日で、決算日（事業年度末日）を5月31日にした場合は1期目の決算まで、11か月以上ある。

6月24日
設立

1期

5月31日
↑ 1期目の決算

2期

5月31日

3期

5月31日

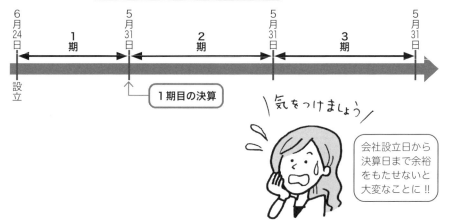

気をつけましょう

会社設立日から決算日まで余裕をもたせないと大変なことに‼

知っておこう！

▶特定創業支援等事業制度の利用

　急いで会社を設立しようとせずに、設立までに数か月間時間が取れる方は、特定創業支援等事業制度を利用するとよいでしょう。一定以上の期間・回数の相談やセミナーを受けることにより、自治体が証明書を発行し、その**証明書を設立登記申請書に添付すれば、登録免許税が半額となります**。

　例えば、株式会社設立時には最低でも15万円の登録免許税が必要ですが、半額の7万5000円となります。合同会社の場合は、登録免許税が6万円であれば3万円になるということです。

　なお、事業を開始した日以後5年を経過している個人事業主が、新たに会社を設立する（いわゆる法人成りの）場合には利用できません。つまり、**全く事業もしていない状態で新たに会社を設立するか、事業を開始した日以後5年を経過していない方が、新たに会社を設立する場合に利用できます**。

　また、この特定創業支援等事業制度ですが、会社設立しようとする方が動き出してから証明書発行までに最短でも1か月必要ということ以外、自治体によって結構違いがあります。例えば、同じ東京23区内で会社設立をするにあたってこの制度を利用しようとしても、豊島区、渋谷区と文京区では下表のような違いがあります（令和5年3月現在）。

	豊島区	渋谷区	文京区
開催頻度 （1年の間）	毎月数回	2回	2回
形　式	個別相談（予約制）	セミナー形式	セミナー形式
費　用	無料	無料	有料（1万円ぐらい）
回　数	4回以上 （1回あたり1時間ぐらい）、また、創業計画書を作成し提出する必要あり	4回 （1回あたり4時間ぐらい）、交流会含む合計5回出席	5回 （1回あたり3時間ぐらい）

なお、「登録免許税が半額」についての優遇措置の場合、本店所在地の自治体の証明書である必要があります。つまり、豊島区で起業の場合、豊島区以外の発行の証明書では優遇措置は利用できないということになります。ですから、本店所在地にある自治体に、特定創業支援等事業制度がどのようなものであるかを確認する必要があります。

▶ 登録免許税半額以外の優遇措置

　証明書取得による支援制度では、登録免許税半額以外にも、以下のような優遇措置が受けられます。下記の例は、東京都豊島区での証明書取得の場合ですが、他の自治体による取得の場合でも同じような優遇措置が受けられます。

(1) 新創業融資(日本政策金融公庫)の融資要件が緩和されます

　日本政策金融公庫の「新創業融資」を利用する場合の、自己資金要件が免除になります。

(2) 新規開業支援資金(日本政策金融公庫)の貸付利率が引き下げられます

　日本政策金融公庫の「新規開業支援資金」について、貸付利率の引き下げ対象として同資金を利用することができます。

(3) 東京都の創業融資の金利が優遇されます

　東京都の創業融資について、特例措置として金利が優遇されます。

(4) 創業関連保証の申込要件が緩和されます

　創業関連保証枠を利用した融資について、通常なら事業開始2か月前から申込みのところ、前倒しして事業開始6か月前から申込みが可能となります。

(5) 国や東京都の創業に関する補助金・助成事業に申請することができます

　国が取り扱う「創業・事業承継補助金」や、東京都及び東京都中小企業振興公社が取り扱う「創業助成事業」は、国・東京都が指定する創業支援(豊島区の特定創業支援事業を含む)を受けた方が対象となります。

3章

定款のつくり方

定款は会社の目的や組織、業務に関する根本規則で、いわば「憲法」のようなものです。定款自治の範囲が広い合同会社にとっては、この定款の作成は最重要事項となります。この章では、定款の書き方から印刷・製本するまでの作業を、実例を示しながら解説します。

定款を作成する

合同会社は定款作成が最重要／定款の配列はとくに決まっていない／絶対的記載事項①・②／相対的記載事項には「別段の定め」を記載する／任意的記載事項は定款外でも定められる／公告方法を定める／事業年度と最初の事業年度の記載の仕方／設立時の資本金の額の記載の仕方

定款を印刷する

定款を印刷し、記名押印する／定款の記載例①〜④

印刷した定款を製本する

定款の製本は2つの方法がある／電子定款の作成手順（1）〜（6）

定款を作成する

合同会社は定款作成が最重要

　定款では、合同会社における運営の基盤となることを定めます。国の法律でいう憲法のようなものです。また、合同会社では、**定款自治の範囲が広いので、定款の作成が極めて重要となります。定款で記載されていないと、効力が生じない事項（相対的記載事項）にはとくに注意して作成すべき**でしょう。なお、株式会社と違い、定款の作成にあたって公証人の認証は不要であり、その分手軽さがあります。

　合同会社を設立するには、社員になる人が定款を作成し、その**社員全員がその内容に同意をしたということで署名をし、または記名押印をする**ことが必要です。署名とは、本人が自筆で氏名を手書きすることです。これに対して記名とは、自署以外の方法で氏名を記載することで、パソコンの文書作成ソフトウェアを利用して記載します。記名は署名と比べると本人が同意したかについての証拠能力が低いので、記名に押印を加えることで証拠能力を高め、署名に代えることができるとされています。定款作成における社員の意思確認も署名ではなく、記名押印による方法が一般的です。

　作成した定款の原本1通には、4万円分の収入印紙を貼付する必要があります。定款を数通作成した場合については、そのうちの原本1通のみが課税の対象になり、その他のものは課税されないため収入印紙を貼る必要がありません。通常、登記申請用と会社保存用と最低2通は定款を作成することになりますが、1通のみ収入印紙を貼ればよいということになります。

　定款には絶対に記載しなければならない事項があります。その事項を絶対的記載事項といいます。また、定款には絶対的記載事項の他にも、相対的記載事項や任意的記載事項を記載することができます。相対的記載事項とは、法律の規定により定款の定めがなければその効力を生じない事項のことをいいます。定款自治の範囲が広い合同会社にとっては重要な事項となります。また、任意的記載事項とは、その他の事項で法律の規定に違反しないもので任意に記載できる事項のことをいいます。なお、電子定款の作成手順については、98ページを参照してください。

定款の配列はとくに決まっていない

　定款の配列（章立ての順序）はとくに決まっていませんが、**「総則」「社員及び出資」「業務の執行及び会社の代表」「計算」「附則」の順に章を立てる**のがよいのではないでしょうか。

　「総則」の章には、商号、目的、本店所在地を記載します。公告の方法を定めるなら、総則に記載するのが適当です。「社員及び出資」の章には、社員の氏名及び住所、出資の価額並びに責任を記載します。「業務の執行及び会社の代表」の章には、業務執行社員、代表社員について記載します。「計算」の章には、事業年度を記載します。「附則」の章には、会社設立時の一過性の事項を記載するのが一般です。任意的記載事項である「最初の事業年度」等を記載することになります。

　また、最後には通常**「この定款に定めのない事項については、すべて会社法その他の法令の定めるところによる」**と記載をして、定款に記載されてないことは会社法等の定めどおりにすることを明らかにします。

定款の配列例

第1章　総則

　第○条

　第○条

第2章　社員及び出資

　第○条

　第○条

第3章　業務の執行及び会社の代表

　第○条

　第○条

第4章　計算

　第○条

　第○条

第5章　附則

　第○条

　第○条

定款の章立てに決まった順序はありません。ここに示した例を参考にしてください

絶対的記載事項❶

　絶対的記載事項とは、定款に必ず記載しなければならない事項のことをいいます。**これらが記載されていない場合は定款自体が無効となり、設立登記の申請をしても却下されます。**なお、合同会社における絶対的記載事項は、（1）目的、（2）商号、（3）本店の所在地、（4）社員の氏名又は名称及び住所、（5）社員全員が有限責任社員である旨、（6）社員の出資の目的及びその価額又は評価の標準、の6つとなっています。

■（1）目的（事業目的）

　目的は定款に下の例のように記載します。記載する目的の最後に「前各号に附帯関連する一切の事業」と入れれば、目的の範囲を広げることができます。主な目的が1つの場合は、「前各号」ではなく、「前号」となりますので、「前号に附帯関連する一切の事業」のようになります。

［記載例1］
（目的）
第○条　当会社は、次の事業を行うことを目的とする。
　　　　（1）カフェバーの経営
　　　　（2）コーヒーショップの経営
　　　　（3）パブの経営
　　　　（4）前各号に附帯関連する一切の事業
［記載例2］
（目的）
第○条　当会社は、次の事業を行うことを目的とする。
　　　　（1）カフェバーの経営
　　　　（2）前号に附帯関連する一切の事業

■（2）商号（会社の名称）

　商号は定款の絶対的記載事項です。**英文表示はあってもなくてもかまいません。**

［記載例１］

（商号）

第○条　当会社は合同会社成美堂商店と称する。

［記載例２］

（商号）

第○条　当会社は合同会社成美堂商店と称し、英文ではSeibido store, Ｌ Ｌ Ｃと表示する。

［記載例３］

（商号）

第○条　当会社は合同会社成美堂商店と称し、英文ではSeibido store, Ｇ Ｋと表示する。

※GKとは、合同会社のアルファベット表記による略称。

■（３）本店の所在地

　定款の記載事項としての本店の所在地は、最小行政区画をもって表示すればよいことになっています。そのため、本店の所在地を定款で定める場合には、次の２とおりの方法があることになります。

（イ）「当会社は、本店を東京都港区に置く」「当会社は、本店を神奈川県横浜市に置く」というように、最小行政区画である市町村（東京都の特別区を含み、政令指定都市にあっては市）までを記載する方法

（ロ）「当会社は本店を東京都港区六本木九丁目２番○号に置く」や「当会社は本店を東京都港区六本木九丁目２番○号六本木マンション第111号室に置く」というように、具体的な本店所在場所まで記載する方法

　定款に記載する本店の所在地は、上記いずれの方法でもかまいません。

　（イ）のように定款で定めたときは、後で本店をその範囲内（例えば、東京都港区六本木から東京都港区西麻布に移転するような場合）で移転するのであれば、定款を変更する必要はありません。

　しかし（ロ）のように定めると、本店移転のつど定款の変更が必要になることになります。ですから、社員の数が多いなど定款の変更手続きが大変な場合には、

定款は(イ)のような記載をするのがよいでしょう。

　なお、**登記申請書に記載すべき本店所在場所は、具体的な所在場所**(例えば、東京都港区六本木九丁目2番○号)**まで記載しなければなりません**。そのため、定款(イ)のような記載事項であるならば、別に本店所在地決定書(102ページ)を作成する必要があります。定款への本店の所在地の記載は、下記のように行います。

[記載例１]
(本店の所在地)
第○条　当会社は、本店を東京都港区に置く。
[記載例２]
(本店の所在地)
第○条　当会社は本店を東京都港区六本木九丁目2番○号に置く。
[記載例３]
(本店の所在地)
第○条　当会社は本店を東京都港区六本木九丁目2番○号六本木マンション
　　　　第111号室に置く。

▌ 絶対的記載事項❷

　68ページで触れましたが、(4)社員の氏名又は名称及び住所、(5)社員全員が有限責任社員である旨、(6)社員の出資の目的及びその価額又は評価の標準も、定款に必ず記載しなければなりません。これらは通常、右ページの例のように、まとめて記載します(**[記載例１～３]**はいずれも「金銭出資」の場合)。

◻ (4)社員の氏名又は名称及び住所

　社員が自然人の場合は、市町村で取得できる印鑑登録証明書の記載どおりに氏名と住所を記載します。なお、法人が社員になる場合は、その法人の氏名ではなく名称となります。法人の場合、登記所で取得できる登記事項証明書の記載どおりに名称と住所を記載します。

定款を作成する

■（5）社員全員が有限責任社員である旨

合同会社の社員は全員、出資の価額を限度とした有限責任とされています。

■（6）社員の出資の目的及びその価額又は評価の標準

合同会社の社員の出資の目的は、**金銭その他の財産に限ります。合同会社の社員の出資の場合、１円の出資でもよいので、通常、金銭出資（お金による出資）のみが多い**ものです。しかし、お金以外によるその他の財産(例えば、車やパソコンなど)による現物出資も可能ということになります。

[記載例１]
（社員の氏名、住所、出資及び責任）
第〇条　社員の氏名及び住所、出資の価額並びに責任は次のとおりである。
　　　　金10万円　東京都港区六本木九丁目２番〇号
　　　　有限責任社員　法務太郎

[記載例２]
（社員の氏名、住所、出資及び責任）
第〇条　社員の氏名及び住所、出資の価額並びに責任は次のとおりである。
　　　　（1）金10万円　東京都港区六本木九丁目２番〇号
　　　　有限責任社員　法務太郎
　　　　（2）金10万円　東京都新宿区歌舞伎町九丁目８番〇号
　　　　有限責任社員　法務次郎

[記載例３]
（社員の氏名又は名称、住所、出資及び責任）
第〇条　社員の氏名又は名称及び住所、出資の価額並びに責任は次のとおりである。
　　　　（1）金10万円　東京都港区六本木九丁目２番〇号
　　　　有限責任社員　法務太郎
　　　　（2）金10万円　東京都新宿区歌舞伎町九丁目８番〇号
　　　　有限責任社員　法務商事株式会社

相対的記載事項には「別段の定め」を記載する

　相対的記載事項とは、**定款に記載しなければ効力を持たないこととされている事項**のことをいいます。**定款に記載しなくても定款全体の有効性には影響しません**が、定款自治の範囲が広い合同会社にとっては、重要な事項となります。

　「定款で別段の定めをすることを妨げない」「定款に別段の定めがある場合を除き」といった表現が、会社法ではいくつも出てきます。定款に別段の定めがない場合は、会社法の原則規定どおりになり、定款に別段の定めがある場合は、定款のとおりになるということです。そのため、**会社法の原則規定とは違うように業務を運営したいと思うならば、必ず定款に記載**をしてください。会社設立後に定款変更をすることももちろん可能なのですが、原則として総社員の同意が必要です。そのため、社員が複数いる場合には、定款変更で不利益を受ける社員がいる場合には反対されて定款変更をすることが難しいでしょう。そのため、合同会社の場合、設立段階で定款の相対的記載事項には注意をする必要があります。

　主な相対的記載事項としては以下のようなものがあり、必要と思うものを定款に盛り込むとよいでしょう。

●持分の譲渡（定款の記載例は244ページ）

原則 社員は、他の社員の全員の承諾がなければ、その持分の全部又は一部を他人に譲渡することができない。

　➡ただし、定款で別段の定めをすることができる。

原則 業務を執行しない社員は、業務を執行する社員の全員の承諾があるときは、その持分の全部又は一部を他人に譲渡することができる。

　➡ただし、定款で別段の定めをすることができる。

原則 業務を執行しない社員の持分の譲渡に伴い定款の変更を生ずるときは、その持分の譲渡による定款の変更は、業務を執行する社員の全員の同意によってすることができる。

　➡ただし、定款で別段の定めをすることができる。

●業務の執行

原則 社員は業務を執行する。

　➡ただし、定款で別段の定めをすることができる。

原則 社員が2人以上ある場合には、業務は社員の過半数をもって決定する。

　➡ただし、定款で別段の定めをすることができる。

定款を作成する

●業務を執行する社員を定款で定めた場合

原則 業務を執行する社員を定款で定めた場合において、業務を執行する社員が2人以上あるときは、業務は、業務を執行する社員の過半数をもって決定する。

➡ただし、定款で別段の定めをすることができる。

原則 業務を執行する社員を定款で定めた場合においても、支配人の選任及び解任は、社員の過半数をもって決定する。

➡ただし、定款で別段の定めをすることができる。

原則 業務を執行する社員を定款で定めた場合には、その業務を執行する社員は、正当な事由がなければ、辞任することができない。

➡ただし、定款で別段の定めをすることができる。

原則 業務を執行する社員を定款で定めた場合には、その業務を執行する社員は、正当な事由がある場合に限り、他の社員の一致によって解任することができる。

➡ただし、定款で別段の定めをすることができる。

●社員の合同会社の業務及び財産状況に関する調査

原則 業務を執行する社員を定款で定めた場合には、各社員は、業務を執行する権利を有しないときであっても、その業務及び財産の状況を調査することができる。

➡ただし、定款で別段の定めをすることができる。なお、定款によっても、社員が事業年度の終了時又は重要な事由があるときに調査をすることを制限する旨を定めることはできない。

●業務を執行する社員と合同会社との関係

原則 業務を執行する社員は、合同会社又は他の社員の請求があるときは、いつでもその職務の執行の状況を報告し、その職務が終了した後は、遅滞なくその経過及び結果を報告しなければならないとされている。

➡ただし、定款で別段の定めをすることができる。

原則 民法646条(受任者による受取物の引渡し等)、647条(受任者の金銭の消費についての責任)、648条(受任者の報酬)、648条の2(成果等に対する報酬)、649条(受任者による費用の前払請求)、650条(受任者による費用等の償還請求等)の規定は、業務を執行する社員と合同会社との関係について準用する。➡ただし、定款で別段の定めをすることができる。

相対的記載事項

●競業の禁止（定款の記載例は239ページ）

原則 業務を執行する社員は、当該社員以外の社員の全員の承認を受けなければ、次に掲げる行為をしてはならないことになっている。

1. 自己又は第三者のために合同会社の事業の部類に属する取引をすること。
2. 合同会社の事業と同種の事業を目的とする会社の取締役、執行役又は業務を執行する社員となること。

➡ただし、定款で別段の定めをすることができる。

●利益相反取引の制限（定款の記載例は240ページ）

原則 業務を執行する社員は、次に掲げる場合には、当該取引について当該社員以外の社員の過半数の承認を受けなければならないことになっている。

1. 業務を執行する社員が自己又は第三者のために合同会社と取引をしようとするとき。
2. 合同会社が業務を執行する社員の債務を保証すること、その他社員でない者との間において合同会社と当該社員との利益が相反する取引をしようとするとき。

➡ただし、定款で別段の定めをすることができる。

●合同会社の代表（定款の記載例は88ページなど）

- 合同会社は、定款又は定款の定めに基づく社員の互選によって、業務を執行する社員の中から合同会社を代表する社員を定めることができる。

●任意退社（定款の記載例は248ページ）

原則 合同会社の存続期間を定款で定めなかった場合又はある社員の終身の間合同会社が存続することを定款で定めた場合には、各社員は、事業年度の終了の時において退社をすることができる。この場合においては、各社員は、6か月前までに合同会社に退社の予告をしなければならないことになっている。

➡ただし、定款で別段の定めをすることができる。

●法定退社

- 社員は、定款で定めた事由の発生によって退社することができる。

- 法定退社事由のうち、破産手続開始の決定、解散（合併による消滅及び破産手続開始の決定を除く）、後見開始の審判を受けたことによっては退社しない旨を定めることができる。

●相続及び合併の場合の特則（定款の記載例は251ページ）

- 社員が死亡した場合又は合併により消滅した場合における当該社員の相続人その他の一般承継人が当該社員の持分を承継する旨を定款で定めることができる。定款にこの定めがない場合は、相続人その他の一般承継人は持分を承継することができず社員となることができない。そのため、社員1名の合同会社で社員が死亡した場合、「社員が欠けたこと」になるため、合同会社は解散することになる。

●計算書類の閲覧等

原則 合同会社の社員は、会社の営業時間内は、いつでも、計算書類の閲覧等の請求をすることができる。

➡ただし、定款で別段の定めをすることができる。なお、定款によっても、社員が事業年度の終了時に計算書類の閲覧等の請求をすることを制限する旨を定めることはできない。

●利益の配当（定款の記載例は260ページ）

- 利益の配当を請求する方法その他の利益の配当に関する事項を定款で定めることができる。

●社員の損益分配の割合（定款の記載例は257ページ）

- 損益分配の割合について定款の定めがないときは、その割合は、各社員の出資の価額に応じて定まる。そのため、損益分配の割合を出資の割合と異なる割合にする場合には、定款で定める必要がある。

●出資の払戻し

- 出資の払戻しを請求する方法その他の出資の払戻しに関する事項を定款で定めることができる。

●定款の変更（定款の記載例は241ページ）

原則 定款の変更には総社員の同意が必要である。

➡ただし、定款でこれとは異なる別段の定めをすることができる。

相対的記載事項

●解散の事由
- 定款で定めた存続期間の満了によって解散する。
- 定款で定めた解散の事由の発生によって解散する。

●清算人の就任
- 業務を執行する社員、社員だけでなく定款で定める者も清算人となることができる。

●清算人の解任
原則 清算人(会社法647条2項から4項までの規定により裁判所が選任したものを除く)の解任は、社員の過半数をもって決定する。
➡ただし、定款で別段の定めをすることができる。

●清算人の業務の執行
原則 清算人が2人以上ある場合には、清算合同会社の業務は、清算人の過半数をもって決定する。
➡ただし、定款で別段の定めをすることができる。

●清算合同会社の代表
- 清算合同会社は、定款又は定款の定めに基づく清算人(会社法647条2項から4項までの規定により裁判所が選任したものを除く)の互選によって、清算人の中から清算合同会社を代表する清算人を定めることができる。

●残余財産の分配の割合
- 残余財産の分配の割合について定款の定めがないときは、その割合は、各社員の出資の価額に応じて定まる。そのため、残余財産の分配の割合を出資の割合と異なる割合にする場合には、定款で定める必要がある。

●清算合同会社の帳簿資料の保存
原則 清算人は、清算合同会社の本店の所在地における清算結了の登記の時から10年間、清算合同会社の帳簿並びにその事業及び清算に関する重要な資料(帳簿資料)を保存しなければならないことになっている。
➡ただし、定款で帳簿資料を保存する者を定めることができる。

●**組織変更**

原則 株式会社へ組織変更をする合同会社は、効力発生日の前日までに、組織変更計画について当該合同会社の総社員の同意を得なければならないことになっている。➡ただし、定款で別段の定めをすることができる。

●**会社の公告方法**（定款の記載例は79ページ）

● 会社は、公告方法として、次に掲げる方法のいずれかを定款で定めることができる。
1. 官報に掲載する方法
2. 時事に関する事項を掲載する日刊新聞紙に掲載する方法
3. 電子公告

定款に定めがない場合は、官報に掲載する方法となる。

任意的記載事項は定款外でも定められる

　任意的記載事項とは、絶対的記載事項や相対的記載事項以外の事項で、法律の規定に違反しないもので任意に記載できる事項のことをいいます。定款へ記載しなくとも定款自体の効力には影響せず、かつ、定款外においても定めることができる事項となります。

　具体的な任意的記載事項としては、**事業年度**、**最初の事業年度**（79ページ）、**社長**（240ページ）や、**社員総会を開催する場合の規定**などがあります。

定款の記載事項まとめ

絶対的記載事項
● 定款に絶対に記載しなければならない事項 （1）目的、（2）商号、（3）本店の所在地、（4）社員の氏名又は名称及び住所、（5）社員全員が有限責任社員である旨、（6）社員の出資の目的及びその価額又は評価の標準
相対的記載事項
● 法律の規定により定款の定めがなければその効力を生じない事項 ● 定款自治の範囲が広い合同会社にとっては、重要な事項
任意的記載事項
● 法律の規定に違反しないもので任意に記載できる事項

公告方法を定める

　公告とは、会社の決定事項などを広く一般に知らせることです。合同会社は、公告方法として、（1）官報に掲載する方法、（2）時事に関する事項を掲載する日刊新聞紙に掲載する方法、（3）電子公告のいずれかを定款で定めることができることになっています。

　株式会社は定時株主総会の終結後に決算公告をしなければなりませんが、**合同会社は株式会社と違って決算公告をする義務はないため、公告する機会はほとんどないのが実情**です。しかし、公告方法は登記事項なので、どれかを選択する必要があります。なお、官報に記載する方法が圧倒的に多く選択されています。

　定款に記載がない場合は、公告方法は「官報に掲載する方法」となります。実務上は、「官報に掲載する方法」を選択する場合でも、定款に記載するのが一般的です。

　日刊新聞紙は、地方紙でも夕刊紙でもよいのですが、週刊新聞や業界新聞による公告は認められません。なお、日刊新聞紙に掲載する方法は、官報や電子公告に比べて金額的に一番高くつくので、この方法を採用している会社は少ないのが実情です。

　電子公告の方法を採用する場合、定款には、電子公告を公告の方法とする旨を記載すれば足り、電子公告ウェブページのURL（アドレス）まで規定して記載する必要はないことになっています。ただし、電子公告を公告方法とする場合には、ウェブページのURLは登記事項となります。そのため、電子公告をする具体的なウェブページのURLの記載が定款にないと、別途、書類（代表社員によるウェブページのURLが決定された書類）を作成する等の手間がかかるため、あらかじめ定款に記載をしておくほうが楽でしょう。

　URLは、原則として、電子公告による公告を実際に閲覧することができるページのもの（例：https://www.○○○.jp/koukoku.html）である必要がありますが、電子公告による公告が掲載されたページへのリンクがわかりやすく設定されている目次ページのようなものがあれば、そのウェブページのURLでも差し支えありません。また、そのような措置が採られていれば、例えば、自社ウェブページのトップページのURL（例、https://www.○○○.jp/）でも差し支えありません。

　事故（通信手段の長期の混乱等）その他やむを得ない事由によって電子公告による公告をすることができない場合に備え、官報に掲載する方法または時事に関する事項を掲載する日刊新聞紙に掲載する方法を予備的公告方法として定めておくこともできます。

[記載例1]（公告の方法）
第○条　当会社の公告は、官報に掲載する方法により行う。

[記載例2]（公告の方法）
第○条　当会社の公告は、東京都内において発行する日本経済新聞に掲載する方法により行う。

[記載例3]（公告の方法）
第○条　当会社の公告は、電子公告により行う。
　　　　https://www.○○○.jp/
　　　　ただし、電子公告による公告をすることができない事故その他やむを得ない事由が生じた場合は、官報に掲載する方法により行う。

事業年度と最初の事業年度の記載の仕方

　「事業年度」の記載方法は、一般的には下記の記載例1のようにします。決算日が2月末日の場合は、「2月28日まで」や「2月29日まで」のようにはせず記載例2のように「2月末日まで」とします。年によって、2月は28日までだったり29日だったりするからです。また、決算日が12月31日の場合は年をまたがないので「翌年」は記載しません。

[記載例1]（事業年度）
第○条　当会社の事業年度は、毎年4月1日から翌年3月31日までとする。

[記載例2]（事業年度）
第○条　当会社の事業年度は、毎年3月1日から翌年2月末日までとする。

[記載例3]（事業年度）
第○条　当会社の事業年度は、毎年1月1日から12月31日までとする。

　「最初の事業年度」は上述の「事業年度」の決算日と整合性がとれている必要があります。例えば、会社設立（予定）日が令和6年6月24日で、「事業年度」の記載を「当会社の事業年度は、毎年4月1日から翌年3月31日までとする」としたとします。この場合、最初の事業年度は令和6年6月24日から令和7年3月31日

となります。そのため、「最初の事業年度」の記載は「当会社の最初の事業年度は、当会社の成立の日から令和7年3月31日までとする」となります。**事業年度は1年以内である必要がある**ため、「当会社の最初の事業年度は、当会社の成立の日から令和8年3月31日までとする」のようなことはできません。

また、決算日が2月末日の場合は、「令和7年2月末日まで」とはせずに、具体的に「令和7年2月28日まで」のように記載します。他の月についても、最初の事業年度の末日は具体的な日を記載します。

> **[記載例1]**（最初の事業年度）
> 第○条　当会社の最初の事業年度は、当会社の成立の日から令和7年3月31日までとする。
>
> **[記載例2]**（最初の事業年度）
> 第○条　当会社の最初の事業年度は、当会社の成立の日から令和7年2月28日までとする。
>
> **[記載例3]**（最初の事業年度）
> 第○条　当会社の最初の事業年度は、当会社の成立の日から令和6年12月31日までとする。

設立時の資本金の額の記載の仕方

例えば300万円が出資された場合は、資本金の額を300万円としてもよいですし、200万円としてもよいです。なお、資本金に計上しなかった額は資本剰余金となります。ただし、設立の場合、出資された全額を資本金の額とするのが一般的です。例えば、300万円を社員が出資したならば、資本金の額が300万円となります。

記載する場合は、「附則」にある（最初の事業年度）の次に、以下のように記載します。

> **[記載例]**（設立時の資本金の額）
> 第○条　当会社の設立に際して出資される財産の全額を資本金とし、その額を金300万円とする。

定款を印刷する

 ## 定款を印刷し、記名押印する

　A4サイズの用紙で会社保存用と登記所提出用の定款2通を作成します。2通といっても中身は同じものとなります。ボールペンなどを使って手書きでも問題ないですが、Wordなどの文書作成ソフトウェアを使ってパソコンで作成し、プリンターで印刷するのが一般的です。また、両面印刷ではなく片面印刷がふつうです。定款に誤りの記載をしてしまった場合は、訂正印をする方法による直し方がありますが、もう一度つくり直す方法をおすすめします。

　合同会社設立時に作成される定款の原本1通は、印紙税法により課税文書とされるため、4万円の印紙税を納める義務があります。そのため、書面で作成した定款に4万円の収入印紙を貼り付けます。なお、定款は通常、会社保存用と登記所提出用の2通を作成しますが、どちらか1通のみに印紙を貼ればよいです。一般的には、会社保存用に貼ります。

　定款に印紙を貼り付けた場合には、定款と印紙の彩紋とにかけて判明に印紙を消さなければならないことになっています。つまり、定款と印紙中心部の模様部分にまたがって、はっきりと押印または署名しなければならない、ということです。これは印紙の再使用を防止することを目的とするためです。複数の社員がいる合同会社の定款でも、社員のうち誰か1人の者が印紙を消せばよいことになっています。通常は代表社員になる方が消印をします。

　株式会社の場合、発起人は定款に実印を押して、その印鑑登録証明書をそえて公証人の認証を受けます。しかし、合同会社の場合、公証人の認証が必要ありません。そのため、定款に押印する社員の印は実印ではなく認印でもかまわないということになりますが、**定款の内容に社員全員が納得したことを明らかにするため、社員全員が自ら実印で押印すべき**だと思います。後日、社員間で定款の内容や真実性で争いが起こらないようにしておくべきでしょう。また、定款に軽微な間違いがある場合に、すぐ修正できるように捨印を押しておくのが一般的です。

記名押印例

（1）社員が自然人である場合は、社員自ら定款に記名押印します。

| 有限責任社員 | **山田太郎** | 印 |

（2）社員が株式会社である場合は、代表取締役又は代表執行役が定款に記名押印します。

有限責任社員　　株式会社山田商事
　　　　　　　代表取締役　**山田太郎**　　　　印

（3）社員が合同会社である場合は、代表社員が定款に記名押印します。

有限責任社員　　合同会社山田商事
　　　　　　　代表社員　**山田太郎**　　　印

（4）社員が合同会社である場合は、代表社員が定款に記名押印しますが、その代表社員が法人である場合は、その法人の職務を行うべき自然人が定款に記名押印します。

有限責任社員　　合同会社山田商事
　　　　　　　代表社員　　成美堂商店株式会社
　　　　　　　職務執行者　**中島花子**　　　印

定款の記載例❶〜❹

　ここで、定款の記載例を紹介します。用意したのは、実際によくある

❶ **社員1名で設立する定款記載例**
❷ **社員3名で設立する定款記載例（社員2名以上はこの記載例を参考に）**
❸ **現物出資がある場合で設立する定款記載例**
❹ **法人が代表社員で設立する定款記載例**

の4パターンです。

　定款記載例にある**下線(＿＿)**や**引き出し線**、**囲み記事**は記載する上での注意事項ですので、実際に定款を作成する場合には記載しないでください。

❶　社員1名で合同会社を設立する定款記載例　　　1／4

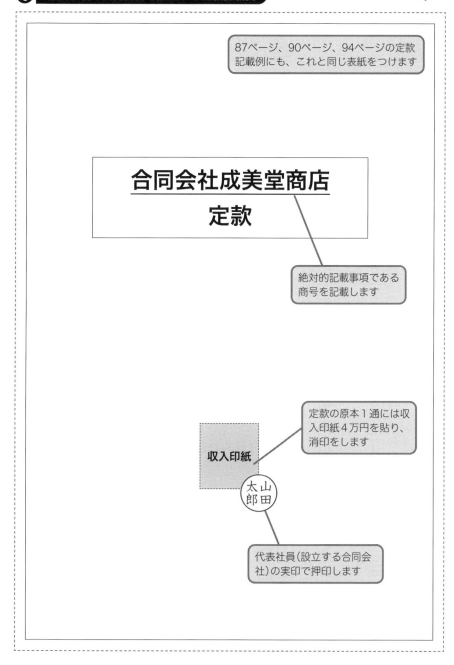

87ページ、90ページ、94ページの定款
記載例にも、これと同じ表紙をつけます

合同会社成美堂商店
定款

絶対的記載事項である
商号を記載します

収入印紙

定款の原本1通には収
入印紙4万円を貼り、
消印をします

山田
太郎

代表社員(設立する合同会
社)の実印で押印します

定　　款

第１章　　総　　則

（商　　号）

第１条　　当会社は合同会社成美堂商店と称し、英文では Seibido store , LLC と表示する。

> 絶対的記載事項である商号を記載します

（目　　的）

第２条　　当会社は、次の事業を行うことを目的とする。

　　　　（１）レストランの経営

　　　　（２）喫茶店の経営

　　　　（３）前各号に附帯関連する一切の事業

> 絶対的記載事項である事業目的を記載します

（本店の所在地）

第３条　　当会社は、本店を東京都港区に置く。

> 絶対的記載事項である本店の所在地を記載します。定款に定める本店所在地は最小行政区画まででもかまいませんし、「○丁目○番○号」まで含んだ具体的な本店所在地でもかまいません

（公告の方法）

第４条　　当会社の公告は、官報に掲載する方法により行う。

> 公告の方法を記載します

第２章　　社員及び出資

（社員の氏名、住所、出資及び責任）

第５条　　社員の氏名及び住所、出資の価額並びに責任は次のとおりである。

　　　　金300万円　　東京都新宿区歌舞伎町九丁目８番○号

　　　　有限責任社員　　山田太郎

> 絶対的記載事項である社員の氏名、住所、出資及び責任を記載します

（相続による持分の承継）

> 定款に記載がないと、社員１名の合同会社の場合、社員が亡くなると法定解散事由となってしまいます。詳しくは６章で解説します

第６条　　当会社の社員が死亡した場合には、当該社員の相続人は、当該社員の持分を承継して社員となることができる。

第３章　　業務の執行及び会社の代表

（業務執行社員）

第７条　　当会社の業務は、業務執行社員がこれを執行する。

　２　　　業務執行社員は、山田太郎とする。

> 業務執行社員の氏名を記載します

（代表社員）

第８条　　当会社の代表社員は、山田太郎とする。

> 代表社員の氏名を記載します

第４章　　計　　　算

（事業年度）

第９条　　当会社の事業年度は、毎年６月１日から翌年５月31日までとする。

> 事業年度を記載します

第５章　　附　　　則

（最初の事業年度）

第10条　　当会社の最初の事業年度は、当会社の成立の日から令和×年５月31日までとする。

> 最初の事業年度の末日を記載します

（設立時の資本金の額）

第11条　　当会社の設立に際して出資される財産の全額を資本金とし、その
　　　　　額を金300万円とする。

（定款に定めのない事項）

第12条　　この定款に定めのない事項については、すべて会社法その他の法
　　　　　令の定めるところによる。

　以上、合同会社成美堂商店の設立のため、この定款を作成し、社員が次に
記名押印する。

> 絶対的記載事項である
> 商号を記載します

令和〇年６月３日

> 定款の作成日を記載します

有限責任社員　　　**山田太郎**　㊞

> 社員の実印で押印します

> 有限責任社員であることと
> 社員の氏名を記載します

㊞

> 社員の捨印をします

定款の表紙は必要です。
記載例は83ページ参照
（表紙は1／4）

定　　款

第1章　　総　　則

（商　　号）

第1条　当会社は合同会社成美堂商店と称し、英文では Seibido store , LLC と表示する。

絶対的記載事項である商号を記載します

（目　　的）

第2条　当会社は、次の事業を行うことを目的とする。

（1）レストランの経営

（2）喫茶店の経営

（3）前各号に附帯関連する一切の事業

絶対的記載事項である事業目的を記載します

（本店の所在地）

第3条　当会社は、本店を東京都港区に置く。

絶対的記載事項である本店の所在地を記載します。定款に定める本店所在地は最小行政区画まででもかまいませんし、「○丁目○番○号」まで含んだ具体的な本店所在地でもかまいません

（公告の方法）

第4条　当会社の公告は、官報に掲載する方法により行う。

公告の方法を記載します

第2章　　社員及び出資

（社員の氏名、住所、出資及び責任）

第5条　社員の氏名及び住所、出資の価額並びに責任は次のとおりである。

（1）金100万円　東京都新宿区歌舞伎町九丁目8番○号

有限責任社員　山田太郎

絶対的記載事項である社員の氏名、住所、出資及び責任を記載します

定款を印刷する

　　　（２）金100万円　東京都渋谷区渋谷九丁目９番○号

　　　　　　有限責任社員　渋谷次郎

　　　（３）金100万円　東京都品川区品川一丁目２番○号

　　　　　　有限責任社員　品川三郎

第３章　　　業務の執行及び会社の代表

（業務執行社員）

第６条　　当会社の業務は、業務執行社員がこれを執行する。

　２　　　業務執行社員は、山田太郎、渋谷次郎及び品川三郎とする。

> 業務執行社員の氏名を記載します

（代表社員）

第７条　　代表社員は業務執行社員の互選をもって、これを定める。

> 定款で代表社員を定めてもかまいません
> 例（代表社員）　第７条　　当会社の代表社員は、山田太郎とする。

（報酬）

第８条　　業務執行社員の報酬は、社員の過半数の同意をもって定める。

> 社員が複数の場合は、業務執行社員の報酬の定め方を決めておいたほうがいいです。詳しくは６章で解説します

第４章　　　計　　　算

（事業年度）

第９条　　当会社の事業年度は、毎年６月１日から翌年５月31日までとする。

> 事業年度を記載します

定款を印刷する

第5章　　附　　則

（最初の事業年度）

第10条　　当会社の最初の事業年度は、当会社の成立の日から令和×年5月
　　　　　31日までとする。

> 最初の事業年度の
> 末日を記載します

（定款に定めのない事項）

第11条　　この定款に定めのない事項については、すべて会社法その他の法
　　　　　令の定めるところによる。

　以上、合同会社成美堂商店の設立のため、この定款を作成し、社員が次に
記名押印する。

> 絶対的記載事項である
> 商号を記載します

令和〇年6月3日

> 定款の作成日を記載します

有限責任社員　　**山田太郎**　㊞　　＞社員の実印で押印します

有限責任社員　　**渋谷次郎**　㊞

有限責任社員　　**品川三郎**　㊞

> 有限責任社員であることと
> 社員の氏名を記載します

> 社員の捨印をします

> 定款の表紙は必要です。
> 記載例は83ページ参照
> （表紙は1／5）

定　　　款

第1章　　総　　則

（商　　号）

第1条　　当会社は合同会社成美堂商店と称し、英文では Seibido store ,
　　　　　LLC と表示する。

> 絶対的記載事項である
> 商号を記載します

（目　　的）

第2条　　当会社は、次の事業を行うことを目的とする。
　　　　　（1）レストランの経営
　　　　　（2）喫茶店の経営
　　　　　（3）前各号に附帯関連する一切の事業

> 絶対的記載事項である
> 事業目的を記載します

（本店の所在地）

第3条　　当会社は、本店を東京都港区に置く。

> 絶対的記載事項である本店の所在地を
> 記載します。定款に定める本店所在地
> は最小行政区画までででもかまいません
> し、「○丁目○番○号」まで含んだ具体
> 的な本店所在地でもかまいません

（公告の方法）

第4条　　当会社の公告は、官報に掲載する方法により行う。

> 公告の方法を記載します

第2章　　社員及び出資

（社員の氏名、住所、出資及び責任）

第5条　　社員の氏名及び住所、出資の価額又は評価の標準並びに責任は次
　　　　　のとおりである。

定款を印刷する

現物出資がある場合には、作成した定款案(特に、この条項)を、登記所で事前にチェックしてもらってください

（1）東京都新宿区歌舞伎町九丁目８番○号

　　有限責任社員　山田太郎　金100万円

（2）東京都渋谷区渋谷九丁目９番○号

　　有限責任社員　渋谷次郎　金100万円

（3）東京都品川区品川一丁目２番○号

　　有限責任社員　品川三郎　金100万円(内現物出資100万円)

現物出資財産とその価額を以下のように現物出資財産が特定できるように記載します
【現物出資する財産の種類】
【数量】
【製造会社名】
【製品名】
【年式】
【製造番号】
【価額】

(一)普通乗用車　１台

　　トヨタ　△△△　令和○年式

　　車台番号　555555

　　この価額　金90万円

(二)ノートパソコン　１台

　　パナソニック　□□□　令和○年製

　　製品番号　7777777

　　この価額　金10万円

第３章　　業務の執行及び会社の代表

（業務執行社員）

第６条　　当会社の業務は、業務執行社員がこれを執行する。

　２　　業務執行社員は、山田太郎、渋谷次郎及び品川三郎とする。

業務執行社員の氏名を記載します

（代表社員）

第７条　　代表社員は業務執行社員の互選をもって、これを定める。

定款で代表社員を定めてもかまいません
例(代表社員)　第７条　　当会社の代表社員は、山田太郎とする。

（報酬）

第８条　　業務執行社員の報酬は、社員の過半数の同意をもって定める。

社員が複数の場合は、業務執行社員の報酬の定め方を決めておいたほうがいいです。詳しくは６章で解説します

第4章　　計　　算

（事業年度）

第9条　　当会社の事業年度は、毎年6月1日から翌年5月31日までとする。

> 事業年度を記載します

第5章　　附　　則

（最初の事業年度）

第10条　　当会社の最初の事業年度は、当会社の成立の日から令和×年5月
31日までとする。

> 最初の事業年度の
> 末日を記載します

（定款に定めのない事項）

第11条　　この定款に定めのない事項については、すべて会社法その他の法
令の定めるところによる。

定款を印刷する

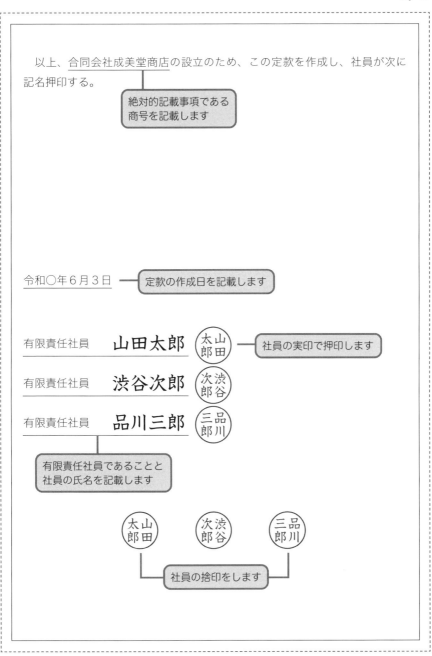

　以上、合同会社成美堂商店の設立のため、この定款を作成し、社員が次に
記名押印する。

> 絶対的記載事項である
> 商号を記載します

令和○年6月3日　── 定款の作成日を記載します

有限責任社員　　**山田太郎**　（山田太郎印）── 社員の実印で押印します

有限責任社員　　**渋谷次郎**　（渋谷次郎印）

有限責任社員　　**品川三郎**　（品川三郎印）

> 有限責任社員であることと
> 社員の氏名を記載します

（山田太郎印）　　（渋谷次郎印）　　（品川三郎印）

> 社員の捨印をします

定　　　款

第1章　　総　　則

（商　　号）

第1条　　当会社は合同会社成美堂商店と称し、英文では Seibido store , LLC と表示する。

> 定款の表紙は必要です。記載例は83ページ参照（表紙は1／4）

> 絶対的記載事項である商号を記載します

（目　　的）

第2条　　当会社は、次の事業を行うことを目的とする。

　　　　　（1）レストランの経営
　　　　　（2）喫茶店の経営
　　　　　（3）前各号に附帯関連する一切の事業

> 絶対的記載事項である事業目的を記載します

（本店の所在地）

第3条　　当会社は、本店を東京都港区に置く。

> 絶対的記載事項である本店の所在地を記載します。定款に定める本店所在地は最小行政区画まででもかまいませんし、「〇丁目〇番〇号」まで含んだ具体的な本店所在地でもかまいません

（公告の方法）

第4条　　当会社の公告は、官報に掲載する方法により行う。

> 公告の方法を記載します

第2章　　社員及び出資

（社員の氏名又は名称、住所、出資及び責任）

第5条　　社員の氏名又は名称及び住所、出資の価額並びに責任は次のとおりである。

　　　　　（1）金100万円　東京都新宿区新宿六丁目6番〇号
　　　　　　　有限責任社員　株式会社山田商事

> 絶対的記載事項である社員の氏名又は名称、住所、出資及び責任を記載します

（２）金100万円　東京都渋谷区渋谷九丁目９番〇号

有限責任社員　渋谷次郎

（３）金100万円　東京都品川区品川一丁目２番〇号

有限責任社員　品川三郎

第３章　　業務の執行及び会社の代表

（業務執行社員）

第６条　　当会社の業務は、業務執行社員がこれを執行する。

　２　　　業務執行社員は、株式会社山田商事、渋谷次郎及び品川三郎とする。

> 業務執行社員の氏名又は名称を記載します

（代表社員）

第７条　　代表社員は業務執行社員の互選をもって、これを定める。

> 定款で代表社員を定めてもかまいません
> 例（代表社員）　第７条　　当会社の代表社員は、株式会社山田商事とする。

（報酬）

第８条　　業務執行社員の報酬は、社員の過半数の同意をもって定める。

> 社員が複数の場合は、業務執行社員の報酬の定め方を決めておいたほうがいいです。詳しくは６章で解説します

第４章　　計　　　算

（事業年度）

第９条　　当会社の事業年度は、毎年６月１日から翌年５月31日までとする。

> 事業年度を記載します

第5章　　附　　則

（最初の事業年度）

第10条　　当会社の最初の事業年度は、当会社の成立の日から令和×年5月
　　　　　31日までとする。

> 最初の事業年度の
> 末日を記載します

（定款に定めのない事項）

第11条　　この定款に定めのない事項については、すべて会社法その他の法
　　　　　令の定めるところによる。

　以上、合同会社成美堂商店の設立のため、この定款を作成し、社員が次に
記名押印する。

> 絶対的記載事項である
> 商号を記載します

令和〇年6月3日 ——— 定款の作成日を記載します

有限責任社員　　　株式会社山田商事

　　　　　　　代表取締役　　山田太郎　　〔山田商事 印〕 ——— 代表社員（法人）の実印

有限責任社員　　渋谷次郎　　〔渋谷次郎 印〕

有限責任社員　　品川三郎　　〔品川三郎 印〕

> 社員の実印で押印します

> 有限責任社員であることと
> 社員の氏名を記載します

代表社員（法人）の実印 ——— 〔山田商事 印〕　　〔渋谷次郎 印〕　　〔品川三郎 印〕

> 社員の捨印をします

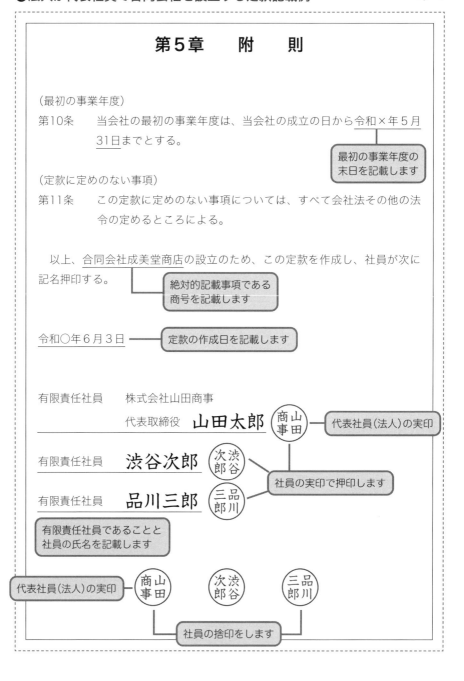

印刷した定款を製本する

定款の製本は２つの方法がある

　定款をＡ４サイズの用紙で作成し、会社保存用と登記所提出用に定款を２通印刷したら、それらを製本する必要があります。

　その方法は、押印まで済んだ定款をきちんとそろえて、左側２か所をステープラーで留めます。後の製本作業のことを考えて、留める位置はあまり内側に入り過ぎないようにします。続く製本作業には、製本テープを使用する方法と使用しない方法があります。

定款の製本

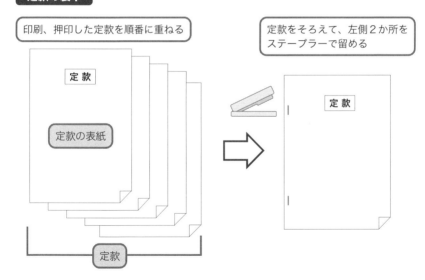

印刷、押印した定款を順番に重ねる

定款の

定款の表紙

定款

定款をそろえて、左側２か所をステープラーで留める

定款

（１）製本テープを使用する方法

　印影がわかる白色の製本テープであればかまいませんが、新たに購入するのであれば幅25mmの白い製本テープがおすすめです。ステープラーで留めた上に製本テープを貼ります。そして、文書の改ざんや差し替えができないように、定款の表面及び裏面の両面に、社員全員の割印(契印)が必要です。

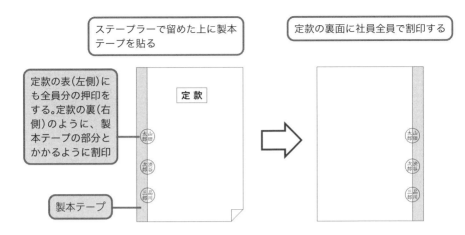

ステープラーで留めた上に製本テープを貼る

定款の裏面に社員全員で割印する

定款の表（左側）にも全員分の押印をする。定款の裏（右側）のように、製本テープの部分とかかるように割印

定款

製本テープ

■（2）製本テープを使用しない方法

　製本テープを使用しない場合でも、押印まで済んだ定款をきちんとそろえて、左側2か所をステープラーで留めるところまでは一緒です。

　その後で、定款の各ページの継ぎ目に社員全員が契印を押します。契印とは、バラバラとなっている書類を、一体の書類とするために押印することをいいます。

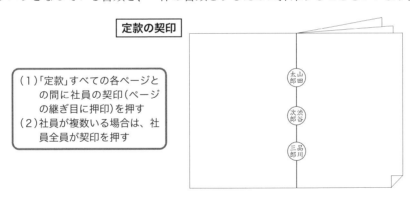

定款の契印

（1）「定款」すべての各ページとの間に社員の契印（ページの継ぎ目に押印）を押す
（2）社員が複数いる場合は、社員全員が契印を押す

電子定款の作成手順（1）～（6）

　合同会社設立時に作成される定款の原本は印紙税法により課税文書とされるため、4万円の印紙税を納める義務があります。そのため、**書面で作成した定款に4万円の収入印紙を貼付**します。ただし、定款は紙ではなく電磁的記録をもって

作成することもできます。電磁的記録をもって作成された定款を電子定款といい、**定款を電子文書で作成した場合は、印紙税法による課税文書には該当しないため、収入印紙を貼付する必要がなくなります**。つまり、4万円の節税となるということです。

電磁的記録に記録された情報については、法務省令で定める署名または記名押印に代わる措置をとらなければならないとされています。単に定款をPDFファイルで作成すればいいという単純なことではなく、以下のような手順が必要となります。

■ 手順(1)　文書作成ソフトウェアを使って定款を作成する

定款をWordなどの文書作成ソフトウェアを使ってパソコンで作成します。ここまでは紙の定款の作成手順と一緒です。なお、プリンターでの印刷と、社員による押印は必要ありません。

■ 手順(2)　PDFファイルに変換する

上記の定款をPDFファイルに変換します。PDFファイルに変換するソフトはいくつかありますが、法務省のHPで「PDF文書を作成するには、ソフトウェアAdobeAcrobat(アドビシステムズ社)が必要になります」(https://www.moj.go.jp/MINJI/DENSHIKOSHO/denshikosho1-2.html)と記載されているので、Adobe Acrobat DC(Standard, Pro)を用意してください。無償のAdobeAcrobatReaderではPDFファイルに変換できません。

■ 手順(3)　電子証明書を取得する(すでに持っている人は省略)

電子証明書とは、実印でいう印鑑証明書のようなものです。なお、社員全員(または定款作成代理人)の電子証明書が必要となります。電子証明書の取得方法はいくつかありますが、一般の個人ではマイナンバーカードに搭載される電子証明書(公的個人認証サービス)を利用するのがコストも安く適当です。

マイナンバーカードを取得するためには郵便やパソコン等による交付申請(https://www.kojinbango-card.go.jp/kofushinse/)が必要ですが、交付申請書に「電子証明書　不要」というチェック欄がありますので、チェックをしないようにしてください。また、パソコンによる交付申請の場合は、「電子証明書の発行を希望しない場合はこちら」という選択肢がでますが、選択しないでください。

マイナンバーカードの交付申請から市区町村が交付通知書を発送(自宅に届く)するまで、概ね1か月間となっています。そして、その交付通知書(はがき)に記

載されている交付場所(市町村役所など)に、交付通知書、通知カードや本人確認書類を持参して、原則として本人が取りに行きます(https://www.kojinbango-card.go.jp/uketori/)。

自分の電子証明書の表示や有効性確認などをするために、利用者クライアントソフトをダウンロード、インストールしてください(https://www.jpki.go.jp/download/index.html)。

■ 手順(4) ICカードリーダライタを用意する(すでに持っている人は省略)

ICカードリーダライタとは、ICカードに記録された電子情報を読むための機器です。なお、ICカードリーダライタはマイナンバーカードに対応しているものと対応していないものがあるので、マイナンバーカードに対応した正しい機器を用意してください(https://www.jpki.go.jp/prepare/reader_writer.html)。ICカードリーダライタの価格は2,000円〜5,000円となっています。また、セットアップ(ドライバのインストール)を行う必要があります。

■ 手順(5) PDFファイルに電子署名を付与する

ICカードリーダライタで読み取った電子証明書(電子署名)を、PDF署名プラグインソフト等を使って定款(PDF)に付与します(署名します)。この電子署名付き定款(PDF)を電子定款といいます。

電子署名するには、登記・供託オンライン申請システムが提供するPDF署名プラグインソフト「PDF署名プラグイン」を使用するか、もしくは、Adobe Acrobatの電子署名機能を使用して作成します(https://www.touki-kyoutaku-online.moj.go.jp/cautions/append/sign_pdf.html)。

■ 手順(6) 電磁的記録媒体(CD−R、DVD−R)に保存する

電子定款を電磁的記録媒体(CD−R、DVD−R)に保存し、登記の申請の際に提出します。

以上の手間と金額を考えると、会社設立1件のためにご自身で電子定款を作成するのははっきりいって割に合いません。インターネットで探せば、電子定款の作成を5,000円程度で代行してくれる行政書士がすぐ見つかるので、**「(1)文書作成ソフトウェアを使っての定款作成」**まで終わったら、行政書士に依頼するのがよいと思います。なお、定款作成についての委任状は登記申請の添付書類ではありません。

4章

登記の申請

会社の根本規則となる定款を作成した後は、合同会社設立の登記
申請に必要な書式を作成して、管轄の登記所に提出して（郵送で
も可能）、登記申請を行います。この章では、合同会社設立の登
記申請に必要な書式のつくり方、綴じ方、提出の仕方を、実例を
示しながら解説します。章末には、登記申請に必要な書類リスト
を掲載したので、書式を作成する際に活用してください。なお、
作成した書式は左側をステープラーで綴じるので、用紙の左側の
2〜3cmは文字を記載しないようにしてください。

登記申請に必要な添付書類を作成する
設立登記申請書を作成する
印鑑届書を作成する
設立登記申請書を綴じる
設立登記申請書を提出する
法人設立ワンストップサービス

登記申請に必要な添付書類を作成する

▌ 代表社員、本店所在地及び資本金決定書の作成

　定款で、代表社員、具体的な本店所在地、資本金額を定めていない場合には、「代表社員決定書」「本店所在地決定書」「資本金決定書」あるいは、これらをまとめた「代表社員、本店所在地及び資本金決定書」を作成する必要があります。

■ 代表社員決定書

　会社法では「持分会社は、定款又は定款の定めに基づく社員の互選によって、業務を執行する社員の中から持分会社を代表する社員を定めることができる」と定められています。そして、「定款の定めに基づく社員の互選によって代表社員を定めたときは、その互選を証する書面及び代表社員の就任承諾書」(取扱通達・第4部第2 設立81、82ページ)が必要とされます。

　会社法上の規定ぶりからすると、互選の主体は通常の社員となっているようにみえますが、**業務執行社員による互選という解釈のほうが有力です**(注4-1)。法務省のホームページの、合同会社設立登記申請書様式にある定款の記載例でも「(代表社員)第9条　代表社員は業務執行社員の互選をもって、これを定める」とされています(https://houmukyoku.moj.go.jp/homu/content/001252889.pdf)。よって、業務執行社員の過半数の一致により代表社員の決定をしたという「代表社員決定書」を作成することになります。

■ 本店所在地決定書

　松井・商業登記の634ページにおいて次のように記載されています。

業務執行社員の過半数の一致を要する事項

　設立手続においては，自然人である業務執行社員はその自然人により，法人である業務執行社員はその代表者を通じて意思表示を行うが，次の事項については，業務執行社員の過半数の一致が必要である(省略)。

（a）代表社員の選定(定款に，業務執行社員の中から互選により代表社員を定める旨の規定を置いた場合。省略)

（b）本店の具体的な所在場所の決定

（c）支店を置く場合には，その具体的な所在場所の決定

　注4-1　小川秀樹・相澤哲「通達準拠 会社法と商業登記」(金融財政事情研究会) 287ページ、松井・商業登記 630ページなど

（d）資本金の額の決定

よって、定款で、本店の所在地について「（本店の所在地）第○条　当会社は、本店を東京都港区に置く」というように最小行政区画のみを定めて、具体的な所在地番号までを定めていない場合には、業務執行社員の過半数の一致により具体的な所在地（所在場所）の決定をしたという「本店所在地決定書」を作成することになります。

■ 資本金決定書

定款で、資本金の額を定めている場合でも、登記所によっては「資本金決定書」を登記申請書に添付するよう求められることがありますので、とりあえず作成しておくとよいでしょう。

■ 代表社員、本店所在地及び資本金決定書

上述したことを前提とすると、業務執行社員の過半数の一致があって決定したという書式「代表社員決定書」「本店所在地決定書」「資本金決定書」の３つを作成することになりますが、「代表社員、本店所在地及び資本金決定書」というように１つにまとめて作成するのが一般的です。

ただし、定款で「代表社員は業務執行社員の互選をもって、これを定める」とせずに、「当会社の代表社員は、山田太郎とする」というように代表社員を定めている場合には、「代表社員決定書」が必要ないため、「本店所在地及び資本金決定書」を作成することになります。また、定款で具体的な本店所在地を定めた場合は「本店所在地決定書」が必要ありません。そのため、「代表社員及び資本金決定書」を作成すればよいということになります。さらに、定款で代表社員と具体的な本店所在地を定めた場合は「資本金決定書」を作成すればよいということになります。

どのような「決定書」であっても、Ａ４サイズの用紙で作成してください。記名押印は業務執行社員となる社員（複数いる場合はその全員）が行います。押印する印鑑に制限はありませんが実印が望ましいものです。また、業務執行社員が法人の場合は、代表者が記名押印を行うことになります。

ただし、悩ましいのは、法務局ＨＰの合同会社設立登記申請書記載例（https://houmukyoku.moj.go.jp/homu/content/001252889.pdf）の添付書類である「代表社員，本店所在地及び資本金決定書」では、記名押印する者が「業務執行社員」ではなく「社員」となっています。

「社員」全員が「業務執行社員」になるのであれば、記名が「業務執行社員」「社員」のいずれであるかは、登記申請の審査には影響しないと思われます。

ただし、問題は、社員の内、業務執行社員にならない者がいる場合です。

例えば、社員Ａ、Ｂ、Ｃの内、業務執行社員になる者がＡ、Ｂの場合で、Ｃは

業務執行社員とならない場合です。

　このような場合、決定書に記名押印をする者が社員Ａ、Ｂ、Ｃなのか、それとも、業務執行社員になる者がＡ、Ｂなのかです。ここについては、はっきりとしたものがありません。

　ですから、**このような場合は、登記申請をする登記所にどちら（業務執行社員にならない者も含む社員全員で記名押印するか否か）の決定書とすべきなのかを、必ず、作成前に事前に確認してください。**

　業務執行社員にならない者も含む社員全員で記名押印するという回答だった場合、次の決定書の記載例（105〜106ページ）において、「業務執行社員」となっているところを「社員」としてください。

記名押印例（押印する印は実印が望ましい）

（1）業務執行社員が自然人である場合は、社員自ら決定書に記名押印します。

業務執行社員	山田太郎	㊞

（2）業務執行社員が株式会社である場合は、代表取締役又は代表執行役が決定書に記名押印します。

業務執行社員	株式会社山田商事	
	代表取締役　山田太郎	㊞

（3）業務執行社員が合同会社である場合は、代表社員が決定書に記名押印します。

業務執行社員	合同会社山田商事	
	代表社員　山田太郎	㊞

（4）業務執行社員が合同会社である場合は、代表社員が決定書に記名押印しますが、その代表社員が法人である場合は職務を行うべき自然人が決定書に記名押印します。

業務執行社員	合同会社山田商事	
	代表社員　　成美堂商店株式会社	
	職務執行者　中島花子	㊞

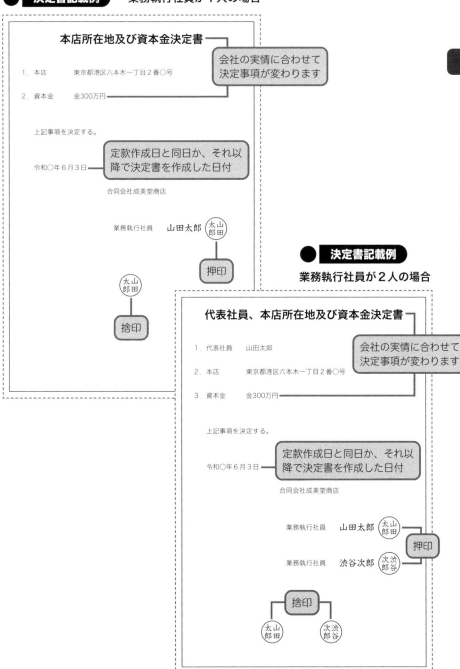

● **決定書記載例**　業務執行社員が1人の場合

本店所在地及び資本金決定書

会社の実情に合わせて決定事項が変わります

1．本店　　東京都港区六本木一丁目2番○号

2．資本金　金300万円

上記事項を決定する。

令和○年6月3日

定款作成日と同日か、それ以降で決定書を作成した日付

合同会社成美堂商店

業務執行社員　山田太郎（山田太郎）

押印

（山田太郎）

捨印

● **決定書記載例**

業務執行社員が2人の場合

代表社員、本店所在地及び資本金決定書

会社の実情に合わせて決定事項が変わります

1．代表社員　山田太郎

2．本店　　　東京都港区六本木一丁目2番○号

3．資本金　　金300万円

上記事項を決定する。

令和○年6月3日

定款作成日と同日か、それ以降で決定書を作成した日付

合同会社成美堂商店

業務執行社員　山田太郎（山田太郎）

業務執行社員　渋谷次郎（渋谷次郎）

押印

捨印

（山田太郎）（渋谷次郎）

105

代表社員、本店所在地及び資本金決定書

1．代表社員　　株式会社山田商事

2．本店　　　　東京都港区六本木一丁目２番○号

> 会社の実情に合わせて
> 決定事項が変わります

3．資本金　　　金300万円

上記事項を決定する。

令和○年６月３日

> 定款作成日と同日か、それ以
> 降で決定書を作成した日付

合同会社成美堂商店

業務執行社員　　株式会社山田商事

代表取締役　　**山田太郎**　（山田商事）

業務執行社員　　**渋谷次郎**　（渋谷次郎）　→　押印

（山田商事）　　（渋谷次郎）　捨印

本店所在地の記載のポイント（１）～（３）

　本店所在地決定書に「本店　東京都港区六本木一丁目２番〇号」のように記載したら、後述する登記申請書にも同様に「本店　東京都港区六本木一丁目２番〇号」と記載します。なお、記載にはいくつかポイントがあります。

■（１）ビルやマンションの１室に会社の本店がある場合

　ビルやマンションの１室に会社の本店がある場合の記載は、例えば「東京都港区六本木一丁目２番〇号」で足りますが、「東京都港区六本木一丁目２番〇号六本木マンション第111号室」のように部屋番号まで明記しても差し支えないとされています。

■（２）都道府県名から記載

　「本店　港区六本木一丁目２番〇号」のように都道府県名を省略して記載してはいけません。**「政令指定都市及び都道府県名と同一名称の市を除いては、都道府県名をも記載するのが相当」**とされているからです。

　神奈川県横浜市、兵庫県神戸市などの政令指定都市や、青森県青森市、高知県高知市などの都道府県名と同一名称の市は、都道府県名の記載が省略できることになります。例えば、「本店　横浜市西区岡野一丁目２番〇号」のように都道府県名を省略して記載することができるということです。もちろん、都道府県名を省略せずに記載してもいいのですが、登記所によっては登記記録には都道府県名を省略して記載する取り扱いをしているところもあり、登記完了後に取得できる登記事項証明書は都道府県名が省略されています。

■（３）町名の一部である丁目の表記は、漢数字で記載

　町名の一部である丁目の表記は、固有名詞として扱われますので漢数字で記載します。例えば「六本木一丁目」が正式な町名ですので、「６本木一丁目」や「六本木１丁目」のような記載は誤りということになります。

- **(誤)**　１丁目
- **(正)**　一丁目

代表社員を定めたら、就任承諾書の作成を

　合同会社の設立登記をする場合には、**「定款の定めに基づく社員の互選によって代表社員を定めたときは、その互選を証する書面及び代表社員の就任承諾書」**が必要(取扱通達・第4部 第2 設立 81、82ページ)とされます。つまり、社員1人の合同会社の場合や、社員が各自代表権を有する場合、社員自身が作成した定款で代表社員を定めた場合で、各社員が記名押印しているならば、上記の書類は原則として必要ないということになります。代表社員に就任することを承諾していることが明らかなためです。

　しかし、定款で代表社員を定めているような場合でも、**行政書士に電子定款の依頼をするなどした場合には定款に各社員の押印がないため、代表社員の就任承諾書が必要である**と考えられます。

　なお、代表社員の就任承諾書の作成自体はとても簡単ですので、電子定款という形式でなくても、とりあえずA4用紙で作成して登記申請の際に添付すると理解してもらっても問題ありません。

　代表社員の就任承諾書に記名押印する者は当然に代表社員となりますが、**基本的に、印鑑登録証明書と同じ住所と氏名を記載します。**押印する印鑑に制限はありませんが、**実印で押印、捨印をするのが望ましいものです。**

　なお、代表社員の住所が、政令指定都市及び都道府県名と同一名称の市である場合は、都道府県名を省略して記載することができます。また、町名の一部である丁目の表記は、固有名詞として扱われるので漢数字で記載します。住民票や印鑑登録証明書の記載が「〇〇1丁目」というようにアラビア数字の表記となっている場合もありますが、代表社員の就任承諾書や登記申請書には「〇〇一丁目」というように漢数字で記載しましょう。

　代表社員が法人の場合は代表者が記名押印を行うことになります。

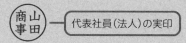

[例]

東京都新宿区新宿六丁目6番〇号
株式会社山田商事

代表取締役　**山田太郎**　　（商山事田）──代表社員(法人)の実印

登記申請に必要な添付書類を作成する

● 就任承諾書の例

就 任 承 諾 書

　私は、令和○年６月３日、貴社の代表社員に定められたので、その
就任を承諾します。

令和○年６月３日 ── 定款で代表社員を定めた場合は、定
款作成日の日付を、決定書で定めた
場合は決定書の作成日付を記載

市区町村長の作成した印鑑証
明書通りに記載。９−８−７
のように略さない ── 東京都新宿区歌舞伎町九丁目８番○号

山田太郎 (山田太郎印) ─ 押印

合同会社成美堂商店　御中 　捨印　(山田太郎印)

● 就任承諾書の例　　　　　　　　　　　　　　　　　**法人が代表社員である場合**

就 任 承 諾 書

　私は、令和○年６月３日、貴社の代表社員に定められたので、その
就任を承諾します。

令和○年６月３日 登記所の作成した登記事項証
明書や印鑑証明書通りに記載
６−６−６のように略さない

東京都新宿区新宿六丁目６番○号
株式会社山田商事
代表取締役　山田太郎 (山田商事印) ─ 押印

合同会社成美堂商店　御中 　捨印　(山田商事印)

出資金の払込みをする（金銭出資のみの場合）

　他の持分会社（合資会社・合名会社）と違い、合同会社の場合は設立時の出資払込みの完了が必要条件となっています。これは、合同会社は他の持分会社と違い、無限責任の社員がいないため、基本的に会社の財産だけが債権者の保証となるからです。

　合同会社の社員になろうとする人は、**定款を作成した後、合同会社の設立の登記をするときまでに、その出資金にあたるお金の全額を払い込むか、または出資がお金以外の財産であれば、その全部を給付する**必要があります。ただし、合同会社の社員になろうとする人全員の合意があれば、登記、登録その他権利の設定または移転を第三者に対抗するために必要な行為は、合同会社の成立後でもかまいません。

　出資に係る金銭の払い込みについては、株式会社と違い、銀行等の払込取扱機関でしなければならないという制約はありません。一般的には、**設立中の会社を代表する者（代表社員となる自然人または法人）の預金口座に社員全員が振り込みます**。代表者が利用している既存の預金口座でも問題ないのですが、会社財産と代表者個人の財産とを厳密に区別する観点から、代表者個人が払込み専用の預金口座を新規に開設するのが望ましいといえます。なお、会社設立前なので、当然、会社名義の預金口座は開設できません。あくまでも、代表者の預金口座ですので、そこは勘違いしないように気をつけてください。代表社員が複数の場合は1名を選んで、その人の預金口座を利用します。

　払い込むべき代表者の預金口座が決まったら、定款作成後に全社員が引き受けた出資金額を振り込みます。ここでの注意点は、**預金通帳の記帳上、それぞれの名前が残るように全社員（代表者を含む）が引き受けた出資金額を振り込む**ことです。まとめて振り込むと、社員それぞれが引き受けた出資金額をきちんと振り込んだかわかりません。また、名前が残らないと、いつ、誰がいくら振り込んだのかが明確になりません。また、代表者の預金口座を利用しているといっても、代表者自身も名前が残るように振り込みます。

　その後、代表者は、全社員が各自の名前が残るようにそれぞれ引き受けた金額の出資を確かに行ったかを確認します。なお、定款を作成した後に出資の履行が必要となるので、**定款作成日と同日か後の日付で出資の振り込みを行ってください**。定款作成日前に出資の振り込みをしてしまった場合は、再度、やり直してください。

払込みがあったことを証する書面のつくり方（金銭出資の場合）

全社員の払込みが完了したら、**払い込まれた代表者の預金通帳の「表紙」、「通帳を開いて１ページ目（表紙の裏で、口座番号・社員の名前・銀行名・支店名等が記載されている部分）」、「払込みに関する記載があるページ」をＡ４用紙でそれぞれコピーします。**Ａ４用紙では紙に余白が生じますが、気にする必要はありません。そして、Ａ４用紙でコピーされた「払込みに関する記載があるページ」の払込金の振り込みに関する記載にマーカーまたは下線を引くなどします。

次に、Ａ４用紙で「払込みがあったことを証する書面」を作成します。日付は、社員が最後に払い込んだ日と同日か、それ以降で代表者が確認した日とします。なお、書面に記名押印する人は作成者である代表社員となりますが、代表社員が法人の場合は、職務執行者となります。

<table>
<tr><td>

[記載例１]

　合同会社成美堂商店

　　代表社員　山田太郎

</td><td>

[記載例２]代表社員が法人の場合

　合同会社成美堂商店

　　代表社員　　株式会社山田商事

　　職務執行者　山田花子

</td></tr>
</table>

押印は**代表者が登記所に提出する印鑑を押します。**いわゆる、設立しようとしている合同会社の代表者印です。また、捨印もします。

「払込みがあったことを証する書面」、「通帳の表紙」のコピー、「通帳を開いて１ページ目（表紙の裏）」のコピー、「払込みに関する記載があるページ」のコピーの順番に重ねてステープラーで留めます。

そして、**各ページの間を会社の代表者印で契印します。**契印とは、バラバラになっている書類を一体の書類とするために押印することをいいます。「払込みがあったことを証する書面」と「通帳のコピー」との間のほか、「通帳のコピー」各ページとの間で契印します。

● **払込みがあったことを証する書面**

払込みがあったことを証する書面

> 現物出資(118ページ)もある場合には、「資本金」の記載を「資本金のうち金銭出資」に変更します

　当会社の資本金については以下のとおり、全額の払込みがあったことを証明します。

払込みを受けた金額　　　　　金300万円 ← 払込みを受けた金額を記載します

令和〇年6月3日 ← 社員が最後に払い込んだ日付と同日か、それ以降で代表者が確認した日付

　　合同会社成美堂商店
　　代表社員　　山田太郎　(成美堂商店印)

↑ 代表者が登記所に提出する印鑑(会社代表者印)を押します

(成美堂商店印) ― 捨印

①Ａ４用紙に払込みされた預金通帳の「表紙」をコピーします。

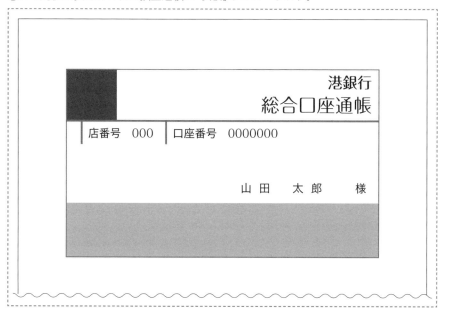

②Ａ４用紙に払込みされた預金通帳の「通帳を開いて１ページ目（表紙の裏で、口座番号・社員の名前・銀行名・支店名等が記載されている部分）」をコピーします。

総合口座

おなまえ

ヤマダ　タロウ　サマ

科目	金額		変更後金額		店番	口座番号	
普通預金		円		円	000	普通預金	0000000
定期預金		円		円		定期預金	

港銀行
六本木支店

ＴＥＬ　03－0000－0000

③Ａ４用紙に払込みされた預金通帳の「払込みに関する記載があるページ」をコピーします。払込金の振込みに関する記載にマーカーまたは下線を付すなどします。

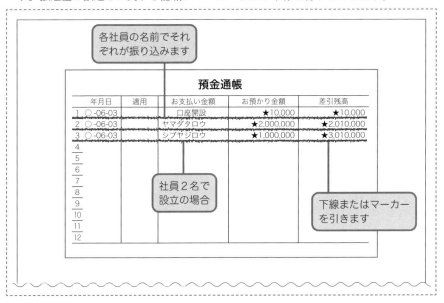

各社員の名前でそれぞれが振り込みます

預金通帳

年月日	適用	お支払い金額	お預かり金額	差引残高
1 ○-06-03		口座開設	★10,000	★10,000
2 ○-06-03		ヤマダタロウ	★2,000,000	★2,010,000
3 ○-06-03		シブヤジロウ	★1,000,000	★3,010,000
4				
5				
6				
7				
8				
9				
10				
11				
12				

社員2名で設立の場合

下線またはマーカーを引きます

● 提出書類のまとめ方

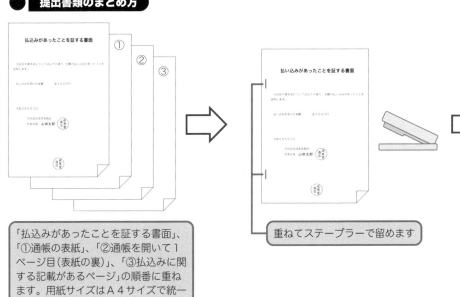

「払込みがあったことを証する書面」、「①通帳の表紙」、「②通帳を開いて1ページ目（表紙の裏）」、「③払込みに関する記載があるページ」の順番に重ねます。用紙サイズはＡ４サイズで統一

重ねてステープラーで留めます

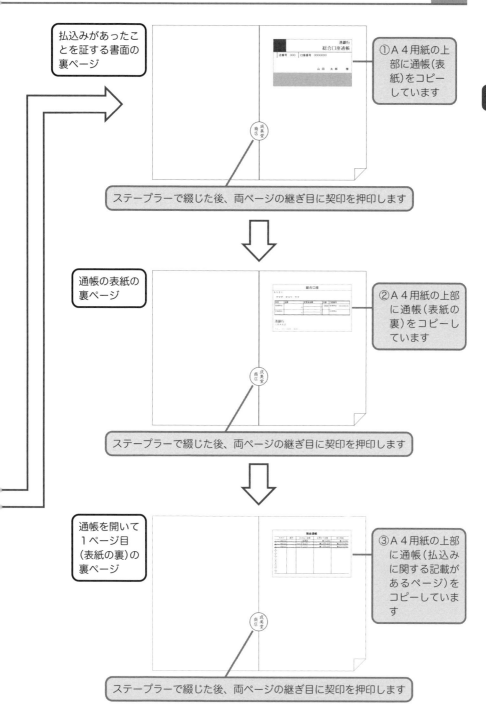

払込みがあったことを証する書面の裏ページ

①A4用紙の上部に通帳（表紙）をコピーしています

ステープラーで綴じた後、両ページの継ぎ目に契印を押印します

通帳の表紙の裏ページ

②A4用紙の上部に通帳（表紙の裏）をコピーしています

ステープラーで綴じた後、両ページの継ぎ目に契印を押印します

通帳を開いて1ページ目（表紙の裏）の裏ページ

③A4用紙の上部に通帳（払込みに関する記載があるページ）をコピーしています

ステープラーで綴じた後、両ページの継ぎ目に契印を押印します

登記申請に必要な添付書類を作成する

115

払込みがあったことを証する書面

　当会社の資本金については以下のとおり、全額の払込みがあったことを証明します。

　払込みを受けた金額　　　　　金300万円

　令和○年6月3日

　　　合同会社成美堂商店
　　　代表社員　　　株式会社山田商事
　　　職務執行者　　山田太郎

代表社員が法人の場合、記名押印するのは法人の代表者か、職務執行者か

　合同会社の場合、業務執行社員（代表社員も）には自然人だけではなく法人もなれます。ただし、法人が業務執行社員になるといっても、実際に業務を行うにあたっては、職務を行うべき自然人がいない状態は不可能です。そのため、**法人が業務執行社員である場合には、その法人は職務を行うべき自然人（職務執行者）を選任します。**

　問題は、**会社成立前の意思表示の主体が、当該法人の代表者なのか、それとも職務執行者なのか**ということです。これについては、以下のように考えます。

> 「設立に際して社員となる法人が意思表示をすべき場合には、この意思表示は、（省略）職務執行者ではなく、**当該法人の代表者が行う**」「会社成立前は、登記申請行為に関するものを除き、業務執行社員となる法人につき選任される**職務執行者には、何ら権限がない**」（注4-2）
>
> 「預金通帳の写しと合てつする証明書のように、登記手続のために特別に作成する証明書については、登記申請行為を行う**職務執行者が作成主体となろう**」（注4-3）

　なお、合てつ（合綴）とは、綴じ合せることを意味します。

　よって、代表社員が法人の場合、「定款」「代表社員、本店所在地及び資本金を決定したことを証する書面」「代表社員の就任承諾書」の記名押印は、**法人の代表者**が行います。また、「払込みがあったことを証する書面」「合同会社設立登記申請書」の記名押印は、**職務執行者**が行うことになります。なお、押印する印は職務執行者の個人実印（市区町村に登録した印鑑）ではなく、**設立しようとしている合同会社の代表者印（登記所に提出する印鑑）**です。

どちらなのか、注意する

株式会社山田商事	
代表取締役　**山田太郎**	商事山田

株式会社山田商事	
職務執行者　**山田太郎**	成美堂商店

現物出資がある場合に必要な書式

　パソコンや車などお金以外の財産を出資する場合は、**定款の作成後にその全部を給付します**。なお、金銭出資のみと違って、現物出資がある場合の合同会社設立に必要な具体的な書類は、法務省のホームページ上で公開されていません。本書の書式例は一例であるため、本書の書式通りに作成したからといって、すべての登記所で登記が受理されるとは断言できません。本書の書式例を参考にして書類を作成し、**登記申請前に所轄の登記所で事前相談（できれば、対面相談で）を必ず行ってください**。

　なお、現物出資の他に金銭出資をする場合は、代表者（代表社員となる自然人又は法人）の預金口座に振り込みます。振り込みの仕方は前述した「金銭出資のみの場合」と同じなので、そちらを参考にしてください。

　財産を現物出資として給付する社員が、Ａ４用紙で財産引継書（給付があったことを証する書面）を作成し押印します。日付は、現物出資し、書類を作成した日を記入します。そして、印は給付する社員の印ですが、実印が望ましいといえます。

　合同会社の社員になろうとする人は、定款を作成した後、合同会社の設立の登記をするときまでに、その出資金にあたるお金の全額を払い込むか、または出資がお金以外の財産であれば、その全部を給付する必要があります。そのため、社員が現物出資をする日は定款作成日と同日か、それ以降の日付となります。

出資の仕方と必要な書式

出　資	必要な書式
金銭出資のみ	払込みがあったことを証する書面（111ページ）
現物出資のみ	財産引継書（給付があったことを証する書面）、資本金の額の計上に関する証明書（120ページ）
金銭出資と現物出資がある場合	払込みがあったことを証する書面、財産引継書、資本金の額の計上に関する証明書

出資の仕方によって、必要な書式が変わってくるので注意すること。

● 財産引継書

財 産 引 継 書

現物出資の目的たる財産の表示

 （1）普通乗用車　1台
   トヨタ　△△△　令和○年式
   車台番号　555555
   この価額　金　90万円

> 定款（91ページ）のとおりに記載

 （2）ノートパソコン　1台
   パナソニック　□□□　令和○年製
   製品番号　7777777
   この価額　金　10万円

 以上の価額の合計　　　　　　　　金100万円

以上、私所有の上記財産を現物出資として給付します。

  令和○年6月3日

> 定款の作成後、現物出資し、書類を作成した日付を記入

  住　　所　　東京都品川区品川一丁目2番○号
 社員
  氏　　名　　品川三郎　㊞

> 財産を給付する社員の印

合同会社成美堂商店
代表社員　山田太郎　殿

> 捨印

資本金の額の計上に関する証明書のつくり方

設立登記申請の申請書には、資本金の額が会社法及び会社計算規則の規定に従

● **資本金の額の計上に関する証明書（現物出資がある場合に必要）**

資本金の額の計上に関する証明書

① 払込みを受けた金銭の額

金 200万円 ── 金銭出資された金額

② 給付を受けた金銭以外の財産の出資時における価額

（会社計算規則第44条第1項第1号）

金 100万円 ── 現物出資された金額

③ ①＋②

金 300万円

資本金300万円は、会社計算規則第44条の規定に従って計上されたことに相違ないことを証明する。

令和○年6月3日 ── 払込みがあったことを証する書面及び財産引継書と同日または、それ以降の日付を記入

合同会社成美堂商店

代表社員　山田太郎　（成美堂商店）── 代表者が登記所に提出する印鑑を押します

（成美堂商店）── 捨印を押します

って計上されたことを証する書面を添付しなければならないことになっています。

　ただし、**出資に係る財産が金銭のみである場合には、当分の間、書面の添付を必要とはしない**とされています（添付書面通達）。

　つまり、現物出資がある場合に「資本金の額の計上に関する証明書」が必要になるということです。Ａ４用紙で作成してください。

　なお、書面に記名押印する人は作成者である代表社員となりますが、代表社員が法人の場合は、職務執行者となります。

　そして、代表者が設立の登記の際に登記所に提出する印鑑、つまり会社代表者**印**で押印、捨印をします。

● **資本金の額の計上に関する証明書（現物出資がある場合に必要）**

法人が代表社員である場合

資本金の額の計上に関する証明書

①　払込みを受けた金銭の額

金 200万円 ── 金銭出資された金額

②　給付を受けた金銭以外の財産の出資時における価額
（会社計算規則第44条第１項第１号）

金 100万円 ── 現物出資された金額。なお、出資者における帳簿価額を計上すべき場合（会社計算規則第44条第１項 第１号イ、ロ）には、帳簿価額を記載

③　①＋②

金 300万円

　資本金300万円は、会社計算規則第44条の規定に従って計上されたことに相違ないことを証明する。

　　令和○年６月３日 ── 払込みがあったことを証する書面及び財産引継書と同日または、それ以降の日付を記入

　　　　合同会社成美堂商店
　　　　代表社員　株式会社山田商事
　　　　職務執行者　山田太郎　【成美堂商店印】 ── 代表者が登記所に提出する印鑑を押します

【成美堂商店印】 ── 捨印を押します

登記申請に必要な添付書類を作成する

121

設立登記申請書を作成する

合同会社設立登記申請書の作成

合同会社設立登記申請書には、次の①〜⑬の事項を記載しなければなりません。

①商号 商号の上にフリガナも記載する。　　**②本店**

③登記の事由 「設立の手続終了」と記載する。設立手続終了の年月日の記載は必要ない。

④登記すべき事項 一般的には「別添CD−Rのとおり」、または、「別紙のとおり」と記載する。詳しくは127ページ。

⑤課税標準金額 課税標準金額は資本金の額となる。

⑥登録免許税 登録免許税は、資本金の額の1000分の7の額。ただし、その額が6万円に満たない場合には、6万円になる。

⑦添付書類 登記申請書に添付する書類(135ページ)を記載する。

⑧申請の年月日 登記を申請する年月日(登記所に申請書を持参した日)を記載する。

⑨申請人である合同会社の商号と本店

⑩代表者の氏名又は名称及び住所 代表者が法人である場合は、職務執行者の氏名及び住所を含む。

⑪代理人によって申請するときは、その氏名及び住所

⑫連絡先の電話番号 法定の記載事項ではないが、余白に申請人の連絡先(日中、つながる電話番号)を記載するのが一般的。補正等がある場合に、登記所から申請人に連絡できるようにするため。

⑬登記所の表示 「○○法務局○○支局」や「○○法務局○○出張所」など、登記申請書を提出する登記所(156ページ)を記載する。

　設立の登記は、設立後の合同会社を代表すべき代表社員の申請によって行います。よって、**申請書には、代表社員が記名押印しなければならない**ことになっており、登記所に提出した印鑑(いわゆる会社代表者印)を押印します。**代表社員が法人の場合は、職務執行者によって行います。**

　ただし、代表社員ではなく代理人による申請も可能であり、その場合には代理人が記名押印します。**代理人によって申請する場合には、申請書にその権限を証する書面(委任状)を添付しなければならない**ことになっています。なお、登記申請書(別紙、収入印紙貼付台紙を含む)が複数ページになる場合は**各ページの綴り目に契印する**必要があります。契印は、登記申請書に押した印鑑(代表社員が登記所に届け出る印鑑または代理人の印鑑)と同一の印鑑を使用する必要があります。

● 設立登記申請書　　　　　　　　　　　　　　　　金銭出資のみの場合

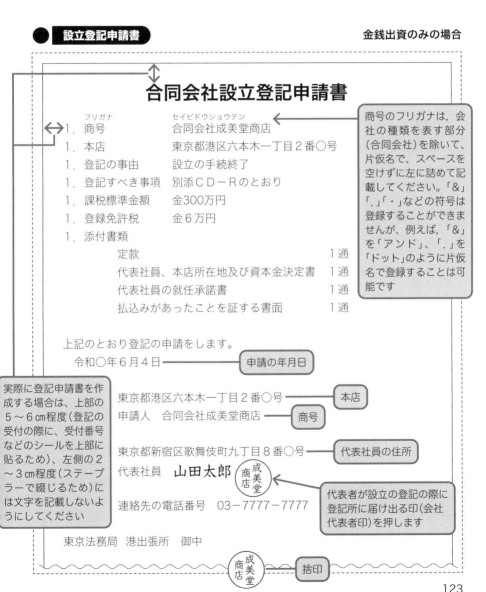

合同会社設立登記申請書

フリガナ
1. 商号　　　　　　　合同会社成美堂商店
セイビドウショウテン

1. 本店　　　　　　　東京都港区六本木一丁目2番○号
1. 登記の事由　　　　設立の手続終了
1. 登記すべき事項　　別添CD-Rのとおり
1. 課税標準金額　　　金300万円
1. 登録免許税　　　　金6万円
1. 添付書類
　　　　定款　　　　　　　　　　　　　　　　　　1通
　　　　代表社員、本店所在地及び資本金決定書　　1通
　　　　代表社員の就任承諾書　　　　　　　　　　1通
　　　　払込みがあったことを証する書面　　　　　1通

　上記のとおり登記の申請をします。
　　　　令和○年6月4日　——[申請の年月日]

　　　東京都港区六本木一丁目2番○号　——[本店]
　　　申請人　合同会社成美堂商店　——[商号]

　　　東京都新宿区歌舞伎町九丁目8番○号　——[代表社員の住所]
　　　代表社員　山田太郎 (成美堂商店印)

　　　連絡先の電話番号　03-7777-7777

　　東京法務局　港出張所　御中

(成美堂商店印)　[捨印]

[商号のフリガナは，会社の種類を表す部分(合同会社)を除いて、片仮名で、スペースを空けずに左に詰めて記載してください。「&」「.」「・」などの符号は登録することができませんが、例えば、「&」を「アンド」、「.」を「ドット」のように片仮名で登録することは可能です]

[実際に登記申請書を作成する場合は、上部の5〜6cm程度(登記の受付の際に、受付番号などのシールを上部に貼るため)、左側の2〜3cm程度(ステープラーで綴じるため)には文字を記載しないようにしてください]

[代表者が設立の登記の際に登記所に届け出る印(会社代表者印)を押します]

合同会社設立登記申請書

　　　　フリガナ　　　　　　　　　　　　　　　セイビドウショウテン
1. 商号　　　　　　　　　　合同会社成美堂商店
1. 本店　　　　　　　　　　東京都港区六本木一丁目2番○号
1. 登記の事由　　　　　　　設立の手続終了
1. 登記すべき事項　　　　　別添CD－Rのとおり
1. 課税標準金額　　　　　　金300万円
1. 登録免許税　　　　　　　金6万円
1. 添付書類

　　　　　　定款　　　　　　　　　　　　　　　　　　　　　　　1通
　　　　　　代表社員、本店所在地及び資本金決定書　　　　　　　1通
　　　　　　代表社員の就任承諾書　　　　　　　　　　　　　　　1通
　　　　　　払込みがあったことを証する書面　　　　　　　　　　1通
　　　　　　財産引継書（給付があったことを証する書面）　　　　1通
　　　　　　資本金の額の計上に関する証明書　　　　　　　　　　1通

上記のとおり登記の申請をします。
　　　　令和○年6月4日 ── 申請の年月日

　　　　　　東京都港区六本木一丁目2番○号 ── 本店
　　　　　　申請人　合同会社成美堂商店 ── 商号

　　　　　　東京都新宿区歌舞伎町九丁目8番○号 ── 代表社員の住所
　　　　　　代表社員　山田太郎（成美堂商店）

代表者が設立の登記の際に登記所に届け出る印（会社代表者印）を押します

　　　　　　連絡先の電話番号　03－7777－7777

　　　東京法務局　港出張所　御中　（成美堂商店）── 捨印

● 設立登記申請書　　　　　　　　　　　　　　法人が代表社員である場合

設立登記申請書を作成する

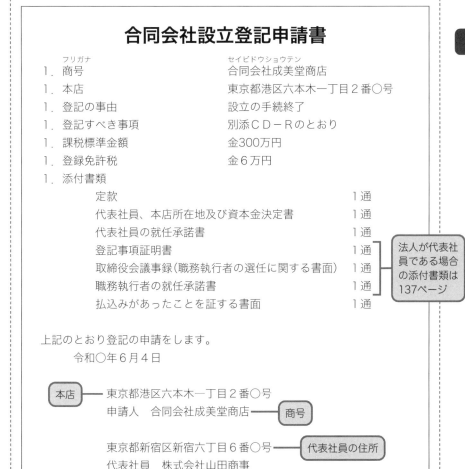

合同会社設立登記申請書

フリガナ　　　　　　　　　　　　　　　　　　セイビドウショウテン
1. 商号　　　　　　　　　　　合同会社成美堂商店
1. 本店　　　　　　　　　　　東京都港区六本木一丁目2番○号
1. 登記の事由　　　　　　　　設立の手続終了
1. 登記すべき事項　　　　　　別添CD−Rのとおり
1. 課税標準金額　　　　　　　金300万円
1. 登録免許税　　　　　　　　金6万円
1. 添付書類

　　　定款　　　　　　　　　　　　　　　　　　　　　　　1通
　　　代表社員、本店所在地及び資本金決定書　　　　　　　1通
　　　代表社員の就任承諾書　　　　　　　　　　　　　　　1通
　　　登記事項証明書　　　　　　　　　　　　　　　　　　1通
　　　取締役会議事録（職務執行者の選任に関する書面）　　1通
　　　職務執行者の就任承諾書　　　　　　　　　　　　　　1通
　　　払込みがあったことを証する書面　　　　　　　　　　1通

法人が代表社員である場合の添付書類は137ページ

上記のとおり登記の申請をします。
　　　令和○年6月4日

本店 ── 東京都港区六本木一丁目2番○号
　　　　申請人　合同会社成美堂商店 ── 商号

　　　　東京都新宿区新宿六丁目6番○号 ── 代表社員の住所
　　　　代表社員　株式会社山田商事

　　　　東京都新宿区歌舞伎町九丁目8番○号 ── 職務執行者の住所
　　　　職務執行者　山田太郎 ㊞（成美堂商店）

代表者が設立の登記の際に登記所に届け出る印（会社代表者印）を押します

　　　　連絡先の電話番号　03−7777−7777

　東京法務局　港出張所　御中　㊞（成美堂商店）── 捨印

合同会社設立登記申請書

フリガナ　　　　　　　　　　　　　　　　セイビドウショウテン
1．商号　　　　　　　　　　　合同会社成美堂商店
1．本店　　　　　　　　　　　東京都港区六本木一丁目2番○号
1．登記の事由　　　　　　　　設立の手続終了
1．登記すべき事項　　　　　　別添CD－Rのとおり
1．課税標準金額　　　　　　　金300万円
1．登録免許税　　　　　　　　金6万円
1．添付書類

　　　　　定款　　　　　　　　　　　　　　　　　　　　1通
　　　　　代表社員、本店所在地及び資本金決定書　　　　1通
　　　　　代表社員の就任承諾書　　　　　　　　　　　　1通
　　　　　払込みがあったことを証する書面　　　　　　　1通
　　　　　委任状　　　　　　　　　　　　　　　　　　　1通
　　　　　┗━━━━ 記載例は136ページ

上記のとおり登記の申請をします。
　　　　令和○年6月4日 ━━━━━ 申請の年月日

　　　　　　東京都港区六本木一丁目2番○号 ━━━ 本店
　　　　　　申請人　合同会社成美堂商店 ━━ 商号

　　　　　　東京都新宿区歌舞伎町九丁目8番○号 ━━ 代表社員の住所
　　　　　　代表社員　山田太郎

　　　　　　東京都渋谷区渋谷九丁目9番○号
　　　　　　上記代理人　渋谷次郎　（渋谷次郎 印）━━ 代理人の印鑑を押します

　　　　　　連絡先の電話番号　03－9999－9999

　　　東京法務局　港出張所　御中

　　　　　　　　　　　（渋谷次郎 印）━━ 捨印

登記すべき事項

　合同会社設立登記申請書(122ページ)には、記載事項がいくつかありますが、その中の1つに「登記すべき事項」があります。申請書に直接記載してもよいのですが、**会社設立の場合、「登記すべき事項」が多いので、電磁的記録媒体(CD-Rなど)や別紙に記載するのが一般的です**。なお、実際の記載の仕方は後で解説します。

①目的

　定款の絶対的記載事項でもあり、基本的に定款の記載と同じである。

②商号

　定款に英文表示した場合でも、英文表示は記載しない。

③本店の所在場所

　定款では、本店の所在地として、最小行政区画(例えば、東京都港区)までしか記載していない場合でも、「○丁目○番○号」まで含んだ具体的な所在場所(例えば、東京都港区六本木一丁目2番○号)まで記載する必要がある。

④合同会社の存続期間又は解散の事由について定款で定めた場合は、その定め

　一般的には記載しないが、定款で「合同会社の存続期間又は解散の事由」を定めた場合のみ、それを登記事項とする。合同会社に限らず、会社にはゴーイングコンサーン(継続企業の前提)という考え方があり、会社は将来にわたって、無期限・永続的に事業を継続し、解散や清算はあくまで例外的なものとする。この考え方があるために、1年という「事業年度」を設けて区切っている。

⑤資本金の額

　資本金の額の記載には「万」「億」「兆」を使用し、「千」「，(カンマ)」は使用しないこと。

⑥業務執行社員の氏名又は名称

　定款で業務執行社員を定め、その業務執行社員の氏名(法人が業務執行社員なら名称)を登記すれば、その他の業務を執行しない社員については登記による公示は不要とされる。

⑦代表社員の氏名又は名称及び住所

　代表社員は、その責任の重さから住所も登記による公示が必要とされるため、氏名(または名称)だけでなく、住所も登記事項となる。

⑧代表社員が法人であるときは、その職務執行者の氏名及び住所

　自然人だけではなく法人も合同会社を代表する社員になれる。ただし、実際に

業務を行うにあたっては、自然人がいない状態ということは不可能であるため、法人が代表社員である場合には、その法人は自分の代わりになってくれる自然人を職務執行者として選任する。そして、その選任された者の氏名及び住所は、登記による公示が必要とされる。

⑨公告方法

官報に掲載する方法が一般的。

　上記のような登記事項は会社の出資者や債権者などの公示の要請に応えるものと考えられるため、以下の特徴があります。

　「社員の氏名又は名称及び住所」は、定款の絶対的記載事項となっていますが合同会社の登記事項とはなっていません。他の持分会社である合名会社や合資会社では、「社員の氏名又は名称及び住所」は登記事項となっています。

　一方、**他の持分会社と違って合同会社では「資本金の額」が登記事項となっています**。これは、合同会社の社員はすべて有限責任であるため、会社債権者の関心は「社員」よりも会社財産の多寡である「資本金の額」のほうにあるからだと考えられます。

　なお、**「業務執行社員の氏名又は名称」は登記事項となります**が、住所は登記事項ではありません。また、各社員が全員代表社員となる場合でも、別に代表社員の登記が必要になります。

登記すべき事項の提出方法は4つ

　「登記すべき事項」の記載・提出方法は、一般的に以下の4つの方法のどれかにより行うことになっています。

①オンラインで提出する方法

　オンラインにより登記すべき事項を提出することができます。詳しくは、法務省HP「商業・法人登記のオンライン申請について（https://www.moj. go.jp/MINJI/minji60.html）」を参照。

②QRコード（二次元バーコード）付き書面で申請

　「QRコード（二次元バーコード）付き書面申請」とは、「申請用総合ソフト」という専用のソフト（無料）を利用して作成した申請書の情報を、インターネット経由で事前に登記所に送信した後、その内容を登記申請書として印刷して、登記所に

提出する書面申請の方法です。詳しくは、法務局ＨＰ「ＱＲコード（二次元バーコード）付き書面申請について(https://houmukyoku.moj.go.jp/ homu/ page8_000001_00016.html)」を参照。

③電磁的記録媒体（ＣＤ－Ｒなど）に記録し、提出する方法

申請書の「登記すべき事項」の項目欄に「別添ＣＤ－Ｒのとおり」などと記載し、登記すべき事項を電磁的記録媒体に記録して提出します。

④用紙（ペーパー）に記載し、提出する方法

申請書の「登記すべき事項」の項目欄に登記すべき事項を記載するか、または同欄に「別紙のとおり」と記載した上で別紙に登記すべき事項を記載します。

法務省は、登記すべき事項を①オンラインで提出する方法や②ＱＲコード（二次元バーコード）付き書面での申請を勧めていますが、設定などが面倒であり、会社設立の登記１回だけのために、この方法で行うことは一般的ではありません。

登記申請を何度も行う司法書士ではない一般の方は、③電磁的記録媒体（ＣＤ－Ｒなど）に記録し、提出する方法を選んでください。

また、④用紙（ペーパー）に記載し、提出する方法の場合、「登記すべき事項」が多いので申請書に直接記載するのではなく、別紙（Ａ４用紙で作成）に登記すべき事項を記載するのが一般的です（131ページ）。

「登記すべき事項」を電磁的記録媒体に記録し、提出する方法

会社設立の登記申請書に記載する事項のうち、登記すべき事項について、**申請書の記載に代えて電磁的記録媒体を提出することができます**。申請書の「登記すべき事項」の項目欄に「別添CD-Rのとおり」などと記載します。

この制度は、電磁的記録媒体自体が申請書の一部となりますので、電磁的記録媒体の内容を別途印刷して添付する必要はありません。ただし、電磁的記録媒体の返却を希望する場合には、電磁的記録媒体の内容を別途印刷する必要があります。

なお、作成する電磁的記録媒体は、以下のことを満たす必要がありますので気をつけてください。

1　電磁的記録媒体の種類

日本産業規格X 0606形式又はX 0610形式に適合する120mm光ディスク
（例）ＣＤ－Ｒ、ＤＶＤ－Ｒなど

2 記録の方法

①文字コードは、シフトJISを使用し、すべて全角文字で作成してください。シフトJISであっても、JIS X 208に含まれないＩＢＭ拡張文字、ＮＥＣ選定ＩＢＭ拡張文字およびWindows外字は利用できません。

②文字フォントは、「ＭＳ明朝」、「ＭＳゴシック」など、いずれのフォントでも使用できます。

③使用する文字は、Microsoft、Windows端末で内容を確認することができるものにします。とくに、(1)、(2)、(3)などの文字は、ＯＳが異なると文字化けすることがあるので気をつけてください。

④タブ(Tab)キーは使用しないでください。字下げや文字の区切りなどにより空白が必要な場合は、スペース(全角)キーを使用してください。

⑤数式中で使用する分数の横線は「—」(シフトJISの0X849F(区点：0801))を使用してください。

⑥ファイルは、テキスト形式で記録し、ファイル名は、「(任意の名称).txt」としてください(例　合同会社・設立.txt)。

⑦電磁的記録媒体には、フォルダを作成しないでください。

⑧1枚の電磁的記録媒体には、1件の申請に係る登記すべき事項を記録してください。

⑨電磁的記録媒体には、商号を記載したラベル等を貼付してください。

● **合同会社・設立.txtの例**

「商号」合同会社成美堂商店
「本店」東京都港区六本木一丁目２番○号
「公告をする方法」官報に掲載する方法により行う
「目的」
　　1　　レストランの経営
　　2　　喫茶店の経営
　　3　　前各号に附帯関連する一切の事業
「資本金の額」金300万円
「社員に関する事項」
「資格」業務執行社員
「氏名」株式会社山田商事
「社員に関する事項」
「資格」業務執行社員
「氏名」渋谷次郎
「社員に関する事項」
「資格」代表社員
「住所」東京都新宿区新宿六丁目６番○号
「氏名」株式会社山田商事
「職務執行者」
「住所」東京都新宿区歌舞伎町九丁目８番○号
「氏名」職務執行者　山田太郎
「登記記録に関する事項」設立

「登記すべき事項」を用紙に記載し、提出する方法

設立登記申請書を作成する

会社設立の登記申請書の**「登記すべき事項」の項目欄に登記すべき事項を記載するか、または同欄に「別紙のとおり」と記載した上で別紙に登記すべき事項を記載する**方法です。会社設立の場合、「登記すべき事項」が多いので申請書に直接記載するのではなく、別紙（Ａ４用紙で作成）に登記すべき事項を記載するのが一般的です。

なお、別紙の方法を選択した場合、以下の２つの方法があります。

■（1）別紙を申請書と合てつして契印する方法

申請書と別紙が一連一体の文書であることを示すために、**合てつ（合綴。綴じ合せること）して契印します。**契印は、登記申請書に押した印鑑（代表社員が登記所に提出した印鑑または代理人の印鑑）と同一の印鑑を使用する必要があります。151ページで具体的に説明します。

■（2）別紙に押印、捨印をする方法

以前、よく利用されていたＯＣＲ用紙方式のような方法です。別紙の右下に押印、捨印をした別紙を、登記申請時に申請書にクリップで留めて提出します。押印、捨印は、登記申請書に押した印鑑（代表社員が登記所に提出した印鑑又は代理人の印鑑）と同一の印鑑を使用する必要があります。154ページで具体的に説明します。

別紙の記載例　　　**社員１名で設立する場合**

別紙

「商号」合同会社成美堂商店
「本店」東京都港区六本木一丁目２番○号
「公告をする方法」官報に掲載する方法により行う
「目的」
（1）レストランの経営
（2）喫茶店の経営
（3）前各号に附帯関連する一切の事業
「資本金の額」金300万円
「社員に関する事項」
「資格」業務執行社員
「氏名」山田太郎
「社員に関する事項」
「資格」代表社員
「住所」東京都新宿区歌舞伎町九丁目８番○号
「氏名」山田太郎
「登記記録に関する事項」設立

● **別紙の記載例**　　　　　　　　　　　業務執行社員３名で設立する場合

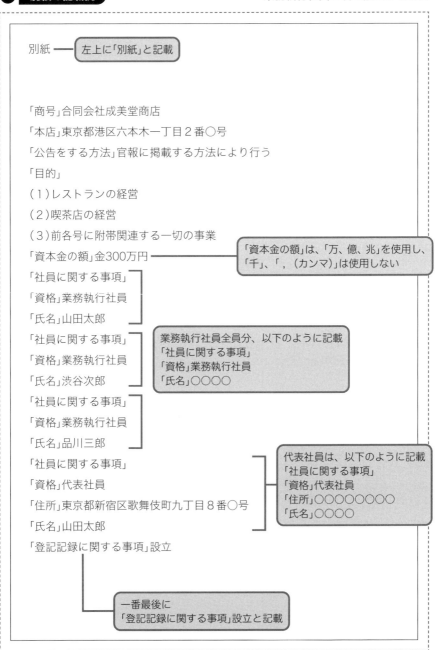

別紙 ── 左上に「別紙」と記載

「商号」合同会社成美堂商店
「本店」東京都港区六本木一丁目２番○号
「公告をする方法」官報に掲載する方法により行う
「目的」
（１）レストランの経営
（２）喫茶店の経営
（３）前各号に附帯関連する一切の事業
「資本金の額」金300万円 ── 「資本金の額」は、「万、億、兆」を使用し、「千」、「，（カンマ）」は使用しない
「社員に関する事項」
「資格」業務執行社員
「氏名」山田太郎
「社員に関する事項」
「資格」業務執行社員
「氏名」渋谷次郎 ── 業務執行社員全員分、以下のように記載
「社員に関する事項」
「資格」業務執行社員
「氏名」○○○○
「社員に関する事項」
「資格」業務執行社員
「氏名」品川三郎
「社員に関する事項」
「資格」代表社員
「住所」東京都新宿区歌舞伎町九丁目８番○号
「氏名」山田太郎 ── 代表社員は、以下のように記載
「社員に関する事項」
「資格」代表社員
「住所」○○○○○○○○
「氏名」○○○○
「登記記録に関する事項」設立 ── 一番最後に「登記記録に関する事項」設立と記載

● **別紙の記載例**　　　　　　　　　　　　**代表社員が法人で設立する場合**

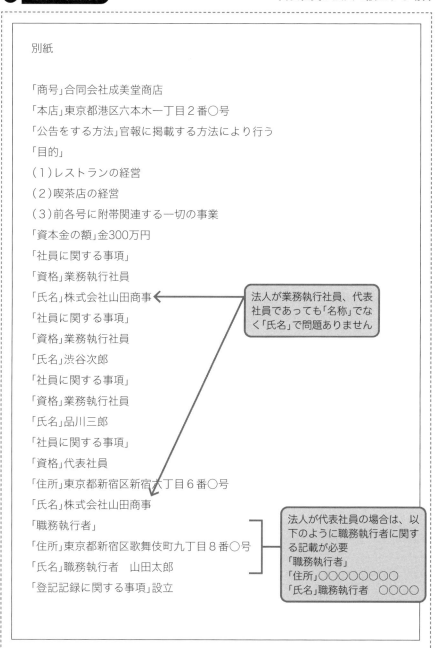

別紙

「商号」合同会社成美堂商店

「本店」東京都港区六本木一丁目２番○号

「公告をする方法」官報に掲載する方法により行う

「目的」

（１）レストランの経営

（２）喫茶店の経営

（３）前各号に附帯関連する一切の事業

「資本金の額」金300万円

「社員に関する事項」

「資格」業務執行社員

「氏名」株式会社山田商事 ← 法人が業務執行社員、代表社員であっても「名称」でなく「氏名」で問題ありません

「社員に関する事項」

「資格」業務執行社員

「氏名」渋谷次郎

「社員に関する事項」

「資格」業務執行社員

「氏名」品川三郎

「社員に関する事項」

「資格」代表社員

「住所」東京都新宿区新宿六丁目６番○号

「氏名」株式会社山田商事

「職務執行者」

「住所」東京都新宿区歌舞伎町九丁目８番○号

「氏名」職務執行者　山田太郎

「登記記録に関する事項」設立

法人が代表社員の場合は、以下のように職務執行者に関する記載が必要
「職務執行者」
「住所」○○○○○○○○
「氏名」職務執行者　○○○○

133

別紙

「商号」合同会社成美堂商店
「本店」東京都港区六本木一丁目２番○号
「公告をする方法」
電子公告により行う。
ｈｔｔｐｓ：／／ｗｗｗ．○○○．ｊｐ／
ただし，電子公告による公告をすることができな
い事故その他やむを得ない事由が生じた場合は，
官報に掲載する方法により行う。
「目的」
（１）レストランの経営
（２）喫茶店の経営
（３）前各号に附帯関連する一切の事業
「資本金の額」金300万円
「社員に関する事項」
「資格」業務執行社員
「氏名」山田太郎
「社員に関する事項」
「資格」代表社員
「住所」東京都新宿区歌舞伎町九丁目８番○号
「氏名」山田太郎
「登記記録に関する事項」設立

> 電子公告による公告のウェブ
> ページのURLは、すべて全
> 角文字で記載します

登録免許税は最低６万円

　合同会社設立の登記の登録免許税額は、**課税標準金額（資本金の額）の1000分
の７**となっています。ただし、**その額が６万円に満たない場合には、６万円**にな
ります。つまり、**最低６万円はかかります。**

　なお、課税標準金額（資本金の額）に1,000円未満の端数があるときは、その端
数は切り捨てます。そして、算出した登録免許税額に100円未満の端数が生じる
ときも、その端数は切り捨てます。

　登録免許税は、**収入印紙または領収証書（登録免許税額に相当する金銭を納付書
とともに日本銀行またはその代理店に納付すると交付される）**で納めます。一般的
にはＡ４サイズの用紙の左上に「収入印紙貼付台紙」と記載し、その用紙に収入印

紙を貼付して納めます。たいていの登記所では印紙売り場が同じ建物内にあるので、そこで収入印紙が買えます。登記申請する直前に購入して貼っても問題ありません。なお、登記所が行う消印作業の都合上、収入印紙は右側に寄せて貼り付けてください。

登録免許税を納付しないときは、申請が却下されます。また、収入印紙貼付台紙に貼付した収入印紙は、汚したり割印をしたりすると無効になってしまいますので注意してください。

収入印紙貼付台紙は申請書と合てつして契印します。契印は、登記申請書に

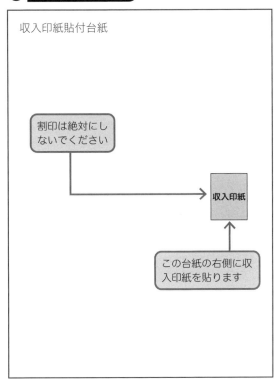

● **収入印紙貼付台紙**

収入印紙貼付台紙

割印は絶対にしないでください

収入印紙

この台紙の右側に収入印紙を貼ります

押した印鑑(代表社員が登記所に提出した印鑑または代理人の印鑑)と同一の印鑑を使用する必要があります。合てつして契印する方法は、151ページで具体的に説明します。

添付書類(金銭出資のみ/現物出資あり/代理人申請)

登記申請書に必要な添付書類は以下のようなものです。

①金銭出資のみの場合
- 定款
- 代表社員、本店所在地及び資本金決定書

設立登記申請書を作成する

- ●代表社員の就任承諾書
- ●払込みがあったことを証する書面

②現物出資がある場合

- ●定款
- ●代表社員、本店所在地及び資本金決定書
- ●代表社員の就任承諾書
- ●払込みがあったことを証する書面(金銭出資もある場合)
- ●財産引継書(給付があったことを証する書面)
- ●資本金の額の計上に関する証明書

③代理人が申請する場合

上記①、②の添付書類のほか

- ●委任状(下記のようにA4サイズの用紙で作成)

● 委任状の記載例

代表者が設立の登記の際に登記所に届け出る印(会社代表者印)を押します

委　任　状

東京都渋谷区渋谷九丁目9番○号
渋谷次郎

　　私は、上記の者を代理人に定め、次の権限を委任する。

1　当会社設立登記を申請する一切の件
1　原本還付の請求及び受領の件

原本還付を請求する場合に記載しますが、一般的には記載しません

　令和○年6月3日

東京都港区六本木一丁目2番○号
合同会社成美堂商店
　　　　　代表社員　山田太郎　㊞成美堂商店

㊞成美堂商店

捨印を押します

代表社員や業務執行社員が法人である場合に必要な添付書類

代表社員や業務執行社員が法人である場合には、135〜136ページの添付書類のほかに、以下の添付書類が必要となります。

代表社員が法人である場合の添付書類

代表社員が法人である場合には、次の①から③までの書面が必要です。

①登記事項証明書(現在事項全部証明書または履歴事項全部証明書)

当該法人の登記事項証明書(登記所作成後3か月以内のもの)を添付します。ただし、申請する登記所と同一の登記所に当該法人の登記がある場合には、添付を省略することができます。また、申請する登記所と同一の登記所に当該法人の登記がない場合でも、申請書に当該法人の会社法人等番号を記載することにより、添付を省略することができます。この場合には、以下のように記載します。

```
登記事項証明書 添付省略
(会社法人等番号 1111−11−111111)
```

②職務執行者の選任に関する書面(A4用紙で作成、記載例139ページ)

当該法人の業務執行の決定機関において選任したことを明らかにした議事録等を添付します。

具体的には以下のようなものとされています。

(a)当該法人が株式会社で取締役会設置会社の場合は取締役会の議事録

(b)当該法人が株式会社で取締役会非設置会社の場合は取締役の過半数をもって選任したことを証する書面

(c)当該法人が合同会社等の持分会社である場合(定款に別段の定めがないとき)には、社員の過半数をもって選任したことを証する書面

③職務執行者の就任承諾書(A4用紙で作成、記載例140ページ)

当該法人の職務執行者が就任を承諾したことを証する書面を添付します。

なお、合同会社の代表社員が法人である場合には、前述した「払込みがあったことを証する書面」や「合同会社設立登記申請書」の記名押印は、職務執行者が行うことになります。そのため、それらの書式の作成日付は、職務執行者が就任承諾をした日と同日か、それ以降の日付になります。

以上のことをまとめると、代表社員が法人である場合の登記申請に必要な添付書

類(金銭出資のみの場合)は次のものとなります。

- 定款
- 代表社員、本店所在地及び資本金決定書
- 代表社員の就任承諾書
- 登記事項証明書
- 職務執行者の選任に関する書面
- 職務執行者の就任承諾書
- 払込みがあったことを証する書面

業務執行社員が法人である場合の添付書類

業務執行社員が法人である場合には、当該法人の登記事項証明書(登記所作成後3か月以内のもの)を添付します。ただし，申請する登記所と同一の登記所に当該法人の登記がある場合には，添付を省略することができます。また、申請する登記所と同一の登記所に当該法人の登記がない場合でも、申請書に当該法人の会社法人等番号を記載することにより、添付を省略することができます。

「代表社員以外の法人については、(省略)代表者事項証明書でも足りるものと考えられる」(注4-4)とされていますが、現在事項全部証明書または履歴事項全部証明書を添付したほうが間違いないといえます。

社員が法人である場合の添付書類

代表社員でも業務執行社員でもない社員が法人である場合は、登記事項証明書の添付は必要ありません。

「登記事項証明書を添付する趣旨が、主として、登記簿に記録すべき法人の存在を確認する点にあり、登記簿に記録しない社員についてまで登記事項証明書の添付を求める必要性が相対的には高くないためである」(注4-5)

業務執行社員が法人の場合は、現在事項全部証明書または履歴事項全部証明書のいずれかを添付したほうが間違いないといえます

注4-4　松井・商業登記 641ページ
注4-5　松井・商業登記 643ページ

● **職務執行者の選任に関する書面の例**

取締役会議事録

　令和○年６月３日午前10時00分当会社の本店において、取締役３名(総取締役数３名)及び監査役１名出席のもとに、取締役会を開催し、下記議案につき可決確定のうえ、午前10時30分散会した。

　1　職務執行者選任の件

　取締役山田太郎は選ばれて議長となり、今般合同会社成美堂商店の代表社員として当会社が選定されることに伴い、職務執行者を選任したい旨を述べ、慎重協議した結果、全員一致をもって次のとおり選任した。なお、被選任者は、その就任を承諾した。

　職務執行者　　東京都新宿歌舞伎町九丁目８番○号　　山田太郎

　上記の決議を明確にするため、この議事録をつくり、出席取締役及び出席監査役の全員がこれに記名押印する。

　　　　　令和○年６月３日

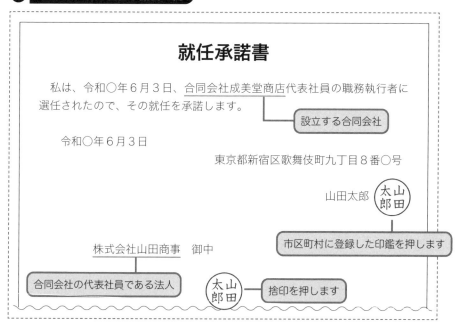

就任承諾書

　私は、令和〇年6月3日、合同会社成美堂商店代表社員の職務執行者に
選任されたので、その就任を承諾します。

設立する合同会社

　　令和〇年6月3日

東京都新宿区歌舞伎町九丁目8番〇号

山田太郎 （山田太郎 印）

市区町村に登録した印鑑を押します

株式会社山田商事　　御中

合同会社の代表社員である法人

（山田太郎 印）　捨印を押します

設立登記申請書　　　　　　　　　会社法人等番号を記載する場合

合同会社設立登記申請書

　　　　フリガナ　　　　　　　　　　　　　　　セイビドウショウテン
1. 商号　　　　　　　　　　合同会社成美堂商店
1. 本店　　　　　　　　　　東京都港区六本木一丁目2番○号
1. 登記の事由　　　　　　　設立の手続終了
1. 登記すべき事項　　　　　別添CD-Rのとおり
1. 課税標準金額　　　　　　金300万円
1. 登録免許税　　　　　　　金6万円
1. 添付書類

　　　　定款　　　　　　　　　　　　　　　　　1通
　　　　代表社員、本店所在地及び資本金決定書　1通
　　　　代表社員の就任承諾書　　　　　　　　　1通
　　　　登記事項証明書　　添付省略
　　　　（会社法人等番号　1111-11-111111）
　　　　取締役会議事録（職務執行者の選任に関する書面）　1通
　　　　職務執行者の就任承諾書　　　　　　　　1通
　　　　払込みがあったことを証する書面　　　　1通

上記のとおり登記の申請をします。
　　　令和○年6月4日

> 登記事項証明書を添付省略する場合には、このように記載します

　本店　━東京都港区六本木一丁目2番○号
　　　　申請人　合同会社成美堂商店━　商号

　　　　東京都新宿区新宿六丁目6番○号━　代表社員の住所
　　　　代表社員　株式会社山田商事

　　　　東京都新宿区歌舞伎町九丁目8番○号━　職務執行者の住所
　　　　職務執行者　山田太郎（成美堂商店）

> 代表者が設立の登記の際に登記所に届け出る印（会社代表者印）を押します

　　　　連絡先の電話番号　03-7777-7777

　東京法務局　港出張所　御中

（成美堂商店）━　捨印を押します

商業登記簿の社員欄には業務執行社員などの旧氏も記録できる

　平成27年2月27日から商業登記簿(履歴事項全部証明書等)に業務執行社員などの婚姻前の氏(旧姓)も記録することができるようになりました。また、令和4年9月1日から、併記可能な旧氏の範囲が拡大され、婚姻前の旧氏に限らず、養子縁組前の旧氏や、離婚後婚姻中の旧氏なども併記可能となりました。以下のように、戸籍名に加えて旧氏が括弧書きで併記されます。

業務執行社員　　山田花子(田中花子)

　業務執行社員、代表社員や職務執行者(代表社員が法人の場合)になる方が、設立の登記申請をするときに、旧氏の記録を望む場合には申し出をします(令和4年9月1日からは、登記の申請時以外の申出も可能)。その登記の申請書には、必要事項を記載して、これらを証する書面を添付しなければなりません。

合同会社設立登記申請書の記載の仕方

　登記申請書の「上記のとおり登記の申請をします。」と「申請の年月日(123ページであれば、令和○年6月4日)」の間に右のように記載します。

　なお、合同会社設立登記申請書が1ページで収まらず、2ページとなった場合は、契印(151ページ)をします。

旧氏を証する書面

　旧氏を証する書面として、戸籍の全部事項証明書・個人事項証明書・一部事項証明書、戸籍謄本・抄本等も合同会社設立登記申請書に添付して、登記申請をすることになります。

登記すべき事項の記載の仕方

　業務執行社員、代表社員や職務執行者(代表社員が法人の場合)になる方が、旧氏の記録を望む場合には、登記すべき事項(別紙やＣＤ−Ｒなど)の「氏名」を以下のように記載します(旧氏を括弧書き)。

（1）業務執行社員、代表社員の場合

「氏名」山田花子(田中花子)

（2）職務執行者(代表社員が法人の場合)の場合

「氏名」職務執行者　山田花子(田中花子)

合同会社設立登記申請書

（省略）

上記のとおり登記の申請をします。

　　下記の者につき、旧氏を記録するよう申し出ます。
　　なお、旧氏を証する書面として、
□戸籍の全部事項証明書・個人事項証明書・一部事項証明書、
　戸籍謄本・抄本
□その他(　　　　　　　　)
を添付します。
　　　　　　　　　　　　　　　記
　　旧氏をも記録する者の資格及び氏名
　　　　　　資格　業務執行社員及び代表社員
　　　　　　氏名　山田花子
　記録すべき旧氏 田中

　　　令和○年6月4日

どちらかの□にチェックを入れます　（省略）

印鑑届書を作成する

印鑑届書の提出は申請書と同時にする

　合同会社設立登記申請書には、設立後の合同会社を代表すべき代表社員（代表者）が記名押印することになっています。そして、その**申請書に押印すべき人は、あらかじめ、その印鑑を登記所に提出しなければならない**ことになっています。印鑑の提出とは、具体的には「印鑑届書」に一定事項を黒色のボールペンで記載し、かつ、押印をし、提出することになります。また、「あらかじめ提出」ではなく、申請書と同時に提出しても実際には問題ありませんので、同時に提出するのが一般的です。

　なお、印鑑届書の用紙はＢ５判のクリーム色の様式ですが、登記所にて無料で手に入ります。また、法務省ホームページ「印鑑（改印）届書」（https://houmukyoku.moj.go.jp/homu/content/001188212.pdf）にも掲載してありますので、それを利用するのもよいでしょう。Ｂ５サイズの用紙で印刷するのが理想ですが、ない場合はＡ４サイズの用紙で印刷しても、現状、登記所では受理されています。印刷した後に押印するので、会社代表者印の規格（58ページ）を満たしているかどうかわかるためです。

ア　印鑑届出事項（印鑑届書の記載事項）

　印鑑届出事項は、合同会社の商号および本店のほか、当該代表社員の資格、氏名および出生の年月日とされています。

イ　添付書面

　この届書に押した印鑑につき、市区町村長の作成した印鑑登録証明書（作成後3か月以内のもの）を添付します（届出する代表者が自然人の場合）。

ウ　押印

　印鑑（改印）届書の左上（右ページ「記載押印例」内の左上の注１）の四角の中に、登記所に提出する印鑑（いわゆる会社代表者印）を押印します。また、中央右側の（注３）の四角の中に、届出人の実印を押印します。届出人である会社代表者が自然人である場合は、市区町村に登録済みの印鑑を押印します。なお、印鑑（改印）届書は会社代表者本人ではなく、代理人が届け出ることもできます。

● 個人―印鑑（改印）届書　　　会社代表者本人が届け出る場合の記載押印例

印鑑届書を作成する

印　鑑　（改印）　届　書

※ 太枠の中に書いてください。

（地方）法務局　　　支局・出張所　　　　年　　月　　日　届出

（注1）（届出印は鮮明に押印してください。）	商号・名称	合同会社成美堂商店
成美堂商店（提出する印鑑）	本店・主たる事務所	東京都港区六本木一丁目2番○号
	印鑑提出者　資格	代表取締役・取締役・代表理事　理事・（　代表社員　）
	氏名	山田太郎
	生年月日	大・⑲昭・平・西暦　55年 5月 5日生

□ 印鑑カードは引き継がない。

（注2）□ 印鑑カードを引き継ぐ。

印鑑カード番号

前任者

届出人（注3）　☑ 印鑑提出者本人　　□ 代理人

会社法人等番号	

市区町村に登録済の印鑑

（注3）の印（市区町村に登録した印）※ 代理人は押印不要

太山郎田

住所　東京都新宿区歌舞伎町九丁目8番○号

フリガナ　ヤマダタロウ

氏名　山田太郎

委　任　状

私は，（住所）

　　（氏名）

を代理人と定め，□印鑑（改印）の届出，□添付書面の原本還付請求及び受領
の権限を委任します。

　　　年　　月　　日

住所

氏名　　　　　　　　　　　　　　　　　　印　（注3）の印［市区町村に登録した印鑑］

□　市区町村長作成の印鑑証明書は，登記申請書に添付のものを援用する。（注4）

（注1）　印鑑の大きさは，辺の長さが1cmを超え，3cm以内の正方形の中に収まるものでなければなりません。

（注2）　印鑑カードを前任者から引き継ぐことができます。該当する□にレ印をつけ，カードを引き継いだ場合には，その印鑑カードの番号・前任者の氏名を記載してください。

（注3）　本人が届け出るときは，本人の住所・氏名を記載し，市区町村に登録済みの印鑑を押印してください。代理人が届け出るときは，代理人の住所・氏名を記載（押印不要）し，委任状に所要事項を記載し（該当する□にはレ印をつける），本人が市区町村に登録済みの印鑑を押印してください。なお，本人の住所・氏名が登記簿上の代表者の住所・氏名と一致しない場合には，代表者の住所又は氏名の変更の登記をする必要があります。

（注4）　この届書には作成後3か月以内の本人の印鑑証明書を添付してください。登記申請書に添付した印鑑証明書を援用する場合（登記の申請と同時に印鑑を届け出た場合に限る。）は，□にレ印をつけてください。

印鑑処理年月日					
印鑑処理番号	受付	調査	入力	校合	

（乙号・8）

書式内の（注1）〜（注4）は、実際の書式に記載されているもの。

印　鑑　（　改　印　）　届　書

※ 太枠の中に書いてください。

（地方）法務局　　　支局・出張所　　　年　月　日　届出

	商号・名称	合同会社成美堂商店

提出する印鑑

本店・主たる事務所　東京都港区六本木一丁目2番○号

印鑑提出者

資　格	代表取締役・取締役・代表理事 理事・（　　代表社員　　）
氏　名	山田太郎
生年月日	大・昭・平・西暦　55年 5月 5日生

□ 印鑑カードは引き継がない。
（注2）□ 印鑑カードを引き継ぐ。
　印鑑カード番号
　前任者

会社法人等番号

届出人（注3）　□ 印鑑提出者本人　☑ 代理人

代理人は押印不要

（注3）の印
（市区町村に登録した印）
※ 代理人は押印不要

住　所　東京都渋谷区渋谷九丁目9番○号
フリガナ　シブヤジロウ
氏　名　渋谷次郎

委　任　状

私は、(住所) 東京都渋谷区渋谷九丁目9番○号
　　(氏名) 渋谷次郎
を代理人と定め、☑印鑑(改印)の届出、□添付書面の原本還付請求及び受領の権限を委任します。
　　令和 ○ 年 6 月 3 日
　住　所　東京都新宿区歌舞伎町九丁目8番○号
　氏　名　山田太郎

市区町村に登録済の印鑑

山田太郎 （注3）の印
市区町村に登録した印鑑

□　市区町村長作成の印鑑証明書は、登記申請書に添付のものを援用する。（注4）

（注1）　印鑑の大きさは、辺の長さが1cmを超え、3cm以内の正方形の中に収まるものでなければなりません。
（注2）　印鑑カードを前任者から引き継ぐことができます。該当する□にレ印をつけ、カードを引き継いだ場合には、その印鑑カードの番号・前任者の氏名を記載してください。
（注3）　本人が届け出るときは、本人の住所・氏名を記載し、市区町村に登録済みの印鑑を押印してください。代理人が届け出るときは、代理人の住所・氏名を記載（押印不要）し、委任状に所要事項を記載し（該当する□にはレ印をつける）、本人が市区町村に登録済みの印鑑を押印してください。なお、本人の住所・氏名が登記簿上の代表者の住所・氏名と一致しない場合には、代表者の住所又は氏名の変更の登記をする必要があります。
（注4）　この届書には作成後3か月以内の本人の印鑑証明書を添付してください。登記申請書に添付した印鑑証明書を援用する場合（登記の申請と同時に印鑑を届け出た場合に限る。）は、□にレ印をつけてください。

印鑑処理年月日					
印鑑処理番号	受　付	調　査	入　力	校　合

（乙号・8）

書式内の(注1)～(注4)は、実際の書式に記載されているもの。

職務執行者が印鑑を提出する場合

　設立後の合同会社を代表すべき代表社員(代表者)が法人である場合には、**当該社員の職務執行者が登記所に印鑑を提出する**こととなります。その場合の取扱いについては、次のとおりとされています。

ア　印鑑届出事項(印鑑届書の記載事項)

　印鑑届出事項は、合同会社の商号及び本店の他、当該代表社員の資格、商号または名称および本店並びに当該職務執行者の氏名及び出生の年月日とされています。

イ　添付書面

　添付書面は下記の**(1)**、**(2)**となっています。

(1)合同会社の代表者が法人であり、その職務執行者が当該法人の代表者である場合の添付書面

①職務執行者が登記所に当該法人の印鑑を提出している場合

- 登記所の作成した法人の代表者の資格を証する書面(代表者事項証明書)で作成後3月以内のもの(当該法人の会社法人等番号を記載した場合は添付不要)

②職務執行者が登記所に当該法人の印鑑を提出していない場合

- 登記所の作成した法人の代表者の資格を証する書面(代表者事項証明書)で作成後3月以内のもの(当該法人の会社法人等番号を記載した場合は添付不要)
- 市区町村長が作成した職務執行者の印鑑証明書で作成後3月以内のもの

(2)合同会社の代表者が法人であり、その職務執行者が当該法人の代表者以外の者である場合の添付書面

①法人の代表者が登記所に印鑑を提出している場合

- 登記所の作成した法人の代表者の資格を証する書面(代表者事項証明書)で作成後3月以内のもの(当該法人の会社法人等番号を記載した場合は添付不要)
- 法人の代表者が職務執行者の印鑑に相違ないことを保証した書面(保証書。150ページ)(登記所に提出している印鑑を押印する。)

②法人の代表者が登記所に印鑑を提出していない場合

- 登記所の作成した法人の代表者の資格を証する書面(代表者事項証明書)で作成後3月以内のもの(当該法人の会社法人等番号を記載した場合は添付不要)
- 法人の代表者が職務執行者の印鑑に相違ないことを保証した書面(保証書。150ページ)(法人の代表者が市区町村に登録済みの印鑑を押印する)
- 市区町村長が作成した法人の代表者の印鑑証明書で作成後3月以内のもの

印鑑届書を作成する

● **代表者と職務執行者が同一人で「ある場合」と「ない場合」**

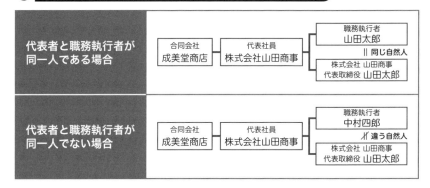

● **法人─印鑑(改印)届書** 代表社員が法人であり、代表者と職務執行者が同一人である場合

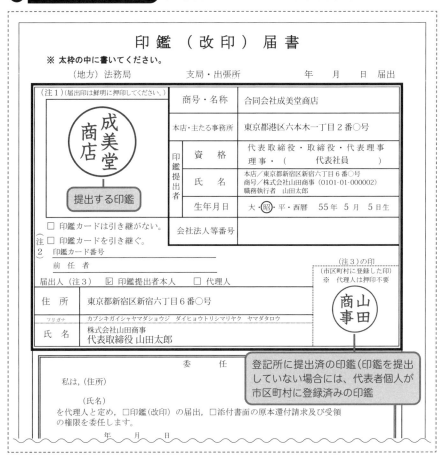

代表社員が法人で、代表者と職務執行者が同一人でない場合

印　鑑　（改印）　届　書

※ **太枠の中に書いてください。**

　（地方）法務局　　　　支局・出張所　　　　年　月　日　届出

(注1)(届出印は鮮明に押印してください。) 【提出する印鑑】	商号・名称	合同会社成美堂商店
	本店・主たる事務所	東京都港区六本木一丁目2番○号
	印鑑提出者 資格	代表取締役・取締役・代表理事 理事・（　　代表社員　　）
	氏名	本店／東京都新宿区新宿六丁目6番○号 商号／株式会社山田商事 (0101-01-000002) 職務執行者　中村四郎
	生年月日	大・昭・平・西暦　60年　6月　6日生

□ 印鑑カードは引き継がない。
(注2) □ 印鑑カードを引き継ぐ。
印鑑カード番号
前　任　者

会社法人等番号

【職務執行者の印鑑】

(注3)の印
〔市区町村に登録した印〕
□ 代理人は押印不要

届出人 (注3)　☑ 印鑑提出者本人　□ 代理人

住　所　東京都江戸川区中央一丁目1番○号

フリガナ　ナカムラシロウ

氏　名　中村四郎

委　任　状

　私は,（住所）

　　　（氏名）
を代理人と定め,□印鑑(改印)の届出,□添付書面の原本還付請求及び受領
の権限を委任します。
　　　年　月　日

　住　所

　氏　名　　　　　　　　　　　　　　　　　　　　印
　　　　　　　　　　　　　　　　　　　　〔市区町村に登録した印〕

□　**市区町村長作成の印鑑証明書は，登記申請書に添付のものを援用する。**　(注4)

(注1)　印鑑の大きさは，辺の長さが1cmを超え，3cm以内の正方形の中に収まるものでなければなりません。
(注2)　印鑑カードを前任者から引き継ぐことができます。該当する□にレ印をつけ，カードを引き継いだ場合には，その印鑑カードの番号・前任者の氏名を記載してください。
(注3)　本人が届け出るときは，本人の住所・氏名を記載し，**市区町村に登録済みの印鑑**を押印してください。代理人が届け出るときは，代理人の住所・氏名を記載（押印不要）し，委任状に所要事項を記載（該当する□にはレ印をつける），本人が**市区町村に登録済みの印鑑**を押印してください。なお，本人の住所・氏名が登記簿上の代表者の住所・氏名と一致しない場合には，代表者の住所又は氏名の変更の登記をする必要があります。
(注4)　この届書には作成後3か月以内の**本人の印鑑証明書**を添付してください。登記申請書に添付した印鑑証明書を援用する場合（登記の申請と同時に印鑑を届け出た場合に限る。）は，□にレ印をつけてください。

印鑑処理年月日					
印鑑処理番号	受　付	調　査	入　力	校　合	

（乙号・8）

書式内の(注1)～(注4)は、実際の書式に記載されているもの。

保　証　書

（提出する印鑑）

商号　合同会社成美堂商店

本店　東京都港区六本木一丁目２番○号

代表社員　東京都新宿区新宿六丁目６番○号
　　　　　株式会社山田商事
　　　　　職務執行者　中村四郎
生年月日　昭和60年６月６日

上記印鑑が当社職務執行者 中村四郎 の印鑑に相違ないことを保証します。

令和○年６月３日

本　店　東京都新宿区新宿六丁目６番○号

商　号　株式会社山田商事

代表者　代表取締役　山田太郎

法務局に提出済の印鑑
（印鑑を提出していない場合には、法人の代表者個人の市区町村に登録済みの印鑑）

> Ａ４用紙で作成します。テンプレートは法務省ＨＰ
> (https://houmukyoku.moj.go.jp/homu/content/001328730.docx)
> でダウンロードできます

設立登記申請書を綴じる

設立登記申請書の綴じ方

　登記申請書の綴じ方には一定のルールがあります。定款を電子定款とした場合は、電子定款が保存されている電磁的記録媒体（CD－Rなど）も一緒に、登記の申請の際に提出します。「登記すべき事項」を別紙ではなく電磁的記録媒体で提出する場合には、登記申請書の「登記すべき事項」の記載は「別紙のとおり」ではなく「別添CD－Rのとおり」などとなります。また、下記の書類のうち別紙が必要なくなります。

（１）別紙を申請書と合てつして契印する方法（公的な方法）

A　登記申請書など
　　①登記申請書（登記申請書、別紙、収入印紙貼付台紙）
　　②登記申請書に記載がある添付書類
B　印鑑届書
C　印鑑届書に添付する書類
　　（代表社員が自然人であれば市区町村長の作成した印鑑証明書）

　書類**A**を、上から登記申請書、別紙（申請書と合てつする場合）、収入印紙貼付台紙、添付書類（登記申請書に記載がある順番通り）の順番に重ね、左側２箇所をステープラーで留めます。

　ステープラーで留めた後、**登記申請書、別紙（登記すべき事項）、収入印紙貼付台紙の各ページのつづり目に契印する**必要があります。なお、合同会社設立登記申請書が１ページで収まらず、２ページとなった場合は、登記申請書（１ページ目）、登記申請書（２ページ目）、別紙、収入印紙貼付台紙の各ページのつづり目に契印をします。契印は、登記申請書に押した印鑑（代表社員が登記所に提出した印鑑または代理人の印鑑）と同一の印鑑を使用する必要があります。なお、収入印紙貼付台紙と定款（最初の添付書類）、添付書類間の間に契印は必要ありません。

　そして、書類**A**、**B**、**C**を大きなクリップで留めて、登記の申請の際に提出します。

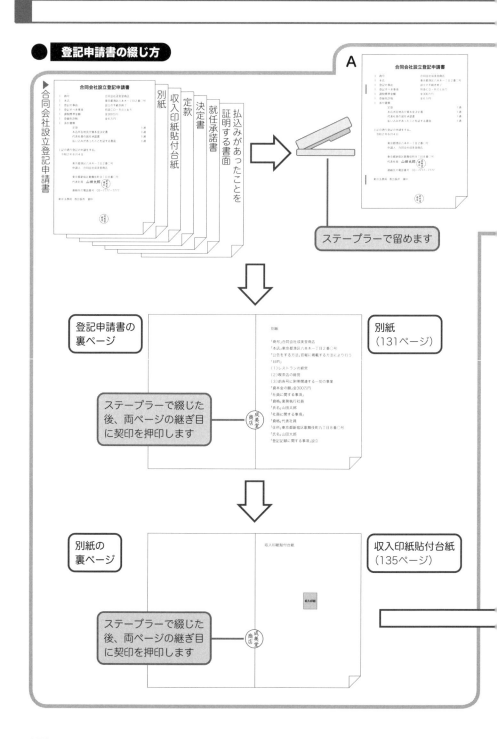

登記申請書の綴じ方

ステープラーで留めます

登記申請書の
裏ページ

別紙
（131ページ）

ステープラーで綴じた
後、両ページの継ぎ目
に契印を押印します

別紙の
裏ページ

収入印紙貼付台紙
（135ページ）

ステープラーで綴じた
後、両ページの継ぎ目
に契印を押印します

設立登記申請書を綴じる

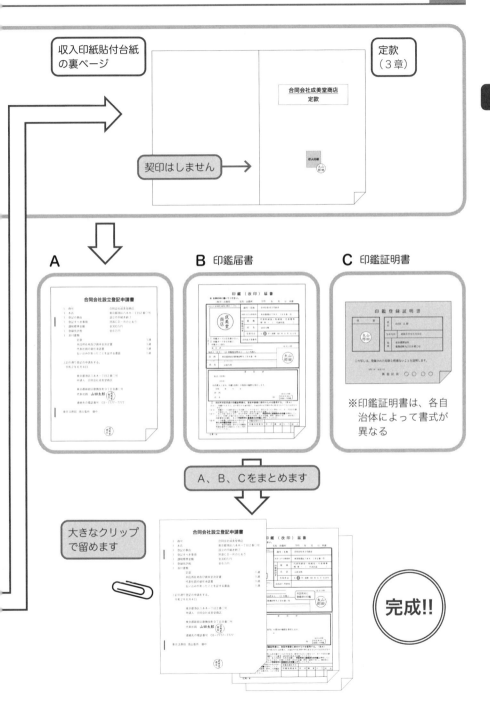

収入印紙貼付台紙
の裏ページ

定款
（3章）

契印はしません

A

B 印鑑届書

C 印鑑証明書

※印鑑証明書は、各自
治体によって書式が
異なる

A、B、Cをまとめます

大きなクリップ
で留めます

完成!!

153

■（2）別紙に押印、捨印をする方法

別紙を申請書と合てつしない場合は、以下のとおりとなります。

A　登記申請書など
　　①登記申請書（登記申請書、収入印紙貼付台紙）
　　②登記申請書に記載がある添付書類
B　印鑑届書
C　印鑑届書に添付する書類
D　別紙（申請書と合てつしないので、押印と捨印を忘れずに）

　書類**A**を、上から登記申請書、収入印紙貼付台紙、添付書類（登記申請書に記載
がある順番通り）の順番に重ね、左側をステープラーで留めます。

　ステープラーで留めた後、登記申請書、収入印紙貼付台紙の**つづり目に契印す
る必要があります。**契印は，登記申請書に押した印鑑（代表社員が登記所に提出し
た印鑑又は代理人の印鑑）と同一の印鑑を使用する必要があります。なお、収入印
紙貼付台紙と定款（最初の添付書類）、添付書類間の間に契印は必要ありません。

　そして、**A**、**B**、**C**、**D**の書類を大きなクリップで留め、登記の申請の際に提
出します。

● **別紙に押印、捨印**

別紙

「商号」合同会社成美堂商店
「本店」東京都港区六本木一丁目２番○号
「公告をする方法」官報に掲載する方法により行う
「目的」
（１）レストランの経営
（２）喫茶店の経営
（３）前各号に附帯関連する一切の事業
「資本金の額」金300万円
「社員に関する事項」
「資格」業務執行社員
「氏名」山田太郎
「社員に関する事項」
「資格」業務執行社員
「氏名」渋谷次郎
「社員に関する事項」
「資格」代表社員
「住所」東京都新宿区歌舞伎町九丁目８番○号
「氏名」山田太郎
「登記記録に関する事項」設立

登記申請書の綴じ方

別紙に押印、捨印をする方法

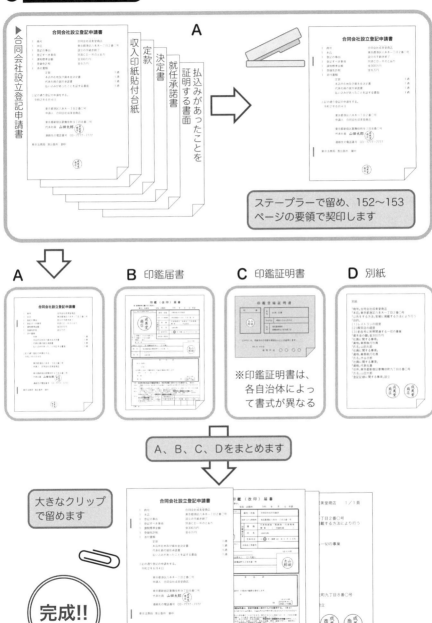

ステープラーで留め、152〜153ページの要領で契印します

A　B　印鑑届書　C　印鑑証明書　D　別紙

※印鑑証明書は、各自治体によって書式が異なる

A、B、C、Dをまとめます

大きなクリップで留めます

完成!!

設立登記申請書を綴じる

155

設立登記申請書を提出する

管轄の登記所で登記申請をする

　株式会社の設立は登記期間が定められていますが、合同会社の設立では登記期間の定めがありません。ただし、**合同会社は本店所在地において設立の登記をすることによって成立する**ので、速やかに登記の申請をしましょう。

　会社の設立登記では、代表者（代表社員となる者）が会社を代表して登記の申請をします。なお、代理人によって登記申請することも認められています。

　登記申請は会社の本店所在地を管轄する登記所（法務局もしくは地方法務局もしくはこれらの支局またはこれらの出張所）で行います。

　管轄登記所については、法務局ホームページ「管轄のご案内」（https://houmukyoku.moj.go.jp/homu/static/kankatsu_index.html）をご覧ください。受付時間は、国民の祝日に関する法律に規定する休日及び年末年始の休日を除く月曜日から金曜日までの午前8時30分〜午後5時15分となっています。そして、**却下などがない限り、登記申請日（登記年月日）が会社設立日となります。**

　登記申請時には、登記完了予定日がいつになるかを確認してください。通常、登記完了予定日が記載された紙面を渡してもらえるか、登記申請受付の窓口に予定日が示されていますが、そうでない場合は、受付を担当している人に登記完了予定日がいつなのかを確認しましょう。

　登記の申請は登記所に出向くのではなく、郵送で行うこともできます。その場合には、登記申請書の「申請の年月日」は郵送日を記載するか空欄にしておきます。郵送は、普通郵便でも差し支えありませんが、なるべく到達の確認が可能な書留などで送付してください（封筒の適宜の箇所に「登記申請書在中」と明記すること）。郵送による場合の登記年月日は、申請書が登記所に届き、受付手続を行った日になります。そのため、**特定の日を会社設立日と希望する場合は、郵送ではなく、登記所に出向いて申請書を出しましょう。**

　また、オンラインによる登記申請でも可能ですが、会社設立の登記1回のためにわざわざ環境を整えるのは一般的ではありません。興味がある方は、法務省ホームページ「商業・法人登記のオンライン申請について」（https://www.moj.go.jp/MINJI/minji60.html）をご覧ください。

申請書の軽微な誤りは補正できる

　登記申請をしたら、即、登記完了というわけではありません。登記所の登記官は、登記の申請書を受け付けてから、必要な事項を調査して、申請に応じた登記をするのか、あるいは申請を「却下」するのかを決定します。原則的に、申請書(及び添付書類)の記載に誤りがある場合は、登記をすることはできませんが、その誤りが即日訂正できるような軽微なものである場合などには、**申請人が誤りを訂正すれば、最初から適正な申請があったものとして登記をすることができます。**このように、**申請人が、申請書の軽微な誤りを訂正することを「補正」といいます。**

　通常、補正が必要な場合、登記所から「補正が必要なので来庁してください」と登記申請書に記載してある電話番号に連絡があります。ただし、補正が必要だけれども連絡がない(連絡が取れなかった)場合もあるので、登記完了予定日に登記申請をした登記所に「登記が完了した」かどうかを電話で確認してください。なお、補正の場合は、電話で印鑑等何が必要か確認してください。

　申請書を補正する場合は、申請をした登記所に赴いて、担当官の指示に従って申請書の記載を訂正してください。訂正印は、申請書等に押印した印鑑と同じ印を使用しなければなりません。

　なお、**申請書の記載に重大な誤りがあって、すぐに補正できないような場合は、申請人は登記の申請を取り下げることができます。**この場合は、登記の申請は初めからなかったことになります。このような手続を「取下げ」といいます。「取下げ」が必要な重大な誤りの例として、会社の本店の所在地を管轄していない登記所に申請した場合などが挙げられます。

　「補正」や「取下げ」が必要なのに、申請人が長期間行わないと、登記官により申請の「却下」がされてしまいますので、速やかに対応しましょう。

申請書に誤りがあった場合

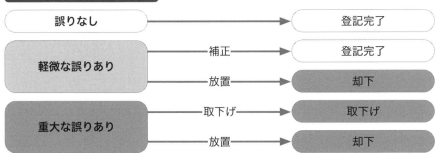

「却下」とは登記官が申請を認めないこと。却下された申請書は返却されない。

原本還付（添付書面の還付）を請求する場合

　登記申請書の添付書面は原本を使用するのが原則であり、登記所へ提出したら基本的に戻ってきません。会社設立登記時に、どのような添付書面を提出したかを記録として残したい場合は、作成した書面一式をコピーしておくとよいでしょう。

　ただし、どうしても会社として、原本を保管する必要があるもの、または保管したいものについては、その原本の還付（返還）を請求することができます。

　この場合には、必要となる書面のコピーを作成し、そのコピーに「これは原本と相違ありません。」と記載の上、申請書に押印した人がそのコピーに署名（記名）押印します。なお、「払込みがあったことを証する書面」のように、書面が2枚以上になるときは、各用紙のつづり目ごとに契印をします。

　そして、そのコピーに登記所に備え付けの「原本還付」のゴム印（赤色）を押します。上記のことがすべて終わったら、そのコピーを登記申請書にステープラーで留め、添付します。原本は、大きなクリップで留めて登記申請書に添付します。そして、登記所の窓口で「○○書面の原本還付を希望します」と伝えて、書面一式を提出します。また、代理人が登記申請をする場合には、登記の委任状に「原本還付の請求及び受領の件」という記載もします。なお、委任状など原本還付ができない場合もあるので、申請書を提出する際には、登記所に確認してください。

登記申請に必要な書類リスト ― 4章の最終確認

下記の登記申請に必要な書類（1）と（2）を、登記所に提出します。

（1）合同会社設立登記申請書に必要な書類

ア　金銭出資のみの場合

チェック	書類の名称	参照ページ
☐	合同会社設立登記申請書	122
☐	登記すべき事項（別紙 or 電磁的記録媒体[CD-Rなど]）	127
☐	収入印紙貼付台紙（資本金の額の1000分の7の額に相当する収入印紙。ただし，最低6万円）	134
☐	定款（紙 or 電磁的記録媒体[CD-Rなど]）	3章
☐	代表社員、本店所在地及び資本金決定書 （定款の記載により、決定書の名称が変わる）	102
☐	代表社員の就任承諾書	108
☐	払込みがあったことを証する書面（通帳のコピーを含む）	111

イ　現物出資がある場合、上記（ア）のほかにプラスで必要な書類

チェック	書類の名称	参照ページ
☐	財産引継書（給付があったことを証する書面）	118
☐	資本金の額の計上に関する証明書	120

ウ　法人が社員となる場合、上記（ア／イ）の他にプラスで必要な書類

チェック	書類の名称	参照ページ
法人が代表社員となる場合		
☐	登記事項証明書（省略できる場合あり）	137
☐	職務執行者の選任に関する書面	137
☐	職務執行者の就任承諾書	137
法人が業務執行社員となる場合		
☐	登記事項証明書（省略できる場合あり）	138

設立登記申請書を提出する

エ　代理人が申請する場合、上記（ア／イ／ウ）の他にプラスで必要な書類

チェック	書類の名称	参照ページ
☐	委任状	136

（2）印鑑届書に必要な書類

カ　印鑑を届出する代表者が自然人の場合

チェック	書類の名称	参照ページ
☐	印鑑届書	144
☐	市区町村長の作成した印鑑証明書	144

キ　印鑑を届出する代表者が法人の場合

147ページを参照にするようにしてください。

法人設立ワンストップサービス

　会社を設立する際には、複数の各種手続を行政機関毎にそれぞれ個別に行う必要があります。会社設立の登記のために登記所に申請を行うだけでなく、会社設立後、税務署等にも届け出をする必要があります。会社を設立しようと思う人がいても、いろいろな役所に足を運ばなくてはならず、大変な状況といえます。

　デジタル庁にて運営されている「法人設立ワンストップサービス(https://app.e-oss.myna.go.jp/Application/ecOssTop/)」では、法人設立に関する各省庁の手続を一度にまとめてオンライン申請できます。

　利用料はかからずに、メンテナンス等による停止時間を除き、24時間利用できます(問い合わせ窓口の対応時間は、年末年始を除く平日の9時30分～18時30分)。

　現時点では会社設立のために使う人は少ない状況といえますが、数年後には使いやすくなって、利用者は増えている可能性をもった今後に期待できるサービスだといえます(デジタル庁自体が発足間もないので仕方がない部分があると思います)。

■ 本サービスを利用するための必要なもの

- マイナンバーカード

(PCまたはタブレットで申請する場合)
- ICカードリーダライタまたは、マイナポータルアプリがインストールされているスマートフォン

(スマートフォンで申請する場合)
- マイナポータルアプリがインストールされているスマートフォン

■ 本サービスで行える設立に関する主な手続き

	手続き
公証役場	電磁的記録の認証の嘱託(定款認証) (合同会社の場合は、必要ない)
登記所(法務局)	設立登記の申請
税務署	●法人設立届出 ●青色申告の承認申請 ●棚卸資産の評価方法の届出 ●減価償却資産の償却方法の届出 ●有価証券の一単位当たりの帳簿価額の算出方法の届出 ●給与支払事務所等の開設等届出 ●源泉所得税の納期の特例の承認に関する申請 ●消費税の新設法人に該当する旨の届出 ●消費税課税事業者選択届出 ●消費税簡易課税制度選択届出 ●電子申告・納税等開始(変更等)届出 ●適格請求書発行事業者の登録申請
地方公共団体	●法人設立・設置届(都道府県) ●法人設立・設置届(市町村)
年金事務所	健康保険・厚生年金保険　新規適用届
労働基準監督署	●保険関係成立届(継続)(一元適用) ●保険関係成立届(継続)(二元適用労災保険分)
公共職業安定所	●雇用保険の事業所設置の届出 ●雇用保険被保険者資格取得届
デジタル庁	GビズIDプライムアカウント発行申請

　GビズIDとは、デジタル庁が運営(https://gbiz-id.go.jp/top/index.html)している複数の行政サービスを1つのアカウントにより、利用することのできる認証システムです。GビズIDには、プライム、メンバー、エントリーという3種類のアカウントがありますが、プライムが最上位となります。GビズIDプライムアカウントを取得するためには会社代表者または個人事業主の方で、かつ、一定の書類が必要とされますが、使用可能な行政サービスが多数となっています。

5章

設立後に
するべきこと

合同会社設立の登記申請の完了によって、その合同会社は設立したことになりますが、その後も申請者がするべきことは続きます。この章では、設立後にするべき「印鑑証明書」「登記事項証明書」の取得や、預金口座の開設、諸々の届出書の作成と提出の仕方を、実例を示しながら解説します。

印鑑証明書・登記事項証明書を取得する
　印鑑証明書取得のため、印鑑カードを作成する／「印鑑証明書」及び「登記事項証明書」を取得する
預金口座を開設する
　金融機関で預金口座を開設する
諸々の届出書を提出する
　税務署へ会社設立の届けを出す／届出を提出する所轄の税務署を調べる／法人設立届出書／青色申告の承認申請書／青色申告をして、よく利用される特典は2つ／給与支払事務所等の開設届出書／源泉所得税の納期の特例の承認に関する申請書／減価償却資産の償却方法の届出書／令和5年10月1日から始まる消費税インボイス制度とは／消費税で簡易課税制度を選択する／都道府県税事務所及び市町村役場への届出／法人番号の指定・通知制度／社会保険と労働保険の届出

印鑑証明書・登記事項証明書を取得する

印鑑証明書取得のため、印鑑カードを作成する

　登記完了予定日に、登記申請をした登記所に「登記が完了したかどうか」を電話で確認してください。**登記が完了したら、次は「印鑑証明書」と「登記事項証明書」を取得します。**

　会社の印鑑証明書を取得するには、印鑑カードが必要となります。そのため、まず印鑑カードの交付申請をしましょう。

　「印鑑カード交付申請書」の用紙は、登記所の窓口に備え付けてあります。また、法務省ホームページ「印鑑カード交付申請書」(https://houmukyoku.moj.go.jp/homu/content/001328650.pdf)にも掲載されていますので、いずれかをご利用ください。

　「印鑑カード交付申請書」の用紙に一定事項(印鑑届出者である代表社員の生年月日など)を記載し、登記所への届出印(いわゆる会社代表者印)を押印します。

　その後、会社代表者印を押印した「印鑑カード交付申請書」を窓口に提出します。提出後しばらく待てば、当日中に印鑑カードが交付されます。なお、印鑑カードの発行手数料は無料です。

　印鑑カードの交付手続は、東京法務局管内では本店の所在場所を管轄する登記所で行わなければならないとなっています。ただし、本局でしか商業登記申請を扱っていない地域(例えば、千葉)では、出張所や支局でも印鑑カードの交付が可能となっている場合があります(https://houmukyoku.moj.go.jp/chiba/table/shikyokutou/all.html)。もっとも、**登記申請をした登記所で印鑑カードの交付手続をすれば間違いありません**。なお、印鑑カードの交付後に印鑑証明書を請求される場合は、本店の所在場所を管轄する登記所はもちろん、最寄りの登記所がコンピューターで事務処理を行っている庁であれば、その登記所に請求することもできます。

印鑑カード交付申請書の記載例

印鑑カード交付申請書

※ 太枠の中に書いてください。

照合印

（地方）法務局　　支局・出張所　　　年　月　日 申請

（注1）登記所に提出した印鑑の押印欄	商号・名称	合同会社成美堂商店
成美堂商店（印）	本店・主たる事務所	東京都港区六本木一丁目2番○号
	印鑑提出者　資格	代表取締役・取締役・代表社員・代表理事・理事・支配人（　　　　　　　）
	氏名	山田太郎
（印鑑は鮮明に押印してください。）	生年月日	大・昭・平・西暦　55年　5月　5日生
	会社法人等番号	

申　請　人（注2）　☑ 印鑑提出者本人　□ 代理人

| 住　所 | 東京都新宿区歌舞伎町九丁目8番○号 | 連絡先 | ☑勤務先　□自宅 □携帯番号 |
| フリガナ ヤマダタロウ 氏　名　山田太郎 | | | 電話番号 (1111) 1111 |

委　任　状

私は,（住所）

（氏名）

を代理人と定め, 印鑑カードの交付申請及び受領の権限を委任します。

　年　　月　　日

住　所

氏　名　　　　　　　　　　　印（登記所に提出した印鑑）

> 代理人が申請する場合に記載します

（注1）　押印欄には, 登記所に提出した印鑑を押印してください。
（注2）　該当する□にレ印をつけてください。代理人の場合は, 代理人の住所・氏名を記載してください。その場合は, 委任状に所要事項を記載し, 登記所に提出した印鑑を押印してください。

交　付　年　月　日	印　鑑　カ　ー　ド　番　号	担当者印	受領印又は署名

（乙号・9）

「印鑑証明書」及び「登記事項証明書」を取得する

◯ 印鑑証明書

　印鑑証明書の請求には**「印鑑証明書交付申請書」**の他に、**会社代表者に対して登記所が交付した印鑑カードの提示**が必要です。なお、代理人による印鑑証明書の交付請求も可能ですが、その場合にも印鑑カードの提示が必要です（ただし、委任状は不要）。会社の印鑑証明書の手数料は1通あたり450円です。

◯ 登記事項証明書

　登記事項証明書はその会社が実在することを証明するもので、預金口座の開設や諸々の届出書を提出する際などに用いられ、**手数料を納付すれば誰でも取得できる**ことになっています。したがって、交付申請書を出せば、会社代表者以外でも取得することができますし、他社の者でも取得することができます。また、取得する人の資格を証する書面なども必要なく、印鑑の押印も不要です。登記事項証明書には次の4種類があります。

①現在事項全部証明書
　　現在事項全部証明書は、会社成立の年月日などの一部の例外事項を除いて、現在効力を有する事項しか記載されていない。

②履歴事項全部証明書
　　現在事項証明の記載事項に加えて，当該証明書の交付の請求のあった日の3年前の日の属する年の1月1日から請求の日までの間に抹消された事項などが記載されている。例えば、過去に事業目的の変更があった場合には、現在の事業目的だけでなく、過去の事業目的も記載されているということ。一番情報量の多い登記事項証明書である。

③閉鎖事項全部証明書
　　閉鎖した登記記録に記録されている事項が記載されたもの。設立したばかりの会社には関係ないので、無視してかまわない。

④代表者事項証明書
　　資格証明書に代替し得る証明書であり、会社の代表者の代表権に関する登記事項で、現に効力を有する事項が記載されたもの。

● **履歴事項全部証明書の例**

履歴事項全部証明書

東京都港区六本木一丁目２番○号
合同会社成美堂商店

会社法人等番号	○○○○－○○－○○○○○○
商号	合同会社成美堂商店
本店	東京都港区六本木一丁目２番○号
公告をする方法	官報に掲載する方法により行う
会社成立の年月日	令和○年６月４日
目的	（１）レストランの経営 （２）喫茶店の経営 （３）前各号に附帯関連する一切の事業
資本金の額	金300万円
社員に関する事項	業務執行社員　　山　田　太　郎
	業務執行社員　　渋　谷　次　郎
	業務執行社員　　品　川　三　郎
	東京都新宿区歌舞伎町九丁目８番○号 代表社員　　　　山　田　太　郎
登記記録に関する事項	設立　　　　　　　令和○年６月４日登記

これは登記簿に記録されている閉鎖されていない事項の全部であることを証明した書面である。

令和○年６月11日

東京法務局港出張所

登記官　　　　　　　○　○　○　○　

整理番号　0000000　　※　下線のあるものは抹消事項であることを示す。　1／1

なお、会社設立後に都道府県税事務所や銀行、取引先から求められるのは②履歴事項全部証明書です。設立したばかりの会社は、①現在事項全部証明書も②履歴事項全部証明書も記載事項に変わりはないのですが、履歴事項全部証明書を求められることが多いので、そちらを取得するようにしましょう。

　登記事項証明書の手数料は1通につき600円となっています。

■「印鑑証明書」及び「登記事項証明書」の取得

　印鑑カードを交付された後に、印鑑証明書を取得しますが、同時に**登記事項証明書も取得しておきましょう**。都道府県税事務所や取引先などへの提出など、会社が必要な通数だけ取得します。

　印鑑証明書及び登記事項証明書を取得するには、**「印鑑証明書及び登記事項証明書交付申請書」の用紙に一定の事項（印鑑提出者である代表社員の生年月日など）を記載して、手数料分の収入印紙を貼る**必要があります。たいていの登記所では印紙売り場が同じ建物内にあるので、そこで収入印紙が買えます。

　「印鑑証明書及び登記事項証明書交付申請書」の用紙は、登記所の窓口に備え付けてありますし、法務省ホームページ「印鑑証明書及び登記事項証明書交付申請書」（https://houmukyoku.moj.go.jp/homu/content/001188561.pdf）にも掲載されているので、いずれかをご利用ください。

　印鑑カードと、一定の事項を記載して収入印紙を貼った「印鑑証明書及び登記事項証明書交付申請書」の用紙を窓口に提出します。提出後しばらくすると、証明書が交付されます。

　なお、商業・法人登記情報交換システムにより、**証明書は、請求の対象である会社がどこの登記所の管轄であっても、すべての登記所に対して請求することができます**。例えば、大阪市内の登記所（例えば大阪法務局本局）において、東京都千代田区を管轄する東京法務局本局に登記された会社の証明書を請求し、交付を受けることができます。

　ただし、**会社設立後、初めて証明書を取得するのは、印鑑カードの取得と同日に行うのが一般的**なので、印鑑カードが交付された登記所で取得することになります。

● **印鑑証明書及び登記事項証明書交付申請書の記載例**

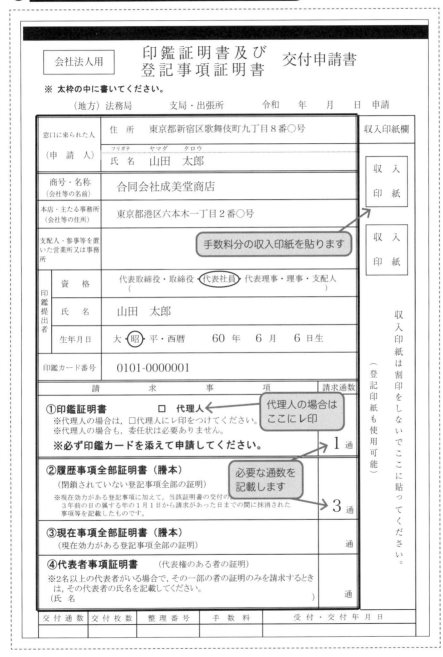

<table>
<tr><td colspan="2">会社法人用</td><td colspan="2">印鑑証明書及び
登記事項証明書</td><td>交付申請書</td></tr>
</table>

会社法人用　印鑑証明書及び　登記事項証明書　交付申請書

※ 太枠の中に書いてください。

（地方）法務局　　支局・出張所　　令和　年　月　日 申請

窓口に来られた人 （申　請　人）	住　所	東京都新宿区歌舞伎町九丁目8番○号	収入印紙欄
	フリガナ　　ヤマダ　タロウ 氏　名　　山田　太郎		収　入 印　紙
商号・名称 （会社等の名前）	合同会社成美堂商店		
本店・主たる事務所 （会社等の住所）	東京都港区六本木一丁目2番○号		収　入 印　紙
支配人・参事等を置 いた営業所又は事務 所			

手数料分の収入印紙を貼ります

印鑑提出者	資　格	代表取締役・取締役・(代表社員)・代表理事・理事・支配人 （　　　　　　　　　　　　　　　）
	氏　名	山田　太郎
	生年月日	大・(昭)・平・西暦　60 年　6 月　6 日生

| 印鑑カード番号 | 0101-0000001 |

収入印紙は割印をしないでここに貼ってください。
（登記印紙も使用可能）

請　求　事　項	請求通数
①印鑑証明書　　　　　　　□　代理人← ※代理人の場合は，□代理人にレ印をつけてください。 ※代理人の場合も，委任状は必要ありません。 **※必ず印鑑カードを添えて申請してください。**	1 通
②履歴事項全部証明書（謄本） 　（閉鎖されていない登記事項全部の証明） ※現在効力がある登記事項に加えて，当該証明書の交付の 　3年前の日の属する年の1月1日から請求があった日までの間に抹消された 　事項等を記載したものです。	3 通
③現在事項全部証明書（謄本） 　（現在効力がある登記事項全部の証明）	通
④代表者事項証明書　　　（代表権のある者の証明） ※2名以上の代表者がいる場合で，その一部の者の証明のみを請求するとき は，その代表者の氏名を記載してください。 （氏　名　　　　　　　　　　　　　　　）	通

代理人の場合は
ここにレ印

必要な通数を
記載します

交付通数	交付枚数	整理番号	手数料	受付・交付年月日

■ 証明書発行請求機による取得

　登記所によっては、印鑑証明書及び登記事項証明書を請求できるタッチパネル方式の証明書発行請求機を設置しています。これは、請求者自身で画面の案内に従い、タッチパネルにより請求情報の入力を行うものです。

　印鑑証明書を請求する場合には、**証明書発行請求機に印鑑カードを挿入する必要があるため、事前に印鑑カードを取得しておく**必要があります。また、代表者の生年月日の入力が必要になります。なお、機械の操作などわからないことがあった場合は、窓口スタッフに尋ねれば、説明してもらえます。

「印鑑証明書」及び「登記事項証明書」の取得手順

 電話

登記完了予定日に登記申請をした登記所に「登記が完了したかどうか」を電話で確認する。完了していたら次に進む

 登記所

会社代表者印と、「印鑑証明書」及び「登記事項証明書」取得通数分の手数料代相当の現金や収入印紙を持参して登記所に行く

 印鑑カード

一定事項を記載し会社代表者印を押印した「印鑑カード交付申請書」の用紙を窓口に提出する。しばらくしたら、印鑑カードが交付される

 印鑑証明書　登記事項証明書
1通につき450円　　1通につき600円

印鑑カードと、一定事項を記載し収入印紙を貼った「印鑑証明書及び登記事項証明書交付申請書」の用紙を窓口に提出する。しばらくしたら、「印鑑証明書」及び「登記事項証明書」が交付される

　請求内容と手数料を確認後、請求者の名前を入力すると、証明書発行請求機から整理番号票が発行されるので、それを受け取ります。

　整理番号票に記載された手数料額相当の収入印紙を用意し、呼ばれるまで窓口で待ちます。名前を呼ばれたら、整理番号票を窓口スタッフにお渡しください。引き換えに申請用紙が渡されます。渡された申請用紙に、収入印紙を貼って窓口へ提出してください。なお、印鑑証明書を請求された場合には、印鑑カードの提示も必要になります。提出後しばらくしたら、証明書が交付されます。

証明書発行請求機

証明書発行請求機による取得手順

印鑑カード

印鑑カードを取得する

証明書発行請求機

証明書発行請求機画面の案内に従い、請求情報の入力を行う。印鑑証明書を請求する場合には印鑑カードを挿入する

整理番号票

請求内容と手数料を確認後、名前を入力すると、整理番号票が発行されるので受け取る。整理番号票には手数料が記載されている。そして、窓口で名前が呼ばれるまで待つ

印鑑証明書　登記事項証明書

名前を呼ばれたら、整理番号票を窓口スタッフに渡すこと。引き換えに申請用紙が渡される。申請用紙には、収入印紙を貼って窓口へ提出すること。しばらくしたら、「印鑑証明書」及び「登記事項証明書」が交付される

印鑑証明書・登記事項証明書を取得する

預金口座を開設する

金融機関で預金口座を開設する

　合同会社設立後、実際に営業を始めると預金口座が必要になります。取引先への振り込みや送金、公共料金の引き落とし、給料の支払い、税金などの納付、売り上げに対する入金など、**どんなに小さな会社でも預金口座は絶対に必要**です。

　最近、世間では法人名義口座を悪用した、いわゆる投資勧誘詐欺、マネーロンダリングなどの犯罪が数多く発生し、社会問題となっています。そのため、各金融機関は口座開設に慎重になっており、審査に時間をかけています。**口座開設の申し込みから実際の口座開設まで1～2週間程度を要する**ことが多いものです。また最近は、資本金10万円程度ですと、法人口座の開設を拒否されることが多くなっています。

　口座開設の申し込みは、会社の本店の最寄りの金融機関の支店を訪ねましょう。金融機関との取り引きが頻繁になると、最寄りの支店でないと不便だからです。もっとも、遠隔の支店での口座開設を希望しても、金融機関の方から断られることでしょう。口座開設の申込み手続きは、一般的には口座管理者が行います。設立したばかりの小さい会社であるならば、口座管理者は代表者であることがほとんどでしょうから、代表者自らが金融機関を訪ねて行います。

　一般的に、**定款、法人の印鑑証明書、履歴事項全部証明書、手続きをする代表社員の本人を確認する公的資料(運転免許証、健康保険証など)**を要求されることが多いです。その他に、**所轄税務署宛ての法人設立届出書(控)**なども要求されることがあります。金融機関により必要な書類が異なるので、口座開設を希望する金融機関で何が必要なのかを確認しましょう。必要書類は金融機関でコピーをとられることになります。

　定款作成後に「代表者の預金口座」に社員が出資金を入れているはずですが、会社の預金口座が開設されたら、そちらの預金口座に移しかえます。

> 全額移す必要はなく、ある程度の金額は手持ち現金としたほうがよいでしょう

［コラム］ ネット銀行での法人銀行口座開設

　ネット銀行とは、インターネット等を利用した取り引きがメインとなる銀行であり、なかにはまったく実店舗のない銀行もあります。

　最近、会社を設立して法人銀行口座を開設する場合、ネット銀行で口座を開設される方が増えています。理由としては、口座開設が都市型銀行（メガバンク）等に比べて容易であるということです。会社を設立して間もない方が、都市型銀行等で口座開設しようとしてもなかなか難しいのが現状ですが、ネット銀行は比較的容易といえます。

　また、ネットバンキングを利用する際の基本料金や手数料も、都市型銀行等に比べてネット銀行の方が、はるかに安いです。ネットバンキング機能は、ネット銀行の得意な分野といえるからです。

　なお、ネットバンキングのサービスを利用すれば、24時間、振り込みや決済を行えます。毎月の振込や入出金の作業をソフトと連携することで、自動的に手続きも行ってくれます。さらに、クラウド会計等を利用すれば、ネットバンキングと連携できるので、法人銀行口座の取り引きについての経理処理も自動化することが可能です。手打ちで仕訳を1つ1つ入力しなくてもよいので、大分、経理処理が楽になるといえます。

　このように、ネットバンキングの利用しやすさも考えると、ネット銀行での法人銀行口座開設は決して悪いことではありません。ただし、ネット銀行は比較的歴史が浅いため、振込口座をネット銀行の口座に指定すると、取引先によっては信頼度が低いと判断される可能性があります。

　また、Pay-easy（ペイジー。スマートフォンやパソコンから支払いができる決済サービス）を利用すると、公共料金・税金などを、ネットバンキングを利用して支払えます。例えば、税金の支払いを、わざわざ税務署や金融機関等の窓口にいかずに、ネットバンキングを利用して支払えるのですが、一部のネット銀行ではペイジーを利用できません。

　このほか、経営セーフティ共済（中小企業倒産防止共済）の掛金の引き落とし口座にネット銀行の口座が利用できないなど会社運営上不便なことがいくつかあります。ただし、これらの問題も、時間が解決すると考えられています。

諸々の届出書を提出する

 ## 税務署へ会社設立の届けを出す

　会社を設立した後は、**一定期間に所轄の税務署、都道府県税事務所及び市町村役場へ、開業の届出をしなければなりません**。なお、届出をしない場合でも、数か月後には届出をするよう税務署から連絡がくる場合があります。登記が完了しているため、税務署は新しく会社が設立されたことを把握しているからです。

　会社設立後、数か月たってから届出をすると青色申告の承認が1期目では受けられないなど、会社の不利益になることもあるので、すぐに届出をしましょう。

　会社を設立した場合、一般的に以下の届出書の提出をします。

- ●法人設立届出書
- ●青色申告の承認申請書
- ●給与支払事務所等の開設届出書
- ●源泉所得税の納期の特例の承認に関する申請書

また、必要に応じて以下の届出書の提出をします。

- ●減価償却資産の償却方法の届出書
- ●棚卸資産の評価方法の届出書
- ●有価証券の一単位当たりの帳簿価額の算出方法の届出書
- ●消費税関係の届出書

　提出する用紙はすべて無料で、税務署で手に入れることができます。また、国税庁のホームページからもダウンロードできるので、届出に先立って用意しておきましょう。

[提出する用紙の入手先]

法人税関係

(https://www.nta.go.jp/taxes/tetsuzuki/shinsei/annai/hojin/mokuji.htm)

- 法人設立届出書(「内国普通法人等の設立の届出」のページ)
- 青色申告の承認申請書(「青色申告書の承認の申請」のページ)
- 減価償却資産の償却方法の届出書(「減価償却資産の償却方法の届出」のページ)
- 棚卸資産の評価方法の届出書(「棚卸資産の評価方法の届出」のページ)
- 有価証券の一単位当たりの帳簿価額の算出方法の届出書(「有価証券の一単位当たりの帳簿価額の算出方法の届出」のページ)

源泉所得税関係

(https://www.nta.go.jp/taxes/tetsuzuki/shinsei/annai/gensen/mokuji.htm)

- 給与支払事務所等の開設届出書(「給与支払事務所等の開設・移転・廃止の届出」のページ)
- 源泉所得税の納期の特例の承認に関する申請書(「源泉所得税の納期の特例の承認に関する申請」のページ)

消費税関係

(https://www.nta.go.jp/taxes/tetsuzuki/shinsei/annai/shohi/mokuji.htm)

- 適格請求書発行事業者の登録申請書(「適格請求書発行事業者の登録申請手続(国内事業者用)」のページ)
- 消費税課税事業者選択届出書(「消費税課税事業者選択届出手続」のページ)
- 消費税簡易課税制度選択届出書(「消費税簡易課税制度選択届出手続」のページ)

　作成する書類は、税務署提出分と会社控え分の2部を作成しましょう(資本金1億円未満の会社の場合)。作成した2部を税務署に持参し、会社控え分には受領印を押して返却してもらいます。受付時間は、8時30分から17時までです。直接、税務署へ持参せず郵送でも可能です。ただし、その場合、返信用の封筒(宛名明記・切手貼付)を忘れずに同封してください。なお、提出期限は書類によって異なるのでご注意ください。

諸々の届出書を提出する

175

届出を提出する所轄の税務署を調べる

　届出を提出する所轄の税務署がどこなのかを確認します。**国税庁のホームページ**(https://www.nta.go.jp/)の一番下に「●組織(国税局・税務署等・税務大学校)」というリンクがあります。これは、税務署の所在地などを知りたい方へのリンクとなっています。

　「●郵便番号・住所から税務署を調べる」のリンクを押すと、リンク先に飛び、郵便番号から税務署を検索することができますので、設立した会社の納税地(一般的には、本店所在地)の郵便番号を入力して検索してください。管轄する税務署がわかります。

 ## 法人設立届出書

　法人設立届出書とは、設立した会社の基本的な内容を税務署に知らせ、税務署が、その会社の概要を把握するためのものです。**設立の日(設立登記の日)以後2か月以内に一定の事項を記載して「法人設立届出書」を納税地の所轄税務署長に提出しなければなりません**。法人税の納税地(届出書の書式には、単に「納税地」と記してある)とは、本店(または主たる事務所)の所在地となります。なお、「税務署長」に提出となっていますが、実際は税務署の書類提出窓口(1階にあることが多い)で職員に提出します。

　なお、この法人設立届出書には、定款のコピーを1部(資本金1億円以上の会社は2部)添付します。平成29年4月1日以降、「登記事項証明書」の添付が不要となりました。また、令和3年4月1日以降、代表者の押印が不要となりました。

法人設立届出書の記載例

諸々の届出書を提出する

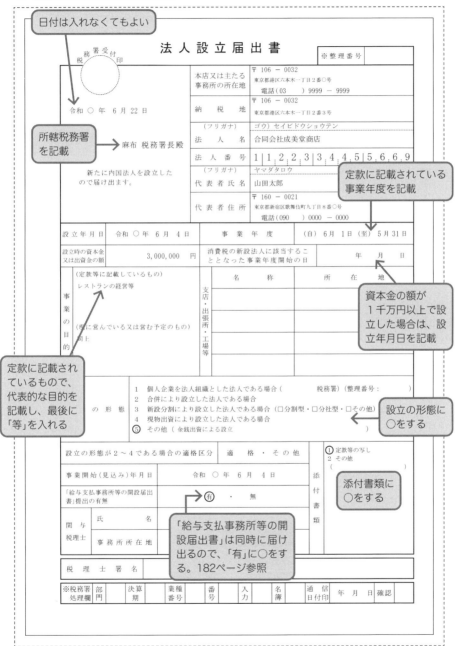

日付は入れなくてもよい

所轄税務署を記載

定款に記載されているもので、代表的な目的を記載し、最後に「等」を入れる

定款に記載されている事業年度を記載

資本金の額が1千万円以上で設立した場合は、設立年月日を記載

設立の形態に○をする

添付書類に○をする

「給与支払事務所等の開設届出書」は同時に届け出るので、「有」に○をする。182ページ参照

法 人 設 立 届 出 書

※整理番号

税務署受付印

令和 ○ 年 6 月 22 日

麻布 税務署長殿

新たに内国法人を設立したので届け出ます。

本店又は主たる事務所の所在地	〒 106 － 0032　東京都港区六本木一丁目2番○号　電話（03　）9999 － 9999
納 税 地	〒 106 － 0032　東京都港区六本木一丁目2番3号
（フリガナ）	ゴウ）セイビドウショウテン
法 人 名	合同会社成美堂商店
法 人 番 号	1 1 2 2 3 3 4 4 5 5 6 6 9
（フリガナ）	ヤマダタロウ
代 表 者 氏 名	山田太郎
代 表 者 住 所	〒 160 － 0021　東京都新宿区歌舞伎町九丁目8番○号　電話（090　）0000 － 0000

設 立 年 月 日	令和 ○ 年 6 月 4 日	事 業 年 度	（自）6 月 1 日 （至）5 月 31 日
設立時の資本金又は出資金の額	3,000,000 円	消費税の新設法人に該当することとなった事業年度開始の日	年　月　日

事業の目的	（定款等に記載しているもの）レストランの経営等（現に営んでいる又は営む予定のもの）同上	支店・出張所・工場等	名 称	所 在 地

設 立 の 形 態	1　個人企業を法人組織とした法人である場合（　　税務署）（整理番号：　　）2　合併により設立した法人である場合3　新設分割により設立した法人である場合（□分割型・□分社型・□その他）4　現物出資により設立した法人である場合⑤　その他（金銭出資による設立　　　　　　　　　）	添付書類	①定款等の写し2　その他（　　　　　）

設立の形態が2〜4である場合の適格区分	適 格 ・ そ の 他
事業開始（見込み）年月日	令和 ○ 年 6 月 4 日
「給与支払事務所等の開設届出書」提出の有無	有 ・ 無

関与税理士	氏 名	
	事 務 所 所 在 地	

税 理 士 署 名	

※税務署処理欄	部門	決算期	業種番号	番号	入力	名簿	通信日付印	年 月 日	確認

青色申告の承認申請書

会社の申告制度には「青色申告制度」と「白色申告制度」があります。

青色申告制度とは、**法人税について、会社の取引すべてを複式簿記の原則によって作成した会計帳簿で申告する制度**です。また、仕訳帳、総勘定元帳の作成や領収書、請求書を保存する義務があります。

これによって、税務署側には不正確でいい加減な経理や税の申告を防止することができるというメリットが得られ、申告者側には税務上のメリットが得られるという制度となっています。

税務上のメリットとしては、**欠損金の10年間繰越控除や特別償却、税額控除**などが受けられることになっています。申告者側からすると、手間がかかるというデメリットより、税務上の特典であるメリットのほうが大きいので、白色申告より青色申告のほうがトクといえます。

ただし、青色申告制度は義務ではなく、あくまでも任意で選択した会社についてだけ適用される制度です。そのため、**税務署に対して申請書を提出しないと、その会社は自動的に白色申告の会社という扱いになってしまう**ので注意してください。

会社が青色申告書を提出するためには、次の2つの要件を満たす必要があります。

①法定の帳簿書類を備え付けて取引を記録し、かつ、保存すること
②納税地の所轄税務署長に「青色申告の承認申請書」を提出して、予め承認を
　受けること

設立第1期目から青色申告の承認を受けようとする場合の提出期限は、設立の日以後3か月を経過した日と設立第1期の事業年度終了の日とのうち、いずれか早い日の前日までとなっています。

青色申告の承認を受けるための提出期限

①設立後最初の事業年度が3か月を超える場合

設立後最初の事業年度が3か月を超える場合には、設立の日以後3か月以内に提出します。

● **青色申告の承認申請書の記載例**

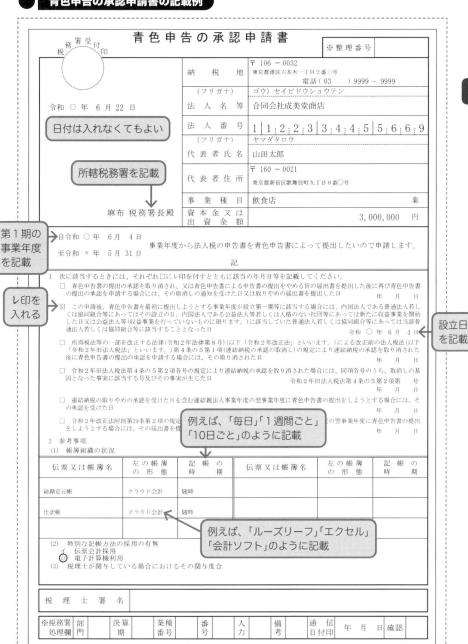

179

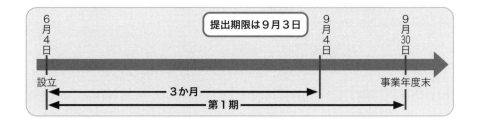

②設立後最初の事業年度が3か月に満たない場合

設立後最初の事業年度が3か月に満たない場合には、その事業年度の末日の前日までに提出します。

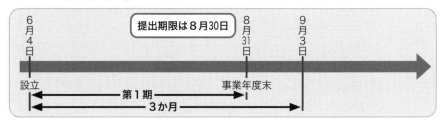

青色申告をして、よく利用される特典は2つ

青色申告をする会社は、いくつかの税務上の特典が受けられますが、よく利用されているのは**「青色申告書を提出した事業年度に生じた欠損金の10年間繰越控除」**と**「中小企業者等の少額減価償却資産の取得価額の損金算入の特例」**です。

青色申告書を提出した事業年度に生じた欠損金の10年間繰越控除

確定申告書を提出する法人の各事業年度開始の日前10年以内に開始した事業年度で青色申告書を提出した事業年度に生じた欠損金額(赤字)は、その各事業年度の所得金額(黒字)の計算上損金の額に算入できます。

設立初年度は赤字となりがちです。そのため、「欠損金の10年間繰越控除」のメリットは大きいものです。赤字(欠損金)が出ても、その赤字を10年間繰り越せます。具体例を挙げると、例えば設立初年度において赤字が500万円生じたとします。翌期に業績がもち直して黒字(所得)が300万円出ても、繰り越された赤字500万円のうち300万円と相殺できるため、納税をする必要がありません(青色申告法人で

ある中小法人等の場合)。また、残りの赤字200万円は、さらに繰り越すことができます。翌々期に黒字が300万円出た場合、繰り越された赤字200万円と相殺できるため、差し引き100万円に対してだけ税金がかかるのです。

　このように、赤字(欠損金)の繰越ができることは、税金の面で大きなメリットがあるのです。

欠損金の繰越控除

	令和5年	令和6年	令和7年
当期の損益(所得・欠損金)	−500万円	＋300万円	＋300万円
前期からの欠損金の繰越額	—	−500万円	−200万円
翌期への欠損金の繰越	−500万円	−200万円	—

◾️中小企業者等の少額減価償却資産の取得価額の損金算入の特例

　通常、器具や備品などの減価償却資産を購入し使用しても、その事業年度で全額損金にすることはできず、数事業年度にわたって減価償却費として損金とします。

　「減価償却資産の耐用年数等に関する省令」により、減価償却資産には、それぞれ法定耐用年数が定められているので、その年数で減価償却費として計上します。例えば、パソコンは4年となっています。

　ただし、従業員数500人以下の青色申告法人である中小企業者が、取得価額が30万円未満である減価償却資産(合計300万円まで)を令和6年3月31日までの間に取得などして事業の用に供した場合には、一定の要件のもとに、その取得価額に相当する金額を損金の額に算入することができます。つまり、減価償却資産を購入し使用した事業年度で全額損金にすることができるのです。

諸々の届出書を提出する

給与支払事務所等の開設届出書

　会社が、人を雇って給与を支払ったりする場合には、その支払いの都度、支払い金額に応じた**所得税および復興特別所得税**（以下、**所得税等**）を差し引き、いったん会社が預かります。そして後日、国（税務署）に納めなければなりません。この**所得税等**を差し引いて、国に納める義務のある者を源泉徴収義務者といいます。

　会社が、新たに給与の支払いを始めて、源泉徴収義務者になる場合には、「給与支払事務所等の開設届出書」を、給与支払事務所等を開設してから1か月以内に提出することになっています。

　この開設届出書は、給与支払事務所等の所在地の所轄税務署へ提出することになりますが、小さい会社の場合、一般的に本店所在地の事務所が給与支払事務所等となります。

　会社を設立すると、個人事業主とは異なり、会社の経営者であっても一般的に会社から給与（役員給与）の支払いを受けるという形になります。ですから、その時点で自動的に給与を支払う事務所を開設するということになります。

給与と源泉徴収

 税務署

納付 ⬆ 3,140円

 会　社

支払 ⬇ 19万6,860円

 従業員

20万円の給与の中から、3,140円の源泉徴収を
差し引いて従業員に支払う場合

法人設立届出書（176ページ）
と同時に届け出ます

給与支払事務所等の開設届出書の記載例

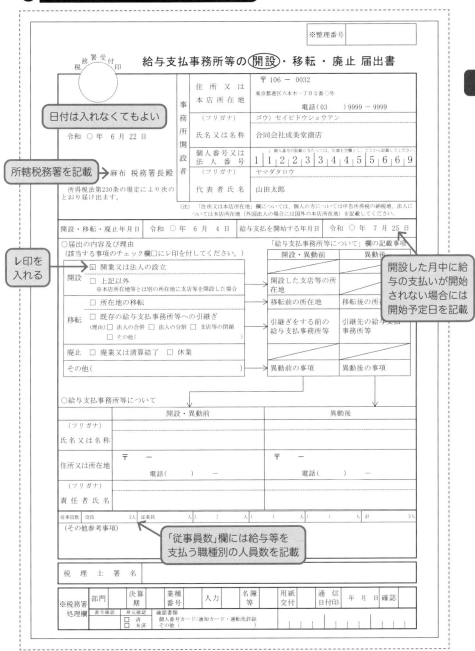

諸々の届出書を提出する

※整理番号

給与支払事務所等の（開設）・移転・廃止 届出書

税務署受付印

日付は入れなくてもよい

令和 ○ 年 6 月 22 日

所轄税務署を記載

麻布 税務署長殿

所得税法第230条の規定により次のとおり届け出ます。

事務所開設者

住所又は本店所在地	〒 106 － 0032 東京都港区六本木一丁目2番○号 電話（03 　）9999 － 9999
（フリガナ）	ゴウ）セイビドウショウテン
氏名又は名称	合同会社成美堂商店
個人番号又は法人番号	※ 個人番号の記載に当たっては、左端を空欄とし、ここから記載してください。 1 1 2 2 3 3 4 4 5 5 6 6 9
（フリガナ）	ヤマダタロウ
代表者氏名	山田太郎

（注）　「住所又は本店所在地」欄については、個人の方については申告所得税の納税地、法人については本店所在地（外国法人の場合には国外の本店所在地）を記載してください。

開設・移転・廃止年月日	令和 ○ 年 6 月 4 日	給与支払を開始する年月日	令和 ○ 年 7 月 25 日

開設した月中に給与の支払いが開始されない場合には開始予定日を記載

○届出の内容及び理由
（該当する事項のチェック欄□にレ印を付してください。）

レ印を入れる

開設	☑ 開業又は法人の設立
	□ 上記以外 ※本店所在地等とは別の所在地に支店等を開設した場合
	□ 所在地の移転
移転	□ 既存の給与支払事務所等への引継ぎ （理由）□ 法人の合併　□ 法人の分割　□ 支店等の閉鎖　□ その他（　　　）
廃止	□ 廃業又は清算結了　□ 休業
その他（　　　）	

「給与支払事務所等について」欄の記載事項

	開設・異動前	異動後
	開設した支店等の所在地	
	移転前の所在地	移転後の所在地
	引継ぎをする前の給与支払事務所等	引継先の給与支払事務所等
	異動前の事項	異動後の事項

○給与支払事務所等について

	開設・異動前	異動後
（フリガナ） 氏名又は名称		
住所又は所在地	〒 　－ 電話（ 　）　－	〒 　－ 電話（ 　）　－
（フリガナ） 責任者氏名		
従事員数	役員 3人 従業員 人（ ）人（ ）人（ ）人 計 3人	
（その他参考事項）		

「従事員数」欄には給与等を支払う職種別の人員数を記載

税 理 士 署 名	

※税務署処理欄	部門	決算期	業種番号	入力	名簿等	用紙交付	通信日付印	年 月 日	確認
	番号確認	身元確認	確認書類 個人番号カード/通知カード・運転免許証 その他（ ）						
		□ 済 □ 未済							

183

源泉所得税の納期の特例の承認に関する申請書

　従業員などから源泉徴収した**所得税等は、原則として給与などを実際に支払った月の翌月の10日までに国（税務署）に納付**しなければなりません。とはいっても、毎月給与から所得税等を源泉徴収して税務署に納めるのは非常に手間のかかることです。ですから、給与の支払いを受ける従業員が常時10人未満の小さな会社については、本来であれば毎月しなければならない納税を年2回にまとめてできるという特例があります。

　「常時10人未満」というのは平常の状態において10人に満たないということであって、多忙な時期などにおいて臨時に雇い入れた人があるような場合には、その人数を除いた人数が10人未満であることです。

　そのような場合に、「源泉所得税の納期の特例の承認に関する申請書」を提出すれば、1月から6月までに源泉徴収した所得税等は7月10日までに、7月から12月までの分は翌年の1月20日までに納付すればよい、ということになります。**提出先は、給与支払事務所などの所在地の所轄税務署**となります。

　提出時期はとくに定められていませんが、原則として、提出した日の翌月に支払う給与などから適用されます。例えば、2月中に申請書を提出した場合、2月支給分の給与の源泉所得税の納期限は3月10日までとなります。そして、3月～6月支給分の給与の源泉所得税の納期限は7月10日までとなります。

給与の所得税等を源泉徴収	納付期限（原則）	納付期限（特例）
1月に1万5,000円を徴収	2月10日までに1万5,000円を納付	7月10日までに15,000円×6か月分を納付
2月に1万5,000円を徴収	3月10日までに1万5,000円を納付	
3月に1万5,000円を徴収	4月10日までに1万5,000円を納付	
4月に1万5,000円を徴収	5月10日までに1万5,000円を納付	
5月に1万5,000円を徴収	6月10日までに1万5,000円を納付	
6月に1万5,000円を徴収	7月10日までに1万5,000円を納付	

● 源泉所得税の納期の特例の承認に関する申請書の記載例

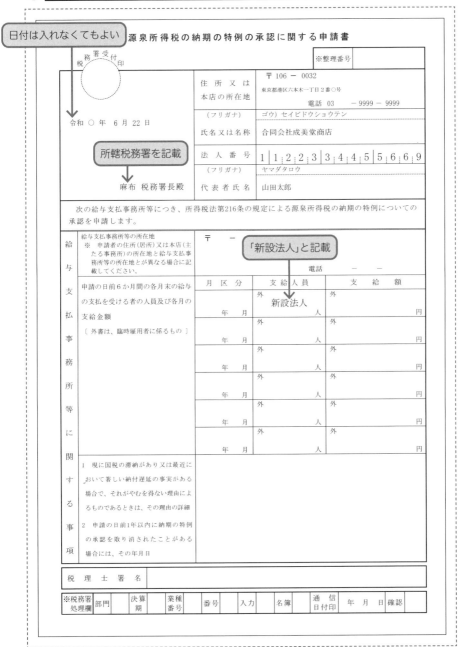

日付は入れなくてもよい

源泉所得税の納期の特例の承認に関する申請書

※整理番号

税 務 署 受 付 印	

令和 ○ 年 6 月 22 日

所轄税務署を記載

麻布 税務署長殿

住 所 又 は 本 店 の 所 在 地	〒 106 － 0032 東京都港区六本木一丁目2番○号 電話 03 － 9999 － 9999
（フリガナ）	ゴウ）セイビドウショウテン
氏 名 又 は 名 称	合同会社成美堂商店
法 人 番 号	1 1 2 2 3 3 4 4 5 5 6 6 9
（フリガナ）	ヤマダタロウ
代 表 者 氏 名	山田太郎

次の給与支払事務所等につき、所得税法第216条の規定による源泉所得税の納期の特例についての承認を申請します。

給 与 支 払 事 務 所 等 に 関 す る 事 項	給与支払事務所等の所在地 ※ 申請者の住所（居所）又は本店（主たる事務所）の所在地と給与支払事務所等の所在地とが異なる場合に記載してください。	〒 － 「新設法人」と記載 電話 － －		
	申請の日前6か月間の各月末の給与の支払を受ける者の人員及び各月の支給金額 〔 外書は、臨時雇用者に係るもの 〕	月 区 分	支 給 人 員	支 給 額
		年　　月	外 新設法人 人	外 円
		年　　月	外 人	外 円
		年　　月	外 人	外 円
		年　　月	外 人	外 円
		年　　月	外 人	外 円
		年　　月	外 人	外 円
	1 現に国税の滞納があり又は最近において著しい納付遅延の事実がある場合で、それがやむを得ない理由によるものであるときは、その理由の詳細			
	2 申請の日前1年以内に納期の特例の承認を取り消されたことがある場合には、その年月日			

税 理 士 署 名	

※税務署 処理欄	部門	決算期	業種番号	番号	入力	名簿	通信日付印	年 月 日	確認

諸々の届出書を提出する

185

減価償却資産の償却方法の届出書

　減価償却とは、会社が事業の目的のために自動車やコピー機など、10万円以上の減価償却資産(青色申告法人である中小企業者の場合は30万円以上)を購入した場合に、購入時の出費をそのモノごとに決められた期間(耐用年数)に応じて分割して、各期の経費として計上することをいいます。

　要するに、資産の価値の減少を一定のルールに基づいて、各年度に配分するということになります。

　例えば、ある会社が自動車を100万円で購入し使用したとします。これを、取得した事業年度に全額費用とすれば、その事業年度は100万円分が利益からマイナスされることとなります。そして、その翌年度以後は、その自動車を使用し続けても、タダで使用していることになります。

　しかし、翌年度以後もその自動車を使用し続けるのですから、1年目だけ費用計上をして、翌年以降はまったく費用を計上しないということはおかしい話です。その自動車の使用可能期間(耐用年数)にわたって100万円という費用を配分するほうが合理的なはずです。このような考え方が、減価償却の基となっているのです。

　車両や備品など有形減価償却資産を減価償却する方法には、**毎期一定の額を償却する「定額法」と、最初のうちは多く、その後次第に少なくなるように償却していく「定率法」という2つの方法**があります。

　建物、建物附属設備及び構築物については定額法の方法によらなければなりませんが、他の有形減価償却資産(鉱業用など除く)については、どちらの方法を選択するかは基本的にはその会社の自由です。ただし、**「減価償却資産の償却方法の届出書」を提出しないと、自動的に法定償却方法である定率法が適用されます。**会社を設立した場合は、設立第1期の確定申告書の提出期限までが提出時期となります。

　なお、多額の減価償却費計上を早めに計上できる定率法が、会社にとって有利と思われますので、一般的に、この届出書を提出しないことが多いものです。

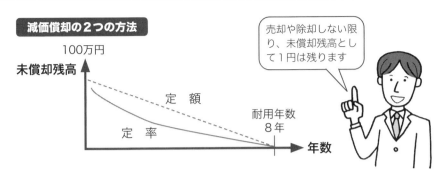

減価償却の2つの方法

100万円

未償却残高

定　額

定　率

耐用年数
8年

年数

売却や除却しない限り、未償却残高として1円は残ります

定額法と定率法の償却費の比較（取得価額100万円、耐用年数8年の場合）

	定額法	定率法
1年目の償却費	125,000	250,000
2年目の償却費	125,000	187,500
3年目の償却費	125,000	140,625
4年目の償却費	125,000	105,468
5年目の償却費	125,000	79,101
6年目の償却費	125,000	79,260
7年目の償却費	125,000	79,260
8年目の償却費	124,999	78,785
償却費合計	999,999	999,999

定額法と定率法の未償却残高の比較 （取得価額100万円、耐用年数8年の場合）

	定額法	定率法
1年目の未償却残高	875,000	750,000
2年目の未償却残高	750,000	562,500
3年目の未償却残高	625,000	421,875
4年目の未償却残高	500,000	316,407
5年目の未償却残高	375,000	237,306
6年目の未償却残高	250,000	158,046
7年目の未償却残高	125,000	78,786
8年目の未償却残高	1	1

（単位：円）

減価償却資産の償却方法の届出書

※整理番号

税務署受付印

令和 ○ 年 6 月 22 日

日付は入れなくてもよい

所轄税務署を記載 → 麻布 税務署長殿

納　税　地	〒 106 − 0032 東京都港区六本木一丁目2番○号 電話 (03) 9999 − 9999
(フリガナ)	ゴウ　セイビドウショウテン
法　人　名　等	合同会社成美堂商店
法　人　番　号	1 1 2 2 3 3 4 4 5 5 6 6 9
(フリガナ)	ヤマダタロウ
代 表 者 氏 名	山田太郎
代 表 者 住 所	〒 160 − 0021 東京都新宿区歌舞伎町九丁目8番○号
事 業 種 目	飲食店　　　　　　　　　　　　　　　業

連結子法人（届出の対象が連結子法人である場合に限り記載）

(フリガナ) 法 人 名 等	
本店又は主たる 事務所の所在地	〒 　 − 　 （ 　 局 　 署） 電話 (　)
(フリガナ) 代 表 者 氏 名	
代 表 者 住 所	〒 　 −
事 業 種 目	業

※税務署処理欄

整 理 番 号	
部 　 門	
決 算 期	
業種番号	
整 理 簿	
回 付 先	□ 親署 ⇒ 子署 □ 子署 ⇒ 調査課

減価償却資産の償却方法を下記のとおり届け出ます。

記

資産、設備の種類	償 却 方 法	資産、設備の種類	償 却 方 法
建 物 附 属 設 備			
構 　 築 　 物			
船 　 　 　 舶			
航 　 空 　 機			
車 両 及 び 運 搬 具	定 額 法 ←		
工 　 　 　 具			
器 具 及 び 備 品	定 額 法 ←		
機 械 及 び 装 置			
(　) 設備			
(　) 設備			

定額法または定率法を選んで記載。この届出書を提出しないと、自動的に定率法が適用される

参考事項	1　新設法人等の場合には、設立等年月日　　　　　　　　　令和 ○ 年 6 月 4 日 2　その他

税 理 士 署 名	

※税務署 処理欄	部門	決算期	業種番号	番号	整理簿	備考	通信日付印	年 月 日	確認

(法 1311)

令和5年10月1日から始まる消費税インボイス制度とは

　原則として、**消費税の納税は売上の際に預かった消費税から、仕入・外注等が
かかった際に支払った消費税を控除(仕入税額控除)して税務署に納税します。**

　例えば、売上3300万円(うち消費税300万円)、外注費2200万円(うち消費税200
万円)だった場合、300万円－200万円＝100万円を納税することになります。

　ただし、事業者が無条件に仕入税額控除をできるというわけではなく、控除す
るためには一定の要件を満たすことが求められており、現時点では、法定事項が
記載された請求書等と帳簿の保存が要件とされています。

　**令和5年10月1日から適格請求書等保存方式(いわゆる「インボイス制度」)が開
始されますが、この仕入税額控除ができるための要件が変わります。**

　インボイス制度の下では、適格請求書発行事業者が交付する適格請求書(インボ
イス)等と帳簿の保存が仕入税額控除の要件となります。つまり、**単なる請求書等
ではなく適格請求書(インボイス)等の保存が必要となります。**

　事業者が適格請求書発行事業者の登録を受けなければ、適格請求書を交付する
ことができないため、結果、仕入や外注費等を支払っている側の事業者が仕入税
額控除を行うことができないということになります。

　適格請求書発行事業者でない免税事業者からの仕入・外注等の消費税相当分を
控除することができないので、上記の例でいうと、300万円－0円＝300万円を納
税することになります。簡単にいうと、仕入や外注費等を支払っている側の事業
者の消費税の納税額が増えてしまいます(ただし、インボイス制度実施後6年間は、
免税事業者からの消費税相当分の一定割合は控除できます)。

　よって、**自社の取引先(売上の相手)から、取引継続の条件として、適格請求書
発行事業者であることを求められる場合もあるでしょう**(顧客が消費者のみの場合
には、必ずしも適格請求書を交付する必要はありません)。今まで、免税事業者で
あった事業者の相当数が適格請求書発行事業者となり、あえて消費税を納税する
ようなことになるでしょう。

　通常、その課税期間の基準期間(通常、前々事業年度)における課税売上高が
1000万円以下の事業者は、原則として、消費税の納税義務が免除され、免税事業
者となります。しかしながら、**適格請求書発行事業者は、その基準期間における
課税売上高が1000万円以下となった場合でも免税事業者となりません。**

　また、本来、資本金が1000万円未満の場合、一定の要件を満たせば会社設立後
2事業年度は消費税を納める必要がありませんが、自社の取引先との関係上、あ
えて最初の事業年度から適格請求書発行事業者となり消費税を納める事業者は増

えるでしょう。

　適格請求書を交付しようとする事業者は、納税地を所轄する税務署長に適格請求書発行事業者の登録申請書（以下「登録申請書」といいます）を提出し、適格請求書発行事業者として登録を受ける必要があり、税務署長は、氏名又は名称及び登録番号等を適格請求書発行事業者登録簿に登載し、登録を行います。

　なお、登録申請書は、e-Taxを利用して提出できます。また、郵送により提出する場合の送付先は、納税地を所轄する税務署ではなく、各国税局のインボイス登録センターとなります（センターには受付窓口がありませんので、書面の申請書等を直接持ち込む事はできません）。例えば、東京都、千葉県、神奈川県、山梨県の場合の送付先は、東京国税局インボイス登録センターとなります（〒262-8514千葉市花見川区武石町１丁目520番地）。そして、適格請求書発行事業者の登録の通知については、登録申請書をe-Taxにより提出して、登録通知について電子での通知を希望した場合は、「送信結果・お知らせ」の「通知書等一覧」に登録番号等が記載された登録通知書がデータで格納されます。その他の場合は、書面にて登録番号等が記載された登録通知書が送付されます。

　令和５年３月10日時点では、登録申請書を提出されてから登録通知までの期間は、以下のとおりとなっています。

e-Tax提出の場合　約３週間、書面提出の場合　　約２か月

・登録申請書の処理期間について
https://www.nta.go.jp/taxes/shiraberu/zeimokubetsu/shohi/keigenzeiritsu/pdf/kensu_kikan.pdf

■ 適格請求書発行事業者の登録に係る経過措置（免税事業者の登録申請手続）

　適格請求書等保存方式が開始される令和５年10月１日から登録を受けようとする事業者は、令和５年９月30日までに申請をする必要があります。

　免税事業者が令和５年10月２日以後の日の登録を希望する場合には、登録申請書に登録希望日を記載する必要があります。

　なお、免税事業者が登録を受けるためには、原則として、「消費税課税事業者選択届出書」を提出し、課税事業者となる必要がありますが、登録日が令和５年10月１日から令和11年９月30日までの日の属する課税期間中である場合は、消費税課税事業者選択届出書を提出しなくても、登録を受けることができます。

■ 新たに設立された法人等の登録時期の特例

　適格請求書発行事業者の登録を受けることができるのは、課税事業者に限られます。

　新たに設立された法人が免税事業者の場合、事業を開始した日の属する課税期間の末日までに、消費税課税事業者選択届出書を提出すれば、その事業を開始した日の属する課税期間の初日から課税事業者となることができます。

　また、新たに設立された法人が、事業を開始した日の属する課税期間の初日から登録を受けようとする旨を記載した登録申請書を、事業を開始した日の属する課税期間の末日までに提出した場合において、税務署長により適格請求書発行事業者登録簿への登載が行われたときは、その課税期間の初日に登録を受けたものとみなされます(以下「新たに設立された法人等の登録時期の特例」といいます)。

　したがって、新たに設立された法人が免税事業者である場合、事業開始(設立)時から、適格請求書発行事業者の登録を受けるためには、設立後、その課税期間の末日までに、消費税課税事業者選択届出書と登録申請書を併せて提出することが必要です。

　なお、新たに設立された法人が課税事業者の場合については、事業を開始した課税期間の末日までに、事業を開始した日の属する課税期間の初日から登録を受けようとする旨を記載した登録申請書を提出することで、新たに設立された法人等の登録時期の特例の適用を受けることができます。

　(注)免税事業者が令和5年10月1日から令和11年9月30日までの日の属する課税期間中に適格請求書発行事業者の登録を受ける場合、上述したように、消費税課税事業者選択届出書の提出を要せず、課税事業者となることができます。この場合においても、登録申請書に「課税期間の初日から登録を受けようとする旨」を記載することにより、事業を開始(設立)した課税期間の初日に遡って登録を受けたものとみなされ、課税期間の初日(登録日)から課税事業者となります。

■ 国税庁適格請求書発行事業者公表サイト

　相手方から交付を受けた請求書等が適格請求書に該当することを客観的に確認できるよう、適格請求書発行事業者の情報については、「国税庁適格請求書発行事業者公表サイト(https://www.invoice-kohyo.nta.go.jp/)」において公表されます。

　会社の場合の公表事項は、「名称(会社名)」、「本店又は主たる事務所の所在地」、「登録番号」及び「登録年月日」等です。

　(注)本原稿を作成した令和5年3月31日時点での取り扱いですので、読者の方が読まれている時点では、取り扱いが変わっている場合があります。下記の国税庁HPで最新の情報をチェックしてください。

○インボイス制度公表サイト
https://www.nta.go.jp/taxes/shiraberu/zeimokubetsu/shohi/keigenzeiritsu/invoice.htm

○インボイス制度に関する相談窓口一覧表
https://www.nta.go.jp/taxes/shiraberu/zeimokubetsu/shohi/keigenzeiritsu/pdf/0023002-076.pdf

諸々の届出書を提出する

● 適格請求書発行事業者の登録申請書の記載例

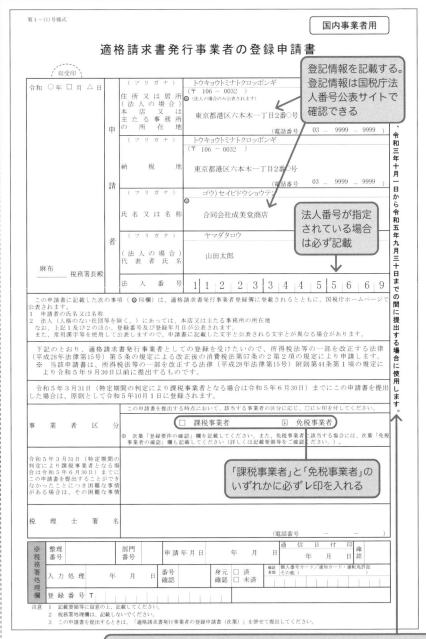

第1-(1)号様式

国内事業者用

適格請求書発行事業者の登録申請書

収受印

令和 ○ 年 □ 月 △ 日

申請者

（フリガナ）トウキョウトミナトクロッポンギ

住所又は居所
（法人の場合）
本店又は
主たる事務所
の所在地

（〒 106 ‐ 0032 ）
（法人の場合のみ公表されます）

東京都港区六本木一丁目2番○号

（電話番号 03 ‐ 9999 ‐ 9999 ）

> 登記情報を記載する。登記情報は国税庁法人番号公表サイトで確認できる

（フリガナ）トウキョウトミナトクロッポンギ

納 税 地

（〒 106 ‐ 0032 ）

東京都港区六本木一丁目2番○号

（電話番号 03 ‐ 9999 ‐ 9999 ）

（フリガナ）ゴウ）セイビドウショウテン

氏 名 又 は 名 称

合同会社成美堂商店

> 法人番号が指定されている場合は必ず記載

（フリガナ）ヤマダタロウ

（法人の場合）
代 表 者 氏 名

山田太郎

麻布
＿＿＿＿税務署長殿

法 人 番 号

| 1 | 1 | 2 | 2 | 3 | 3 | 4 | 4 | 5 | 5 | 6 | 6 | 9 |

この申請書に記載した次の事項（◉印欄）は、適格請求書発行事業者登録簿に登録されるとともに、国税庁ホームページで公表されます。
1 申請者の氏名又は名称
2 法人（人格のない社団等を除く。）にあっては、本店又は主たる事務所の所在地
　なお、上記1及び2のほか、登録番号及び登録年月日が公表されます。
　また、常用漢字等を使用して公表しますので、申請書に記載した文字と公表される文字とが異なる場合があります。

下記のとおり、適格請求書発行事業者としての登録を受けたいので、所得税法等の一部を改正する法律（平成28年法律第15号）第5条の規定による改正後の消費税法第57条の2第2項の規定により申請します。
※ 当該申請書は、所得税法の一部を改正する法律（平成28年法律第15号）附則第44条第1項の規定により令和5年9月30日以前に提出するものです。

令和5年3月31日（特定期間の判定により課税事業者となる場合は令和5年6月30日）までにこの申請書を提出した場合は、原則として令和5年10月1日に登録されます。

事 業 者 区 分

この申請書を提出する時点において、該当する事業者の区分に応じ、□にレ印を付してください。

□ 課税事業者　　　　　　☑ 免税事業者

※ 次葉「登録要件の確認」欄を記載してください。また、免税事業者に該当する場合には、次葉「免税事業者の確認」欄も記載してください（詳しくは記載要領等をご確認ください。）。

令和5年3月31日（特定期間の判定により課税事業者となる場合は令和5年6月30日）までにこの申請書を提出することができなかったことにつき困難な事情がある場合は、その困難な事情

> 「課税事業者」と「免税事業者」のいずれかに必ずレ印を入れる

税 理 士 署 名

（電話番号 　‐　‐　）

※税務署処理欄

整理番号		部門番号		申請年月日	年 月 日	通 信 日 付 印	年 月 日	確認印
入力処理	年 月 日	番号確認		身元確認	□ 済 □ 未済	確認書類	個人番号カード/通知カード・運転免許証 その他（ 　）	
登録番号 T								

注意　1　記載要領等に留意の上、記載してください。
　　　2　税務署処理欄は、記載しないでください。
　　　3　この申請書を提出するときは、「適格請求書発行事業者の登録申請書（次葉）」を併せて提出してください。

（縦書き）令和三年十月一日から令和五年九月三十日までの間に提出する場合に使用します。

> 記載例の申請書の様式は、令和5年9月30日までの間に提出する場合に使用されるもので、令和5年10月1日からは申請書の様式が変わる予定

諸々の届出書を提出する

こちらにレ印を入れる。ただし、一定の条件を満たす場合のみ、下段にレ印を入れる

初葉（1枚目）の「事業者区分」欄で、「免税事業者」を選択した人は、一定の条件を満たす場合以外は、課税期間の初日から登録を受ける場合でもこの欄にレ印を入れる

第1-（1）号様式次葉

国内事業者用

適格請求書発行事業者の登録申請書（次葉）

【2／2】

氏 名 又 は 名 称	合同会社成美堂商店

この申請書は、令和三年十月一日から令和五年九月三十日までの間に提出する場合に使用します。

該当する事業者の区分に応じ、□にレ印を付し記載してください。

免税事業者の確認

☑　令和5年10月1日から令和11年9月〇〇日までの日の属する課税期間中に登録を受け、所得税法等の一部を改正する法律（平成28年法律第1〇号）第〇条の規定により適用を受けようとする事業者
※　登録開始日から納税義務の免除の規定の適用を受けないこととなります。

個人番号は記載不要

個　人　番　号		
事業内容等	生 年 月 日（個人）又は設立年月日（法人）	1明治・2大正・3昭和・4平成・5令和　　△ 年　〇 月　□ 日
		設立年月日
	事 業 内 容	飲食店業

法人のみ記載	事 業 年 度	自 △ 月 1 日　至 × 月 31 日
	資 本 金	3,000,000 円
	登録希望日	（令和5年10月1日を希望する場合、記載不要）令和 △ 年 〇 月 □ 日

□　消費税課税事業者（選択）届出書を提出し、納税義務の免除の規定の適用を受けないこととなる課税期間の初日から登録を受けようとする事業者

課 税 期 間 の 初 日
※　令和5年10月1日から令和6年3月31日までの間のいずれかの日
令和　　年　　月　　日

令和5年10月1日を希望する場合は記載不要。令和5年10月2日以降の課税期間初日から登録を受ける場合もここに記載

登録要件の確認

課税事業者です。
※　この申請書を提出する時点において、「免税事業者の確認」欄のいずれかの事業者に該当する場合は、「はい」を選択してください。

免税事業者も適格請求書発行事業者の登録を受ける場合に「はい」にレ印を入れる

☑ はい　□ いいえ

納税管理人を定める必要のない事業者です。
（「いいえ」の場合は、次の質問にも答えてください。）

☑ はい　□ いいえ

納税管理人を定めなければならない場合（国税通則法第117条第1項）
【個人事業者】　国内に住所及び居所（事務所及び事業所を除く。）を有せず、又は有しないこととなる場合
【法人】　国内に本店又は主たる事務所を有しない場合、又は有しないこととなる場合

納税管理人の届出をしています。
「はい」の場合は、消費税納税管理人届出書の提出日を記載してください。
　消費税納税管理人届出書　（提出日：令和　　年　　月　　日）

□ はい　□ いいえ

消費税法に違反して罰金以上の刑に処せられたことはありません。
（「いいえ」の場合は、次の質問にも答えてください。）

罰金以上の刑に処せられたことがない場合は「はい」にレ印を入れる。加算税や延滞税は「罰金」ではないので注意

☑ はい　□ いいえ

その執行を終わり、又は執行を受けることがなくなった日から2年を経過しています。

□ はい　□ いいえ

参考事項

●「一定の条件」……下記の①～③をすべて満たす場合のみ、この欄にレ印を入れる
①提出時点で免税業者の人が、
②翌課税期間から課税事業者となり（「消費税課税事業者選択届出書」を提出して課税事業者になる場合を含む）、
③課税事業者となる「課税期間の初日」が下記のいずれか
・令和5年9月30日以前の場合で、令和5年10月1日から登録を受ける場合
・令和5年10月1日以降の場合で「課税期間の初日」から登録を受ける場合

消費税課税事業者選択届出書の記載例

適格請求書発行事業者の登録申請書を提出すれば、この消費税課税事業者選択届出書を提出しなくてもよい場合・時期がある。したがって、提出前に所轄税務署に確認すること

第1号様式

消費税課税事業者選択届出書

収受印

令和 ○ 年 6 月 22 日

届出者	（フリガナ）	トウキョウトミナトクロッポンギ
	納 税 地	（〒 106 － 0032）東京都港区六本木一丁目2番○号（電話番号 03 － 9999 － 9999 ）
	（フリガナ）	トウキョウトミナトクロッポンギ
	住所又は居所（法人の場合）本店又は主たる事務所の所在地	（〒 106 － 0032）東京都港区六本木一丁目2番○号（電話番号 03 － 9999 － 9999 ）
	（フリガナ）	ゴウ セイビドウショウテン
	名称（屋号）	合同会社成美堂商店
	個人番号又は法人番号	↓個人番号の記載に当たっては、左端を空欄とし、ここから記載してください。 1 1 2 2 3 3 4 4 5 5 6 6 9
	（フリガナ）	ヤマダタロウ
	氏 名（法人の場合）代表者氏名	山田太郎
	（フリガナ）	トウキョウトシンジュククカブキチョウ
	（法人の場合）代表者住所	東京都新宿区歌舞伎町九丁目8番○号（電話番号 090 － 0000 － 0000 ）

法人番号を記載

麻布 税務署長殿

新たに設立された会社の1期目と2期目は基準期間がない

下記のとおり、納税義務の免除の規定の適用を受けないことについて、消費税法第9条第4項の規定により届出します。

適用開始課税期間	自 令和 ○ 年 6 月 4 日 至 令和 × 年 5 月 31 日	
上 記 期 間 の	自 　　年　　月　　日	左記期間の総売上高 　　　　円
基 準 期 間	至 　　年　　月　　日	左記期間の課税売上高 　　　　円

事業内容等	生年月日（個人）又は設立年月日（法人）	1明治・2大正・3昭和・4平成⑤令和 ○ 年 6 月 4 日	法人のみ記載	事業年度	自 6 月 1 日 至 5 月 31 日
				資 本 金	3,000,000 円
	事 業 内 容	飲食店業	届出区分	事業開始・設立・相続・合併・分割・特別会計・その他	

参 考 事 項		税理士署名	（電話番号　　　　－　　　　－　　　　）

※税務署処理欄	整理番号		部門番号			
	届出年月日	年 月 日	入力処理	年 月 日	台帳整理	年 月 日
	通信日付印 確認	年 月 日	番号確認	身元確認 □ 済 □ 未済	確認書類 個人番号カード／通知カード・運転免許証 その他（ ）	

注意 1.税務署処理欄は、記載しないでください。

194

「簡易課税制度」と「２割特例」

　消費税における簡易課税制度は、中小事業者の納税事務負担に配慮する観点から、事業者の選択により利用できる制度です。本来、消費税の納税は売上の際に預かった消費税から、仕入・外注等がかかった際に支払った消費税を控除して税務署に納税します。これを、本則（原則）課税制度といいます。

　例えば、売上3300万円（うち消費税300万円）、外注費2200万円（うち消費税200万円）だった場合、300万円－200万円＝100万円を納税することになります。

　一方、簡易課税制度の場合は、みなし仕入率（40％〜90％）を用いて、売上げに係る消費税額を基礎として仕入れに係る消費税額を算出することができる制度です。仕入・外注等がかかった際に支払った消費税については、納税額の計算上考えずに、売上げに係る消費税額にみなし仕入率を掛けて、その金額を控除して納税します。

　例えば、売上3300万円（うち消費税300万円）、外注費2200万円（うち消費税200万円）で、みなし仕入率が70％だった場合、300万円－300万円×70％＝90万円を納税することになります。

　なお、みなし仕入率は事業者が行っている事業によって変わり、みなし仕入率の適用を受ける事業区分は、次のとおりです。

事業区分	みなし仕入率	売上に対する税負担率	該当する事業
第一種事業	90％	1％	卸売業
第二種事業	80％	2％	小売業
第三種事業	70％	3％	建設業、製造業等
第四種事業	60％	4％	飲食店業等
第五種事業	50％	5％	サービス業（飲食店業を除く）等
第六種事業	40％	6％	不動産業

　なお、売上に対する税負担率（消費税10％の場合）を利用しても、納税額がわかります。例えば、売上3300万円（うち消費税300万円）、外注費2200万円（うち消費税200万円）で、第三種事業の場合、3000万円×3％＝90万円を納税することになります。結果、みなし仕入率を用いた場合と、同じ納税額となります。

　つまり、消費税における簡易課税制度とは、（課税）売上高が確定すれば、消費税の納税額が決まるということになります（正確な計算方法は複雑であり、実際の納税額とは多少の誤差があるでしょうが）。

■ 簡易課税制度を選択できる条件

簡易課税制度を利用するためには次の2つの要件を満たす必要があります（消費税法第37条第1項）。

(1) 基準期間（法人の場合は、前々事業年度）における課税売上高が5000万円以下であること

これは、中小事業者の納税事務負担に配慮する観点から利用できる制度のためだからです。

(2) 「消費税簡易課税制度選択届出書」を、一定の期日までに所轄税務署長に提出していること

■ インボイス制度における小規模事業者に係る税額控除（2割特例）

免税事業者がインボイス発行事業者を選択した場合の負担軽減を図るため、納税額を売上税額の2割に軽減する特例措置を3年間（令和5年10月1日から令和8年9月30日までの日の属する各課税期間）講ずることとなりました。

これにより、業種にかかわらず、簡易課税と同様に売上（課税売上高）を把握するだけで消費税の申告が可能となることから、事務負担が大幅に軽減されることとなります。

○原則課税（本則課税）、簡易課税及び2割特例の税額比較

例えば、サービス業（みなし仕入率が50％）で売上880万円（うち消費税80万円）、外注費264万円（うち消費税24万円）だった場合、本則課税、簡易課税及び2割特例では、納税額が以下のように変わってきます。

（本則課税）

80万円－24万円＝56万円を納税

（簡易課税）

80万円－80万円×50％＝40万円を納税

（2割特例）

80万円×20％＝16万円を納税

よって、この場合、2割特例を利用して納税をした方が、事業者にとっては節税となります。

前述したように、簡易課税は事業区分によって、みなし仕入率が変わってきます。よって、第一種事業であれば、簡易課税の方が納税額が低くなります。第二種事業であれば、簡易課税であっても2割特例でも納税額は同額となります。第三種

事業～第六種事業であれば、２割特例の方が納税額が低くなります。

　例えば、売上880万円(うち消費税80万円)だった場合、納税額が以下のように変わってきます。

(２割特例)

　80万円×20％＝16万円を納税

(簡易課税第一種事業)

　80万円－80万円×90％＝8万円を納税

(簡易課税第二種事業)

　80万円－80万円×80％＝16万円を納税

(簡易課税第三種事業)

　80万円－80万円×70％＝24万円を納税

　簡易課税の第一種事業に該当する事業は卸売業であるため、売上が多額になることが多く免税事業者とならないことが多いでしょう。よって、多くの場合、簡易課税よりも２割特例の方が、納税額が少なくなる場合が多いでしょう。

○**２割特例の適用対象者**

　２割特例の適用対象者は、インボイス発行事業者の登録をしなければ課税事業者にならなかった者が対象であり、インボイス発行事業者の登録と関係なく免税点制度の適用を受けられないこととなる事業者は対象外であり、具体的には、以下の場合等となります。

●基準期間(法人の場合は、前々事業年度)における課税売上高が1千万円を超える場合

●資本金1千万円以上の新設法人である場合

●調整対象固定資産や高額特定資産を取得して仕入税額控除を行った場合

○**２割特例の適用を受けるための手続き**

　２割特例の適用に当たっては事前の届出は必要なく、消費税の確定申告書に２割特例の適用を受ける旨を付記することで適用を受けることができます。

　つまり、申告時に、「本則課税 or ２割特例」、あるいは、「簡易課税 or ２割特例」の選択適用が可能ということになります。

　よって、簡易課税制度選択届出書を提出していても、取り下げる必要はありません(本則課税と２割特例を選択適用したい場合は別)。

都道府県税事務所及び市町村役場への届出

　会社を設立した後は、**一定期間に所轄の税務署、都道府県税事務所及び市町村役場へ、開業の届出をしなければなりません**。国税としての届出窓口が税務署で、地方税としての届出窓口が都道府県税事務所および市町村役場となります。なお、東京都の特別区（23区）で会社設立した場合は、都税事務所への届出だけでよく、区役所への届出は不要です。

　地方税は国税と違って、条例により、それぞれの地域によって取扱いが異なります。例えば、東京都の場合は、事業を開始した日から15日以内に、「法人設立・設置届出書」を所管の都税事務所に提出することになっています。その一方で、神奈川県の場合は、事業を開始した日から２か月以内に、「法人設立・開設届出書」を所管の県税事務所に提出することになっています。その他、申告の際の税率が違っている場合もあります。

　上記のように、地域（自治体）によって取扱いが異なるので、**会社を設立したら、まず各都道府県のホームページを見て、会社の所轄の都道府県税事務所を調べ「いつまでに、どこへ」届出をしたらよいかを確認します**。同様に所轄の市町村役場を調べ「いつまでに、どこへ」届出をしたらよいかも確認します。

　なお、届出用紙は各都道府県等のホームページからダウンロードできます。税務署、都道府県税事務所及び市町村で共通の様式を使用しているところが多く、その場合は、法人控用分と合わせて４枚のセットとなっています。

　都道府県税事務所及び市町村への「法人設立届出書」の記載の仕方は、税務署への「法人設立届出書」の記載と、ほぼ一緒です。添付書類については「定款のコピー」と「設立登記の登記事項証明書（履歴事項全部証明書）」の２つを提出するケースが多いです。平成29年4月1日以後、税務署（国税）の「法人設立届出書（176ページ）」の提出の場合、「設立登記の登記事項証明書（履歴事項全部証明書）」の添付が不要となりましたが、都道府県税事務所及び市町村役場への届出では従来どおり、添付が求められるところが多いです。ただし、東京都へ提出する場合には登記事項証明書のコピーでも構わないとなっており、自治体によって必要な添付書類が異なっていますので、提出前に確認してください。

　なお、所轄の税務署、都道府県税事務所及び市町村役場へ、それぞれ届出書を提出するのが一般的ですが、例えば川崎市のように「届出書を、所轄税務署、県税事務所及び市町村提出用にそれぞれ作成し、いずれかに提出していただければ、提出のあった機関を通じて他の機関に回付されます。（回付については、定期

地方税 ― 法人設立届出書の記載例

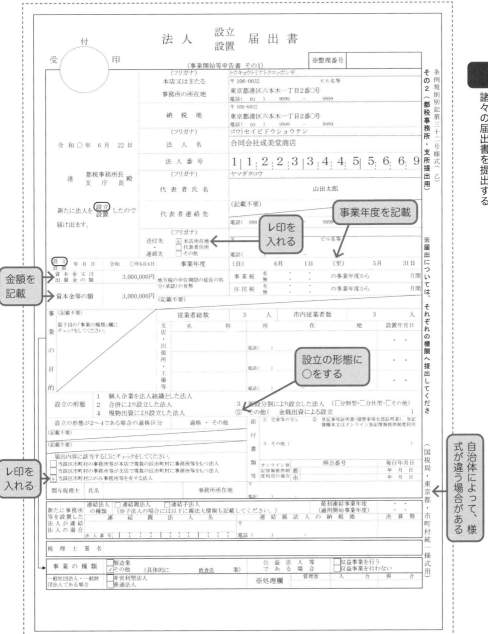

右側縦書き：
条例規則別記第三十二号様式（乙）　その2（都税事務所・支庁提出用）

※届出については、それぞれの機関へ提出してください（国税局・東京都・市町村統一様式用）

諸々の届出書を提出する

自治体によって、様式が違う場合がある

（表内）

法人 設立／設置 届出書

（事業開始等申告書 その1）

受付印

令和○年 6月 22日

港 都税事務所長 支庁長 殿

新たに法人を 設立／設置 したので届け出ます。

※整理番号

（フリガナ）	トウキョウトミナトクロッポンギ
本店又は主たる事務所の所在地	〒106-0032　東京都港区六本木一丁目2番○号 ビル名等 電話（ 03 ） 9999 ― 9999
納税地	〒106-0032　東京都港区六本木一丁目2番○号 電話（ 03 ） 9999 ― 9999
（フリガナ）	ゴウセイビドウショウテン
法人名	合同会社成美堂商店
法人番号	1 1 2 2 3 3 4 4 5 5 6 6 9
（フリガナ）	ヤマダタロウ
代表者氏名	山田太郎
代表者連絡先	（記載不要） 電話（ 090 ） 9999

設立年月日　令和 ○年6月4日

資本金又は出資金の額　3,000,000円

資本金等の額　3,000,000円（記載不要）

金額を記載

レ印を入れる（送付先・連絡先：レ 本店所在地／代表者住所／その他）

事業年度を記載

事業年度	（自）	6月	1日	（至）	5月	31日
地方税の申告期限の延長の処分（承認）の有無	事業税	有・無	の事業年度から			月間
	住民税	有・無	の事業年度から			月間

事業の目的（記載不要）

最下段の「事業の種類」欄にチェックをしてください。

従業者総数	3 人	市内従業者数	3 人

支店・出張所・工場等	名称	所在地	設置年月日
		電話（ ）	・ ・
		電話（ ）	・ ・
		電話（ ）	・ ・

設立の形態に○をする

設立の形態　1 個人企業を法人組織とした法人　2 合併により設立した法人　4 現物出資により設立した法人　3 新設分割により設立した法人（□分割型・□分社型・□その他）　⑤ その他（ 金銭出資による設立 ）

設立の形態が2〜4である場合の適格区分　適格・その他

添付書類等

① 定款等の写し　② 登記事項証明書（履歴事項全部証明書）、登記簿謄本又はオンライン登記情報提供制度利用

3 その他（ ）

オンライン登記情報提供制度利用の場合　都 市

	照会番号	発行年月日
都		年 月 日
市		年 月 日

（記載不要）

届出内容に該当する□にチェックをしてください。

□ 当該区市町村の事務所等が本店で複数の区市町村に事務所等をもつ法人
□ 当該区市町村の事務所等が支店で複数の区市町村に事務所等をもつ法人
レ 当該区市町村にのみ事務所等を有する法人

レ印を入れる

関与税理士　氏名　　　事務所所在地

新たに事務所等を設置した法人が連結法人の場合

連結法人の種類（□連結親法人・□連結子法人　（※子法人の場合には以下に親法人情報も記載してください。））	最初連結事業年度（適用開始事業年度）	・ ・
連結親法人名	連結親法人の納税地　〒　電話（ ）	決算期
法人番号		

税理士署名

事業の種類	□製造業　レ その他（具体的に　飲食店　業）	公益法人等である場合	□収益事業を行う □収益事業を行わない
一般社団法人・一般財団法人である場合	□非営利型法人 □普通法人	※処理欄　管理票　入　力　照　合	

的に行っているため、他の機関に回付されるまで時間を要する場合がありますので、あらかじめ御了承ください。）」（川崎市ホームページ－法人設立・開設届出書〈https://www.city.kawasaki.jp/230/page/0000038264.html〉）としているところもあります。

法人番号の指定・通知制度

　法人番号の指定・通知制度が平成27年10月から始まりました。平成28年１月以降順次、国税・地方税関係の申告書、源泉徴収票などで法人番号の使用が開始されています。

　会社設立後に取得した登記事項証明書の上部に12桁の会社法人等番号の記載があります。例えば、「0111－03－003992」のような記載になります。この会社法人等番号（12桁）の前に１桁の検査用数字を加えた番号が法人番号となります。例えば、「3011103003992」という法人番号となります。つまり、一番左側の１桁を除いた12桁は一致します。

　この法人番号は、特別な届出手続等を要することなく、国税庁長官が指定します。その指定後に、商号（フリガナも）、本店の所在地及び法人番号が法人番号公表サイト（https://www.houjin-bangou.nta.go.jp/）に公表されます（代表社員の氏名及び住所は公表されません）。

　そして、設立された対象の会社へ、郵送（の場合、会社の登記上の所在地）又はオンラインにより法人番号指定通知書が送付されます。

　法人番号は個人番号と異なり、公表され、しかも、誰でもその情報を自由に利用できることになっています。そのため、都心部で会社を設立したらその公開情報により、会社にドッとDMなどが送られてくるというようなことがあります。

　なお、現在の税務署等への届出用紙には、法人番号を記載する欄があります。

社会保険と労働保険の届出

　会社が事業を拡大していけば、従業員を雇用することになるでしょう。従業員が安心して働けるように、そして優秀な人材を確保するためにも、社会保険（健康

保険・厚生年金等)や労働保険(労災保険・雇用保険)に加入することが重要です。

　社会保険や労働保険に関する書類は、その内容によって提出先や期限が異なるので注意が必要です。提出書類はすべて管轄の官公署等で無料で入手できます。

社会保険(健康保険・厚生年金等)

　法人事業所で常時従業員(事業主のみの場合を含む)を使用する事業所は、厚生年金保険および健康保険の加入が法律で義務づけられています。つまり、**働いている者が代表社員1名の合同会社の場合でも会社として加入することになります**(ただし、役員給与が発生していない場合は加入できません)。

　加入した場合は、健康保険料・介護保険料、厚生年金保険料は会社と従業員で半分ずつ負担し、子ども・子育て拠出金は全額会社が負担をすることになります。

(1)「健康保険・厚生年金保険新規適用届」

　「健康保険・厚生年金保険新規適用届」は、事業所が厚生年金保険および健康保険に加入すべき要件を満たした場合に、**その事実発生から5日以内に、事業主(代表社員)が、事業所の所在地を管轄する年金事務所へ提出します**。事業所の所在地を管轄する年金事務所がどこにあるのかは、日本年金機構のHP(https://www.nenkin.go.jp/)で所在を調べることができます。

　提出する際には、提出日からさかのぼって90日以内に発行された登記簿謄本(履歴事項全部証明書、コピー不可)、法人番号指定通知書のコピー等が添付書類として必要です。

(2)「健康保険・厚生年金保険被保険者資格取得届」

　健康保険・厚生年金保険被保険者資格取得届は、従業員を採用した場合等、新たに健康保険及び厚生年金保険に加入すべき者が生じた場合に、事実発生から5日以内に事業者が行うものです。

　添付書類は原則として必要ありませんが、以下の**(1)～(2)**に当てはまる場合は、それぞれの場合に応じて添付書類が必要となります。当てはまる場合は、何が必要なのか、所轄の年金事務所に確認してください。

(1)60歳以上の方が、退職後1日の間もなく再雇用された場合

(2)国民健康保険組合に引き続き加入し、一定の要件に該当する場合等

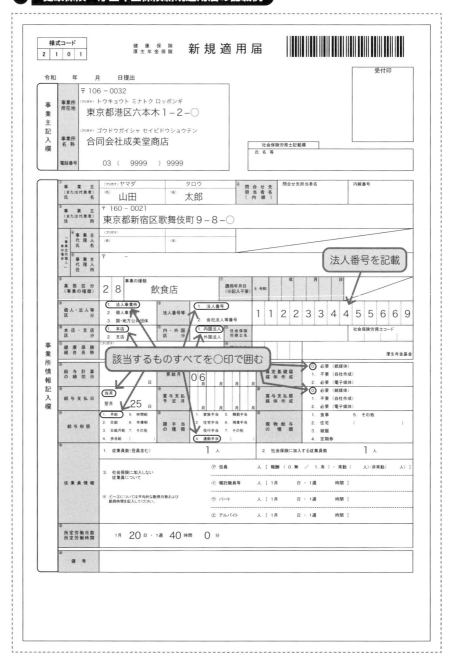

● 健康保険・厚生年金保険被保険者資格取得届の記載例（一部）

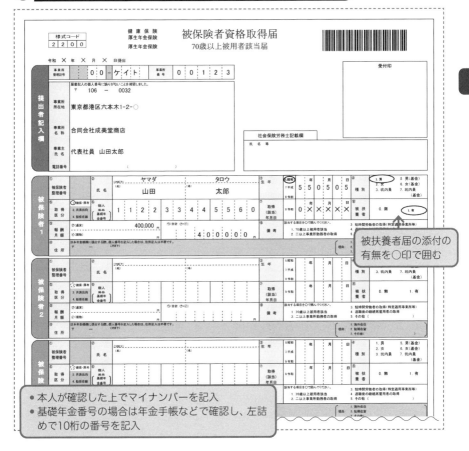

被扶養者届の添付の有無を〇印で囲む

- 本人が確認した上でマイナンバーを記入
- 基礎年金番号の場合は年金手帳などで確認し、左詰めで10桁の番号を記入

諸々の届出書を提出する

（3）「健康保険被扶養者（異動）届（国民年金第３号保険者関係届）」

　役員や従業員が配偶者や子等を扶養しており、その者が被扶養者となる要件を満たしている場合は、「健康保険被扶養者（異動）届（国民年金第３号被保険者関係届）」も提出します。扶養認定を受ける者の続柄の確認のため、提出日から90日以内に発行された戸籍謄（抄）本または住民票を添付する必要があるのですが、被保険者と扶養認定を受ける者それぞれのマイナンバーが届書に記載されており、かつ、扶養認定を受ける者の続柄が届書の記載と相違ないことを確認した旨を、事業主が届書に記載（「続柄確認済み」の□に✓を付す）していれば省略することができます。

　また、扶養認定を受ける者の収入金額が確認できる書類を添付する必要があるのですが、所得税法上の控除対象配偶者・扶養親族であることを事業主が確認し、届書の事業主確認欄の「確認」を○で囲んでいる場合及び扶養認定を受ける方の年齢が16歳未満の場合は、省略できます。

（4）「健康保険厚生年金保険保険料口座振替納付申出書」

　健康保険料、厚生年金保険料および子ども・子育て拠出金の口座振替を希望するときは、「健康保険厚生年金保険 保険料口座振替納付申出書」を金融機関に提出します。

健康保険被扶養者(異動)届(国民年金第3号被保険者関係届)の記載例

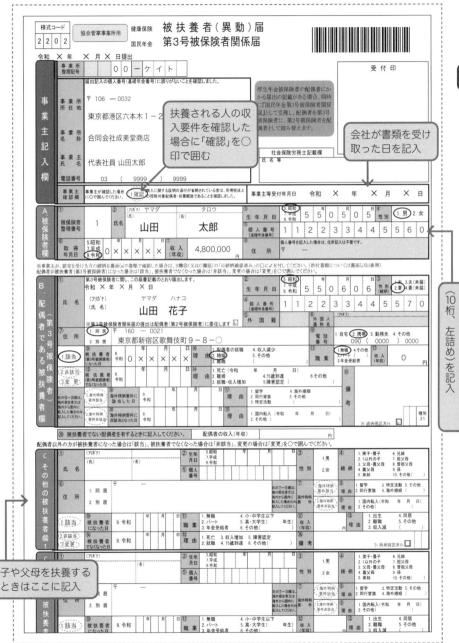

■ 労働保険（労災保険・雇用保険）

　会社は従業員（労働者）を１人でも雇用した場合、労働保険に必ず加入しなくてはいけません。労働保険とは労働者災害補償保険（一般に「労災保険」という）と雇用保険とを総称した言葉です。

　労働保険料は、労働者に支払う賃金総額に保険料率（労災保険率＋雇用保険率）を乗じて得た額です。そのうち、労災保険分は全額会社負担、雇用保険分は、会社と従業員双方で負担することになっています。なお、労災保険については、すべての労働者が対象となりますが、雇用保険については、１週間の所定労働時間が20時間以上であり、かつ、引き続き31日以上の雇用見込みがある労働者が被保険者となります。

　また、所轄の労働基準監督署は厚生労働省のＨＰ（「全国労働基準監督署の所在案内」https://www.mhlw.go.jp/stf/seisakunitsuite/bunya/koyou_roudou/roudoukijun/location.html）で調べることができます。公共職業安定所は厚生労働省のＨＰ（「全国のハローワーク」https://www.mhlw.go.jp/stf/seisakunitsuite/bunya/koyou_roudou/koyou/hellowork.html）で調べることができます。

（1）「保険関係成立届」と「概算保険料申告書」

　労働保険の適用事業となったときは、まず労働保険の保険関係成立届を所轄の労働基準監督署に提出します。そして、その年度分の労働保険料（保険関係が成立した日からその年度の末日までに労働者に支払う賃金の総額の見込額に保険料率を乗じて得た額となる）を概算保険料として申告・納付することになります。労働保険では、４月１日から翌年の３月31日を１つの年度としています。

　提出期限が、保険関係成立届は、保険関係が成立した日（従業員を雇用した日）の翌日から起算して10日以内であり、概算保険料申告書は、保険関係が成立した日の翌日から起算して50日以内となっており、保険料を納付します。

　提出する際には、登記事項証明書（原本）と賃貸契約書等の事業所の実在を確認できる書類等が添付書類として必要となります。

● 労働保険関係成立届の記載例

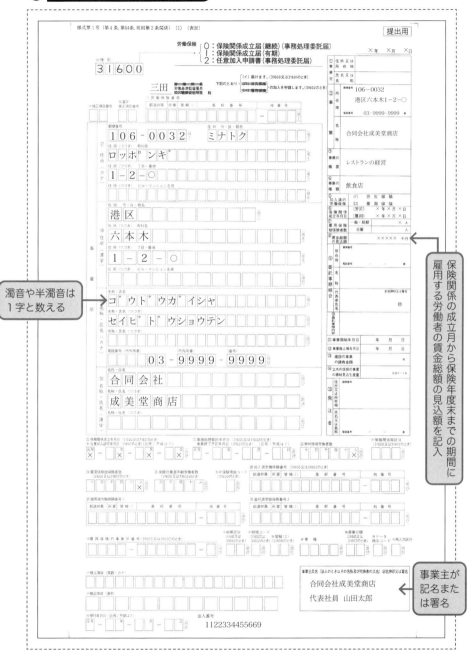

濁音や半濁音は
1字と数える

保険関係の成立月から保険年度末までの期間に
雇用する労働者の賃金総額の見込額を記入

事業主が
記名また
は署名

諸々の届出書を提出する

　次に、雇用保険適用事業所設置届及び雇用保険被保険者資格取得届（人数分）を所轄の公共職業安定所（ハローワーク）に提出しなければなりません。労働基準監督署で手続きした書類の控え（労働基準監督署受理済の「保険関係成立届」事業主控え）が必要となるため、逆の順番では手続きできません。

　提出期限は、「雇用保険適用事業所設置届」は，設置の日の翌日から起算して10日以内であり、「雇用保険被保険者資格取得届」は資格取得の事実があった日（従業員を雇用した日）の翌月10日までとなっています。

　提出する際には、労働基準監督署で手続きした書類の控えのほか、登記事項証明書（原本）と賃貸契約書等の事業所の実在を確認できる書類等が添付書類として必要となります。

　また、被保険者関係の必要書類として、労働者の雇い入れ日、雇用実態、賃金支払の状況等を確認できる労働者名簿、賃金台帳、出勤簿（タイムカード）、雇入通知書等が必要となります。

雇用保険適用事業所設置届（表面）の記載例

法人番号を記載

雇用保険適用事業所設置届

（必ず第2面の注意事項を読んでから記載してください。）

※　事業所番号

帳票種別　1 2 0 0 1　　1.法人番号（個人事業の場合は記入不要です。）　1 1 2 2 3 3 4 4 5 5 6 6 9

下記のとおり届けます。

公共職業安定所長　殿

令和　×　年　×　月　×　日

2.事業所の名称（カタカナ）
コ ゴ ウ ト ゛ ウ カ ゛ イ シ ャ セ イ ヒ ゛ ト ゛ ウ シ ョ ウ テ ン

事業所の名称〔続き（カタカナ）〕

3.事業所の名称（漢字）
合 同 会 社 成 美 堂 商 店

事業所の名称〔続き（漢字）〕

4.郵便番号
1 0 6 - 0 0 3 2

5.事業所の所在地（漢字）※市・区・郡及び町村名
港 区 六 本 木

事業所の所在地（漢字）※丁目・番地
1 丁 目 2 番 ○ 号

事業所の所在地（漢字）※ビル、マンション名等

6.事業所の電話番号（項目ごとにそれぞれ左詰めで記入してください。）
0 3 - 9 9 9 9 - 9 9 9 9
市外局番　市内局番　番号

7.設置年月日　5 - × × × × × （3 昭和 4 平成 5 令和）
元号　年　月　日

8.労働保険番号　× × × × × × × × × × × ×
府県 所掌 管轄 基幹番号 枝番号

※公共職業安定所記載欄　9.設置区分（1 当然 2 任意）　10.事業所区分（1 個別 2 委託）　11.産業分類　12.台帳保存区分（1 日雇被保険者のみの事業所 2 船舶所有者）

13.事業主	（フリガナ）住所	トウキョウト ミナトク ロッポンギ 東京都港区六本木1-2-○	17.常時使用労働者数	× 人
	（フリガナ）名称	ゴウドウガイシャ セイビドウショウテン 合同会社成美堂商店	18.雇用保険被保険者数 一般 / 日雇	× 人 / 人
	（フリガナ）氏名	ヤマダ タロウ 山田太郎	19.賃金支払関係 賃金締切日 / 賃金支払日	20 日 / 当・翌月 日
14.事業の概要		飲食店	20.雇用保険担当課名	課 / 係
15.事業の開始年月日	令和×年×月×日	16.事業の廃止年月日 令和 年 月 日	21.社会保険加入状況	健康保険 厚生年金保険 労災保険

備考

| 所長 | 次長 | 課長 | 係長 | 係 | 操作者 |

（この届出は、事業所を設置した日の翌日から起算して10日以内に提出してください。）

2021. 9

注　意

1　□□□で表示された枠（以下「記入枠」という。）に記入する文字は、光学式文字読取装置（ＯＣＲ）で直接読取を行いますので、この用紙を汚したり、必要以上に折り曲げたりしないでください。

2　記載すべき事項のない欄又は記入枠は空欄のままとし、※印のついた欄又は記入枠には記載しないでください。

3　記入枠の部分は、枠からはみ出さないように大きめの文字によって明瞭に記載してください。

4　1欄には、平成27年10月以降、国税庁長官から本社等へ通知された法人番号を記載してください。

5　2欄には、数字は使用せず、カタカナ及び「−」のみで記載してください。
　　カタカナの濁点及び半濁点は、１文字として取り扱い（例：ガ→ガ □、パ→ハ ゜ ）、また、「ッ」及び「ェ」は使用せず、それぞれ「イ」及び「エ」を使用してください。

6　3欄及び5欄には、漢字、カタカナ、平仮名及び英数字（英字については大文字体とする。）により明瞭に記載してください。

7　5欄1行目には、都道府県名は記載せず、特別区名、市名又は郡名とそれに続く町村名を左詰めで記載してください。
　　5欄2行目には、丁目及び番地のみを左詰めで記載してください。
　　また、所在地にビル名又はマンション名等が入る場合は5欄3行目に左詰めで記載してください。

8　6欄には、事業所の電話番号を記載してください。この場合、項目ごとにそれぞれ左詰めで、市内局番及び番号は「−」に続く５つの枠内にそれぞれ左詰めで記載してください。（例：03-3456-XXXX→ 0 3 □ □ - 3 4 5 6 □ - X X X X □ ）

9　7欄には、雇用保険の適用事業所となるに至った年月日を記載してください。この場合、元号をコード番号で記載した上で、年、月又は日が１桁の場合は、それぞれ10の位の部分に「０」を付加して２桁で記載してください。
　　（例：平成14年４月１日→ 4 - 1 4 0 4 0 1 ）

10　14欄には、製品名及び製造工程又は建設の事業及び林業等の事業内容を具体的に記載してください。

11　18欄の「一般」には、雇用保険被保険者のうち、一般被保険者数、高年齢被保険者数及び短期雇用特例被保険者数の合計数を記載し、「日雇」には、日雇労働被保険者数を記載してください。

12　21欄は、該当事項を○で囲んでください。

13　22欄は、事業所印と事業主印又は代理人印を押印してください。

14　23欄は、最寄りの駅又はバス停から事業所への道順略図を記載してください。

お願い

1　事業所を設置した日の翌日から起算して10日以内に提出してください。

2　営業許可証、登記事項証明書その他記載内容を確認することができる書類を持参してください。

22.	事業所印影	事業主（代理人）印影	改印欄（事業所・事業主）	改印欄（事業所・事業主）	改印欄（事業所・事業主）
登録印		（成美堂商店）	改印年月日 令和　年　月　日	改印年月日 令和　年　月　日	改印年月日 令和　年　月　日

23. 最寄りの駅又はバス停から事業所への道順

手描きの略図でＯＫ

ＪＲ○○駅

警察署

労働保険事務組合記載欄

所在地

名　称

代表者氏名

委託開始　令和　年　月　日

委託解除　令和　年　月　日

社会保険労務士記載欄	作成年月日・提出代行者・事務代理者の表示	氏　名	電話番号

※　本手続は電子申請による届出も可能です。詳しくは管轄の公共職業安定所までお問い合わせください。
　　なお、本手続について、社会保険労務士が電子申請により本届書の提出に関する手続を事業主に代わって行う場合には、当該社会保険労務士が当該事業主の提出代行者であることを証明することができるものを本届書の提出と併せて送信することをもって、当該事業主の電子署名に代えることができます。

6章

合同会社の
運営ポイント

合同会社を設立するまでと設立後に行う作業の流れは2〜5章で
解説しましたが、合同会社は定款によって運営方法が大きく変わ
ります。「会社の運営方法にこだわりがある」という方は、この章
も読んで参考にしてください。

設立費用と設立後の給与について
交際費で指摘を受けないために
決算は事業年度ごとに
電子帳簿保存法の改正
創業時の資金調達について
合同会社の社員の諸々
合同会社は各社員の資本の持分管理をする
「損益の分配」と「利益の配当」
合同会社からの変更
定款記載例

設立費用と設立後の給与について

■ 合同会社設立にかかった費用は繰延資産

　設立登記のために支出する登録免許税その他、**会社設立のために支出する費用で、会社が負担すべきものは創立費として法人税法上の繰延資産（支出された費用だが、その効果が将来に及ぶため、資産として計上されるもの）**となります。

　定款に貼る収入印紙代や、設立のために支出する通信費、交通費、個人の印鑑証明書代、会社代表者印の作成費は創立費となります。その他、電子定款の作成依頼をした場合の行政書士への報酬や、登記申請の依頼をした場合の司法書士への報酬も創立費となります。ただし、「設立のために支出する費用」ですので、それ以外の費用は創立費となりません。

　なお、創立費は会社設立前にかかるものなので、通常、代表社員等が立て替えているでしょう。そのため、会社を設立したら、すぐにその立て替え分を精算します。法人税法上、**創立費の償却方法は随時償却となります**。つまり、設立事業年度において全額損金算入することが可能です。また、いつでも自由に任意の額だけを償却してもかまわないので、会社の経営状態が黒字になるまで繰延資産に計上しておくということも可能です。

　創立費にはならないけれども、会社の運営上、設立前に費用が生じる場合もあるでしょう。例えば、会社設立後に取引をする相手方との会議費や営業活動費などです。このような、会社の設立期間中に生じた費用は、会社設立後最初の事業年度の所得の金額の計算に含めて申告することができるものとされています。つまり、1期目の経費にすることができるということになります。ただし、設立期間がその設立に通常要する期間を超えて長期にわたる場合や、当該会社が個人事業を引き継いで設立されたもの（いわゆる法人成り）である場合は別です。

　また、**会社設立後事業を開始するまでの間に開業準備のため特別に支出する費用は開業費として法人税法上の繰延資産となります**。法人税法上、**開業費の償却方法も随時償却となります**。なお、「開業準備のために特別に支出する費用」しか認められないので、日常的にかかる費用は開業費となりません。そのような費用は繰延資産とならずに、1期目の費用として計上します。

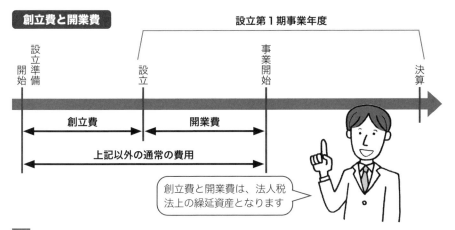

創立費と開業費は、法人税法上の繰延資産となります

給与から差し引く税金（源泉徴収と年末調整）

源泉徴収の額は「税額表」を使って求める

　会社が、役員や従業員（以下、給与所得者）に給与を支払う場合には、その支払いの都度、支払い金額に応じた所得税及び復興特別所得税（以下、所得税等）を差し引き、いったん会社が預かります（源泉徴収）。そして後日、国（税務署）に納めなければなりません。源泉徴収する税額は、その支払いの都度、「給与所得の源泉徴収税額表」を使って求めます。税額表には、「月額表」と「日額表」と「賞与に対する源泉徴収税額の算出率の表」の３種類があります。なお、「給与所得の源泉徴収税額表」は税務署へ行けば、無料で手に入りますし、国税庁のホームページ（https://www.nta.go.jp/publication/pamph/gensen/zeigakuhyo2022/02.htm）からでもダウンロードできます（リンク先は令和５年分源泉徴収税額表です）。ダウンロードする場合は、該当する年分のものか確認してください。

　源泉徴収をする所得税等は、使う税額表に記載されている「甲欄」か「乙欄」又は「丙欄」で税額を求めます。

　給与所得者が、「給与所得者の扶養控除等（異動）申告書」を給与支払者である会社に提出している場合には「甲欄」、提出がない場合には「乙欄」で税額を求めます。「丙欄」は「日額表」だけにあり、日雇いの人や短期間雇い入れるアルバイトなどに一定の給与を支払う場合に使います。

　例えば、扶養親族が１人いて、社会保険料控除後の給与額が20万円である給与所得者がいたとします。この方が、会社に「給与所得者の扶養控除等（異動）申告書」

設立費用と設立後の給与について

を提出している場合には、3,140円が源泉徴収されます（令和5年の場合）。しかし、申告書を提出していない場合は、2万900円が源泉徴収されることになります。

「給与所得者の扶養控除等（異動）申告書」の提出とは、給与所得者が、その給与について配偶者控除や扶養控除などの控除を受けるために行う手続となっています。**給与所得者が、申告書に該当する事項などを記載した上で会社に提出します。**

給与所得者は、その年の最初に給与の支払いを受ける日の前日（中途就職の場合には、就職後最初の給与の支払いを受ける日の前日）までに申告書を会社に提出します。また、当初提出した申告書の記載内容に異動があった場合には、その異動の日後、最初に給与の支払いを受ける日の前日までに異動の内容などを記載した申告書を提出します。

なお、この申告書は、本来、会社を経由して税務署長及び市区町村長へ提出することになっているのですが、会社は、税務署長及び市区町村長からとくに提出を求められた場合以外は、提出する必要はありません。一般的には、税務調査があった際に調査官に求められたら提示します。申告書の提出を受けた会社は、その申告書を7年間保存しなければなりません。

● **給与所得者の扶養控除等（異動）申告書の記載例**

令和5年分　給与所得者の扶養

所轄税務署長等 麻布 税務署長 新宿 市区町村長	給与の支払者の名称（氏名）	合同会社成美堂商店	（フリガナ） あなたの氏名	ヤマダ 山田
	給与の支払者の法人（個人）番号	※この申告書の提出を受けた給与の支払者が記載してください。 1 1 2 2 3 3 4 4 5 5 6 6 9	あなたの個人番号	1 1 2
	給与の支払者の所在地（住所）	東京都港区六本木1-2-○	あなたの住所又は居所	（郵便番号 東京都

あなたに源泉控除対象配偶者、障害者に該当する同一生計配偶者及び扶養親族がなく、かつ、あなた自身が障害者、寡

	区分等	（フリガナ） 氏　名	個　人　番　号 あなたとの続柄　生年月日	老人扶養親族（昭28.1.1以前生） 特定扶養親族（平12.1.2生～平16.1.1生）
	A 源泉控除対象配偶者（注1）	ヤマダ　ハナコ 山田　花子	1 1 2 2 3 3 4 4 5 5 7 0 昭　55・6・6	
主たる給与か B 控除対象扶養親族	1		・　・	□ 同居老親等 □ その他 □ 特定扶養親族
	2		・　・	□ 同居老親等 □ その他 □ 特定扶養親族

● 給与所得の源泉徴収税額表（月額表）　　　（令和5年分）

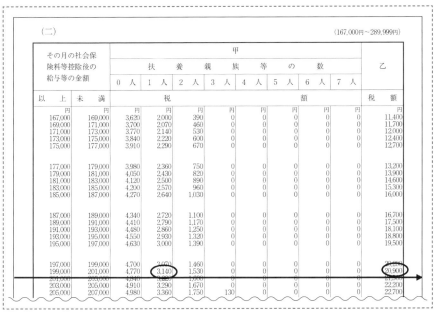

(二)　　　　　　　　　　　　　　　　　　　　　　　　　　（167,000円～289,999円）

その月の社会保険料等控除後の給与等の金額		甲								乙
		扶 養 親 族 等 の 数								
		0 人	1 人	2 人	3 人	4 人	5 人	6 人	7 人	
以 上	未 満	税 額								税 額
円	円	円	円	円	円	円	円	円	円	円
167,000	169,000	3,620	2,000	390	0	0	0	0	0	11,400
169,000	171,000	3,700	2,070	460	0	0	0	0	0	11,700
171,000	173,000	3,770	2,140	530	0	0	0	0	0	12,000
173,000	175,000	3,840	2,220	600	0	0	0	0	0	12,400
175,000	177,000	3,910	2,290	670	0	0	0	0	0	12,700
177,000	179,000	3,980	2,360	750	0	0	0	0	0	13,200
179,000	181,000	4,050	2,430	820	0	0	0	0	0	13,900
181,000	183,000	4,120	2,500	890	0	0	0	0	0	14,600
183,000	185,000	4,200	2,570	960	0	0	0	0	0	15,300
185,000	187,000	4,270	2,640	1,030	0	0	0	0	0	16,000
187,000	189,000	4,340	2,720	1,100	0	0	0	0	0	16,700
189,000	191,000	4,410	2,790	1,170	0	0	0	0	0	17,500
191,000	193,000	4,480	2,860	1,250	0	0	0	0	0	18,100
193,000	195,000	4,550	2,930	1,320	0	0	0	0	0	18,800
195,000	197,000	4,630	3,000	1,390	0	0	0	0	0	19,500
197,000	199,000	4,700	3,070	1,460	0	0	0	0	0	20,200
199,000	201,000	4,770	3,140	1,530	0	0	0	0	0	20,900
201,000	203,000	4,840	3,220	1,600	0	0	0	0	0	21,500
203,000	205,000	4,910	3,290	1,670	0	0	0	0	0	22,200
205,000	207,000	4,980	3,360	1,750	130	0	0	0	0	22,700

設立費用と設立後の給与について

控除等（異動）申告書

タロウ

太郎

	あなたの生年月日	昭　55 年 5 月 5 日	従たる給与についての扶養控除等申告書の提出	扶

世帯主の氏名　山田太郎

あなたとの続柄　本人

2 3 3 4 4 5 5 6 0

（　160 － 0021　）

配偶者の有無　有

新宿区歌舞伎町9-8-○

（提出している場合には、○印を付けてください。）

記載のしかたはこち…

帯、ひとり親又は勤労学生のいずれにも該当しない場合には、以下の各欄に記入する必要はありません。

令和4年中の所得の見積額	住　所　又　は　居　所	異動月日及び事由（令和4年中に異動があった場合に記載してください。（以下同じです。）。）
居住者である親族 / 生計を一にする事実		
0 円	東京都新宿区歌舞伎町9-8-○	
円		
円		

◎この申告書は、あなたの給与につい
◎この申告書は、源泉控除対象配偶者
◎この申告書は、2か所以上から給与
必要があります。
◎この申告書の記載に当たっては、裏

215

▣ 年末調整で過不足分を「還付」または「徴収」する

　会社が給与所得者から源泉徴収をした所得税等の1年間の合計額は、必ずしもその人が1年間に納めるべき税額とはなりません。偶然一致する場合もありますが、通常、差額が生じます。そのため、**1年間に源泉徴収をした所得税等の合計額と1年間に納めるべき所得税等の額との差額を精算する必要があります。この手続きを年末調整といいます**。1年間に納めるべき税額よりも会社が多く源泉徴収していた場合は、その差額の税額を給与所得者に還付します。逆に少なく源泉徴収していた場合は、その差額の税額を給与所得者から徴収します。

　なお、年末調整の対象となる人は「給与所得者の扶養控除等申告書」を、年末調整を行う日までに提出している一定の人です。一般的に多いケースは、給与の総額が2000万円以下で、会社に1年を通じて勤務している人や、年の中途で就職して年末まで勤務している人です。

還付のケース

　従業員Aから1年間に源泉徴収をした所得税等の合計額は6万円(毎月5千円×12か月分)だったが、Aが1年間に納めるべき所得税等の額は5万9,000円だった。➡1,000円を従業員Aに還付

徴収のケース

　従業員Bから1年間に源泉徴収をした所得税等の合計額は12万円(毎月1万円×12か月分)だったが、Bが1年間に納めるべき所得税等の額は13万円だった。➡1万円を従業員Bから徴収

▮ 業務執行社員に報酬を支払うには特約が必要

▣ 定款で別段の定めを入れるのが基本

　業務執行社員と合同会社との関係について、民法648条の規定を準用することになっています。つまり、**特約がなければ、業務執行社員は合同会社に対して報酬を請求することができない**ことになっています。通常は、業務執行社員の報酬について定款で別段の定めを入れて対応しています。なお、定款で別段の定めが

ない場合は次のように取扱います。

「業務執行社員は、持分会社との間でその就任に際し、任用または雇用契約を結ぶ場合、その契約内容の一部として、報酬の特約をすることは当然に認められる。その場合に、株式会社の取締役の報酬に関する手続的規制のような規定はないため、何らかの特別な手続きを履践する必要はなく、黙示的合意による特約も可能である。ただし、業務執行社員となってから報酬に関する特約を会社との間で結ぶことは、利益相反取引に該当するから、定款に別段の定めがない限り、過半数の社員による承諾が必要になると考えられる」（注6-1）。

■ 定款の記載例

業務執行社員の報酬について定款に記載する場合は、「業務の執行及び会社の代表」の章の中に、下記のいずれかのように記載するとよいでしょう。

（報酬）
第○条　業務執行社員の報酬は、総社員の同意をもって定める。

（報酬）
第○条　業務執行社員の報酬は、社員の3分の2以上の同意をもって定める。

（報酬）
第○条　業務執行社員の報酬は、社員の過半数の同意をもって定める。

■ 業務執行社員へ報酬を支払う場合の税務上の注意点

■ 業務執行社員の報酬＝法人税法上の「役員給与」

合同会社の業務執行社員は、法人税法上の役員となります。なお、合同会社では法人も業務執行社員になることができるため、その法人も法人税法上の役員に該当します。合同会社の業務執行社員に払う報酬は、法人税法上の役員給与となります。以前は、法人税法上は役員報酬・役員賞与といった語句が使用されていましたが、現在では役員給与という語句が使用されています。

なお、業務執行社員は、法人税法上の使用人兼務役員となることはできません。

設立費用と設立後の給与について

使用人兼務役員とは、役員のうち、部長、課長その他法人の使用人としての職制上の地位を有し、かつ、常時使用人としての職務に従事する者をいいます。株式会社でいえば、取締役営業部長、取締役工場長などがこれに該当します。したがって、合同会社の業務執行社員に払う報酬は、全額、法人税法上の役員給与となります。

■ 役員給与が法人税法上の経費になる場合

　法人税法上、役員給与は(イ)定期同額給与、(ロ)事前確定届出給与、(ハ)業績連動給与のいずれにも該当しないものの額は損金の額に算入されません。簡単にいうと、**上記の3つの給与のいずれかに該当しないと、業務執行社員に報酬を支払っても、法人税上の経費にならない**ということです。

> **(イ)定期同額給与**
> 　支給時期が1月以下の一定の期間ごとであり、かつ、当該事業年度の各支給時期における支給額が同額である給与

　簡単にいうと、役員に毎月払う報酬は同額であることが必要だということです。

> **(ロ)事前確定届出給与**
> 　役員の職務につき所定の時期に確定額を支給する旨の定めに基づいて支給する給与で、納税地の所轄税務署長にその定めの内容に関する届出をしている給与

　簡単にいうと、役員にボーナスを支払う場合は、あらかじめ税務署に届け出が必要だということです。

> **(ハ)業績連動給与**
> 　法人(同族会社にあっては同族会社以外の法人との間にその法人による完全支配関係があるものに限ります)が、業務執行役員に対して支給する業績連動給与で一定の要件を満たすもの

（ハ）は一定の用件を満たすのが非常に難しいため、あまり利用されません

定期同額給与が利用しやすい

額面の金額が毎月同じ給与

　法人が役員に対して支給する給与の額のうち定期同額給与、事前確定届出給与、利益連動給与に該当した場合は損金となります。この中で、定期同額給与が一番利用しやすいため、会社を設立したばかりの人はこれに該当するように会社から給与をもらうことにしましょう。

　定期同額給与とは、支給時期が1か月以下の一定の期間ごとである給与で、その事業年度の各支給時期における支給額が同額である給与のことをいいます。簡単にいうと、**役員が毎月もらう給与が同額である場合の給与のこと**をいいます。

　例えば、同一事業年度中の役員がもらう給与が毎月30万円で同額であるならば、定期同額給与となり、全額、損金となります。なお、同額となる給与というのは支給額または支給額から源泉税等の額を控除した金額が同額である場合をいいます。源泉税等の額とは、源泉徴収をされる所得税の額、特別徴収をされる地方税の額、定期給与の額から控除される社会保険料の額その他これらに類するものの額の合計額をいいます。つまり、額面金額が毎月同じ金額か、所得税や社会保険などを差し引かれた手取りの金額が毎月同じ金額であれば、定期同額給与となります。ただし、一般的には、額面金額を毎月同じ金額としている会社がほとんどでしょう。

損金＝定期同額給与30万円×12か月＝360万円

　では次に、決算間際になって、会社が好調だったからといって、決算月とその前月に20万円上乗せした50万円を役員に支払ったとします。この場合、上乗せした金額40万円(20万円×2か月分)は、損金とはなりません。つまり、事業年度中に支払った役員への給与が400万円(30万円×10か月分＋50万円×2か月分)であったとしても、法人税の計算上、360万円しか損金とならないのです。

　このような措置は、利益操作ができないようにするためにとられています。つまり、**意図的に会社の利益(所得)を減らして、法人税を減らすことができないような仕組みとなっている**のです。

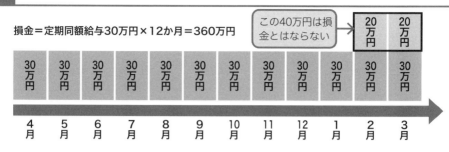

損金＝定期同額給与30万円×12か月＝360万円

この40万円は損金とはならない

| 30万円 | 30万円 | 30万円 | 30万円 | 30万円 | 30万円 | 30万円 | 30万円 | 30万円 | 30万円 | 30万円 | 30万円 | 20万円 | 20万円 |

4月 5月 6月 7月 8月 9月 10月 11月 12月 1月 2月 3月

支給分全額を損金とする給与改定

　役員への給与を毎月30万円と設定したとしても、しばらくしたら、その金額を例えば40万円に増額改定しようとする場合があるでしょう。反対に20万円に減額改定しようとする場合もあるでしょう。

　このような場合は、事業年度開始の日の属する会計期間開始の日から3か月を経過する日までに定期給与の額の改定があって、（1）事業年度開始から改定前までの給与が同額であり、（2）改定後から事業年度終了までの給与が同額であれば定期同額給与となります。例えば、3月末決算の会社の役員が、事業年度開始から毎月30万円をもらっていたが、6月支給分から額を改定して40万円になったとします。そして、事業年度終了まで40万円もらっていたならば、定期同額給与となり、全額、損金となります。

損金＝定期同額給与30万円×2か月＋40万円×10か月＝460万円

| 30万円 | 30万円 | 40万円 | 40万円 | 40万円 | 40万円 | 40万円 | 40万円 | 40万円 | 40万円 | 40万円 | 40万円 |

4月 5月 6月 7月 8月 9月 10月 11月 12月 1月 2月 3月

　なお、**会社設立の1期目の事業年度の場合は、設立から3か月以内に役員給与の金額を決定して事業年度末までその金額を役員に支払ってください。**役員に初めて給与を支払う場合や、給与の改定をする場合は、右ページのように社員による同意書等を作成し会社で保存しておいてください。それがないと、税務調査の際に調査官と揉めるようなことが起こってしまうかもしれません。

　最初に払う役員給与の注意点としては、従業員に対する給与と違い、役員に対する給与は日割り計算をしないことです。例えば「本来の役員給与の支払いは月30万円だが、会社設立日の関係で、日割り計算により設立月の役員給与は10万円の支払いにする」というようなことはしないでください。設立月から30万円の役員給与を払うか、もしくは設立翌月から30万円の役員給与を払うというようにしてください。

● **業務執行社員報酬同意書**　　　　　　　　　（3月末決算の会社の例）

同 意 書

令和×年5月25日、当会社本店において、下記のことについて総社員の同意があった。

社員総数　3名

出席社員数　3名

記

1．業務執行社員　山田太郎　の報酬を、令和×年6月支給分（令和×年6月20日支給予定）より、次のとおりとする。

報酬金額　　月額　400,000円

以上

　上記について、総社員の同意があったことを証するため、この同意書を作成し次のとおり記名押印する。

令和×年5月25日

　合同会社成美堂商店

社　　　　員　　　山田太郎　㊞

社　　　　員　　　渋谷次郎　㊞

社　　　　員　　　品川三郎　㊞

交際費で指摘を受けないために

 ## 交際費は原則として損金にならない

　会社の事業のために支出し、その使途が明らかである交際費は、企業会計上、全額が費用(経費)となります。しかしながら法人税においては租税特別措置法により、原則として会社の支出した交際費の全額を損金に算入することを認めていません。つまり、いくら交際費として経費処理をしても、税務においては一切経費として認められず法人税がかかってしまうということになります。これは会社の無駄な支出(冗費)を抑制し、内部留保を高め、財務体質の改善を図るといったことや、公正な取引の阻害の防止や正常な価格形成という政策上の目的から措置されています。租税特別措置法では、令和6年3月31日までの間の措置とされていますが、2年ごとに延長・継続されているのが実情です。

　なお、税務上の交際費は社会通念上の概念よりも大きいため、正確にいうと「交際費等」という用語が税務上使われています。交際費になるのか、それとも会議費、福利厚生費、広告宣伝費といった他の経費になるのかでは、法人税の金額が変わってしまいます。そのため、国税庁では通達(https://www.nta.go.jp/law/tsutatsu/kobetsu/hojin/sochiho/750214/08/08_61_4a.htm)で、交際費にあたるもの、あたらないものを示しています。しかし、実務の世界では交際費になる、ならないの判断に迷う場合が多々あり、税務調査の際には調査官と会社では見解の相違により揉める元になってしまうのです。

 ## 交際費が損金に算入される特例(令和6年3月31日まで)

　原則として交際費は損金に算入されないのですが、「接待飲食費に係る損金算入の特例」及び「中小法人に係る損金算入の特例」の2つの特例が設けられています。

接待飲食費に係る損金算入の特例
　交際費のうち接待飲食費の50％に相当する金額は、損金算入される(資本

金100億円超の法人は除く）。

中小法人に係る損金算入の特例

資本金の額が1億円以下である中小法人が支出した交際費については、年800万円までは損金算入される。つまり、1年間に使った交際費が800万円を超えたら、その超えた部分は損金にならないということになる。

　なお、設立初年度や事業年度変更により、その事業年度（期首から期末まで）が12か月ない場合は800万円を月数按分（割合に応じて分けること）します。例えば、その事業年度が6か月しかない場合は、800万円×（6／12）＝400万円までの交際費は損金算入されることになります。中小法人の場合は、「接待飲食費に係る損金算入の特例」と「中小法人に係る損金算入の特例」の選択適用となるのですが、**ほとんどの中小法人では「中小法人に係る損金算入の特例」を選択したほうが有利になるので、年800万円までの交際費は損金算入できる**と理解しておけばよいでしょう。

臨時の役員給与（役員賞与）に注意

　大きな会社の場合は、交際費になるのか、それとも会議費、福利厚生費、広告宣伝費といった他の経費になるのかで、法人税の金額が変わってしまいます。しかし、合同会社の多くは資本金数百万円で設立されていることが多く、年800万円を超えて交際費（交際費かどうか判断に迷う経費を含めて）を使うというのは極めて稀なケースといえます。設立して間もない多くの合同会社にとって、交際費になるかならないかは、税務上それほど気にする必要はないでしょう。

　ただし、注意する点があります。それは、交際費として経費処理したものの中に、代表者個人の私的なものが入っていないかということです。交際費とは、あくまでも会社の事業のために支出するものです。例えば、代表者個人の私的な飲食に使ったお金などは会社の交際費とはなりません。このように**代表者個人の私的なものを交際費など会社の経費として処理しておいて税務調査で指摘された場合は、臨時の役員給与（役員賞与）と認定されます。**この場合は、その役員賞与全額が損金にならないため法人税がかかります。役員給与のページで解説したように、役員給与が損金算入されるためには一定の要件を満たしている必要があるからです。さらに、代表者個人への賞与でもあるため所得税もかかることになります。つまり、会社と個人両方から税金を支払うことになるため、注意する必要があります。

決算は事業年度ごとに

決算後は申告と納税を

　合同会社は**事業年度ごとに決算をし、貸借対照表、損益計算書、社員資本等変動計算書および個別注記表といった計算書類を作成しなければなりません**。株式会社は計算書類を定時株主総会に提出し承認を受ける必要がありますが、合同会社ではそのような規定がありません。ただし、作成された計算書類の確定は法人税の申告等により当然必要であるため、定款に別段の定めがある場合を除き、業務執行社員の過半数をもって確定します。また、株式会社は決算公告が義務となっていますが、合同会社は義務となっていません。しかし、合同会社の社員と債権者には、計算書類の閲覧請求権が認められています。

　また、合同会社は**各事業年度終了の日の翌日から2か月以内に、所轄の税務署に対し、法人税の申告書を提出しなければなりません**。この、法人税の申告の際には申告書のほかに貸借対照表などの計算書類や勘定科目内訳明細書などを添付する必要があります。また、納税額がある場合は、申告書の提出期限までに納付をしなければなりません。つまり、事業年度終了の日の翌日から2か月以内に申告と納税をしなければならないことになっているのです。
　同様に、**都道府県税事務所及び市町村役場への申告と納税**も必要です。

　個人の申告（いわゆる3月15日までの確定申告）と違って、法人の申告は簡単ではなく、**一般的に、税理士に決算業務を依頼することが多い**ものです。設立後まもなく、資金的に厳しい場合は、毎月の顧問料を税理士に支払う余裕はないでしょう。その場合は、日々の経理は会計ソフトを使用して会社側で入力し、決算の段階で入力したデータを税理士に渡して決算業務の依頼をするとよいでしょう。

> 資金的に厳しい場合は、日々の経理は会社側で入力し、決算業務を税理士に依頼するとよいでしょう

電子帳簿保存法の改正

▌令和6年(2024)年からは電子取引データの紙保存は禁止

　商売をしている場合、請求書や領収書などを発行したり、取引先から請求書や領収書などを受け取ったりします。これらの書類は捨ててはならず、保存をしておく必要があります。**税務調査が入った際に、それらの書類を捨てていた場合、問題となります**。つまり、仕入れや外注をしていたと会社側が主張しても証拠がないと弱い立場になってしまいます。

　なお、請求書や領収書などを保存するといっても、紙だけでなく電子取引によるデータの場合もあり、次のようなものが電子取引に該当します。

(1) 電子メールにより請求書や領収書などのデータ(PDFファイルなど)を受領

(2) インターネットのホームページからダウンロードした請求書や領収書などのデータ(PDFファイル等)又はホームページ上に表示される請求書や領収書などのスクリーンショットを利用

(3) 電子請求書や電子領収書の授受に係るクラウドサービスを利用

(4) クレジットカードの利用明細データ、交通系ICカードによる支払いデータ、スマートフォンアプリによる決済データなどを活用したクラウドサービスを利用

(5) 特定の取引に係るEDIシステムを利用

(6) ペーパーレス化されたFAX機能を持つ複合機を利用

(7) 請求書や領収書などのデータをDVDなどの記録媒体を介して受領

　現時点では、会社によっては、これら電子取引データの場合であっても、紙に印刷して保存をしているところが結構あります。それだと、書類がかさばり保存のための場所を取るのですが、紙で受け取る請求書や領収書などと、電子取引データで受け取る請求書や領収書などを、それぞれ別で管理すると管理しづらいということで、紙で統一して保存をするというようなことが行われているわけです。

　ただし、**令和6 (2024)年1月1日からは、電子取引データは紙での保存が原**

則禁止となる予定です。予定と書いているのは、実は、本来は令和4（2022）年1月1日から始まる予定であったのですが、中小企業を中心として企業側の対応が間に合わないからということで2年間の猶予期間が設けられたということがあり再延期もなくはないと思えるからです。ただし、予定通り始まると考えて準備していないと、実際に始まったら対応できないことになるので、読者の皆様はあらかじめ情報の確保など準備をしておいたほうがよいと思います。

適格請求書等保存方式（消費税インボイス制度）が開始される令和5（2023）年10月1日に続けて、短い期間で電子取引データの紙保存禁止も始まり、中小企業にとっては大変な業務が立て続けに始まるといえます。ただし、このことは中小法人だけでなく、個人事業主も一緒なので、今まで顧問税理士がいない状態で確定申告をしていた個人事業主のなかには、顧問税理士を探し始めている人が増えているのが現状です。

なお、電子取引データは紙での保存が禁止となりますが、実は、そのまま単純にデータ保存をしておけばよいということではありません。例えば、ＰＤＦファイルでもらった取引先からの領収書等を、そのままＰＤＦファイルで保存すればよいなら楽ですが、そうではありません。以下のような保存要件に従った電子データの保存が必要です（令和5年度税制改正により、電子取引データを保存要件に従って保存をすることができなかったことにつき、相当の理由がある事業者等に対する新たな猶予措置が講じられました）。

（1）改ざん防止のための措置をとる
「タイムスタンプ付与」や「履歴が残るシステムでの授受・保存」といった方法以外にも「改ざん防止のための事務処理規定を定めて守る」でも構いません。
（2）「日付・金額・取引先」で検索できるようにする（一定の場合は不要）
専用システムを導入していなくても、①索引簿を作成する方法や、②規則的なファイル名を設定する方法でも対応が可能です。
（3）ディスプレイ・プリンタなどを備え付ける

上記の保存要件はソフトウェアの利用がなくてもできることはできますが、それに取られる時間を考えると、現実的には、対応したソフトウェアを利用して電子取引データを保存することが効率的といえます。

○国税庁ＨＰ「電子帳簿保存法関係」
https://www.nta.go.jp/law/joho-zeikaishaku/sonota/jirei/index.htm

創業時の資金調達について

会社が潰れる原因は資金ショート

　会社は、赤字が続けばいずれは潰れます。ただし、**潰れる直接の原因は赤字ではなく、資金がショート（不足）してしまうことです**。例えば、売上げがあり黒字であっても売掛金のままで回収できなければ、資金がショートして潰れることになります。また、逆に赤字でも、資金がショートしなければ会社はすぐには潰れません。会社経営にとって、黒字を出し続けることは重要ですが、資金をショートさせないことはより重要だといえます。『2017年版中小企業白書』によると、「起業家が創業期において直面した課題」の第1位は資金調達となっています（第2位は家族の理解・協力、第3位は事業や経営に必要な知識・ノウハウの習得）。資金調達で悩む起業家が多いということがデータ上に表れています。

　会社を設立するにあたり、当面の運転資金を念頭に置いて資本金を設定している方は多いと思います。しかし、設立前に想定していたような売上がなく、資本金（創業資金）を食いつぶして過ごす期間が続く場合もあるでしょう。その期間に資金がショートすれば、会社が潰れることになります。資金がショートしなければ、その後、売上が伸び始めて資金繰りが好転し、危機を乗り越えられこともあります。つまり、**創業時に手元資金がどれだけあるかが、会社の生存率を左右することになる**わけです。そのため、創業時に資金融資について検討することは重要といえます。もちろん、自己資金だけで会社経営をしていけるのならば、わざわざ、お金を借りる必要はありません。お金を借りれば、いずれは返済しなければならないわけですし、通常、利息も支払うことになるので、余計な出費となってしまいます。

身近な人から借り入れる際の注意点

　お金を借りる場合に、よくあるケースは身近な親族や知人からの借り入れでし

ょう。金融機関のように厳しい審査はなく、すぐに借りられるからです。若い経営者の場合、親から借り入れることは結構あるのではないでしょうか。自分の子どもが会社を頑張って経営していこうというときに、できるだけ協力したいと思う親は多いものです。このような場合、親は会社に貸すよりも、子どもに直接貸すことのほうが多いでしょう。その資金を子どもが会社に貸し付け（会社からすると代表者からの借り入れ）していることになります。この場合の注意点は、親からの借り入れが「ある時払いの催促なし」というような場合には、借入金そのものが贈与として取り扱われ、贈与税がかかってしまう可能性があるということです。また、借入金が無利子などの場合には利子に相当する金額の利益を受けたものとして、贈与として取り扱われる場合もあります。つまり「なあなあの関係」だと、思わぬ税金がかかることもありますので、そこは**きちんと金銭消費貸借契約書を作成して、契約内容も明確にし、返済もきちんとする必要がある**ということです。

　なお、親が子どもの経営している会社に直接貸す場合でも、同じように借り入れ・返済方法について明確にしておくべきです。また、**親から借入したお金を資本金に回すようなことはしないでください。資本金として実態がないと考えられます。**

金融機関からの借り入れ

　金融機関から「お金を借りる」「融資を受ける」という場合、ほとんどの人はまず、街中にある銀行など民間の金融機関を思い浮かべるでしょう。しかし、**残念ながら創業時の資金融資に積極的に応じる民間の金融機関は非常に少ない**ものです（信用保証付き融資なら別）。なぜなら、設立したばかりで何の経営実績もない会社は、金融機関が融資をするにはリスクが高いと判断されてしまうからです。要するに、お金を貸しても、返してもらえないと判断されるのです。

　もちろん、会社設立の当初は、運転資金のやり繰りにさえ苦労したような小さな会社が、後に事業が軌道に乗って大きな会社になるという例はたくさんあります。しかし、民間の金融機関は、まず「貸したお金が返ってくる見込みがあるかどうか」という観点から融資するかどうかを判断します。そのため、貸したお金が返ってくる可能性が低いと判断すれば、あえてそれ以上のリスクを背負ってまでお金を融通することはありません。「会社の経営をしっかり軌道に乗せて、お金を返せるだけの実績をつくってからまたどうぞお越しください」というのが本音なので

す。取引実績を積む、担保を用意する、企業業績をよくする、企業規模を大きくするなどのステップを踏まなければ、民間の金融機関からプロパー融資（信用保証協会などの保証がつかない融資）を受けることは難しいでしょう。

では、創業資金はどこから調達すればよいでしょうか。それは、**民間からではなく公的な融資制度を利用する**のです。民間でできないことをやれるのは、公的機関しかありません。公的な融資制度としては、日本政策金融公庫の新規開業資金、新創業融資制度や、各県の信用保証協会が保証する創業者のための融資制度があります。その他に自治体独自の融資制度があります。

日本政策金融公庫の新創業融資制度

窓口が1か所という点や創業融資にも積極的に取り組んでいるという点で日本政策金融公庫（略称：日本公庫）に申し込む創業者は多いです。日本政策金融公庫国民生活事業の令和3年度の創業融資実績（創業前及び創業後1年以内）は、26,000先（前年度比64.1％、前々年度比103.0％）、1,406億円（前年度比56.8％、前々年度比87.1％）となっています。

融資先数の内訳をみると、創業融資全体の実績は、コロナ禍において資金需要が急増した前年度と比較し減少しましたが、うち「創業前」融資は13,641先（前年度比112.3％）と増加しました。とくに、若年層の女性向けの融資実績は、大きな伸びが見られます。

また、「創業前」融資先数を業種別に見ると、多くの業種で前年度実績を上回り、コロナ禍以前（前々年度）並みの水準まで回復していますが、「飲食店、宿泊業」については、コロナ禍以前（前々年度）の水準を大きく下回る状況となっています。つまり、新たに「飲食店、宿泊業」を創業する事業者がかなり減っているためともいえます。

日本政策金融公庫の新創業融資制度には、以下のような特徴があります。なお、利率は金融情勢によって変動します。

（1）利用できる者
次のすべての要件に該当する者
1．対象者の要件
新たに事業を始める者または事業開始後税務申告を2期終えていない者
ここでいう新たに事業を始める者とは、単純な意味ではなく「新たに営もう

創業時の資金調達について

とする事業について、適正な事業計画を策定しており、当該計画を遂行する能力が十分あると認められる者」に限るため、創業計画書提出等をし、事業計画の内容をチェックされる。

2．自己資金の要件

新たに事業を始める者、または事業開始後税務申告を1期終えていない者は、創業時において創業資金総額の10分の1以上の自己資金（事業に使用される予定の資金をいう。）を確認できる者

ただし、「現在勤めている企業と同じ業種の事業を始める者」、「産業競争力強化法に定める認定特定創業支援等事業を受けて事業を始める者」等に該当する場合は、本要件を満たすものとされる。

（2）資金の使いみち

新たに事業を始めるため、または事業開始後に必要とする設備資金および運転資金。

（3）担保・保証人

融資限度額は3000万円（うち運転資金1500万円）となっている。ただし、担保・保証人は原則不要。つまり、原則として代表者個人には責任が及ばないことになっているので、もし会社が潰れることになった場合でも、代表者が個人的に借入金を返済する必要はない。

（4）申し込みから融資の決定まで

通常、申し込みから融資の決定まで1か月半程度のため、すばやい資金調達が可能となっている。自治体の融資制度の場合だと2か月半〜3か月程度はかかるが、それより1か月も早いので、すばやい事業展開が可能である。

　このように、創業間もない会社にとってはとてもありがたい制度といえますが、「審査の結果、お客さまのご希望に添えないことがございます」と、日本政策金融公庫ではHPやパンフレットで明記しています。つまり、申し込んだところで100％融資が受けられるとは限らないということです。創業者の略歴、信頼性、自己資金、事業に対する熱意など多角的に見て判断されます。実際に融資を申し込む場合、いくつか提出する書類があるのですが、その中でも**融資の可否に大きな影響を及ぼすのが「創業計画書」**です。

　創業計画書には創業の動機、取扱商品・サービス、必要な資金と調達方法、事業の見通しなどを記入します。つまり「借りたものをきちんと返せる根拠がありますよ」と日本政策金融公庫を納得させるための書類です。そのため、創業計画書は手間をかけて作成しなければなりません。ただし、創業計画書を1度も書い

たことがない人にとってはなかなか難しい作業です。そのため、日本政策金融公庫ではHP上で創業の手引、創業のポイント集(https://www.jfc.go.jp/n/finance/sougyou/ sougyou03.html)として、創業計画書記入例などを挙げています。HPで公開しているということは、少なくとも、そこに書かれている内容ぐらいはしっかりと読み込んで、それを参考にする必要があるということになります。

令和3年度 創業前融資実績

業種	令和3年度(先)	構成比(%)	令和2年度比(%)	令和元年度比(%)
サービス業 (理容業等)	4,143	30.4	120.8	98.2
飲食店、 宿泊業	2,579	18.9	105.4	62.3
医療、福祉	1,950	14.3	111.8	96.9
小売業	1,774	13.0	122.2	100.7
不動産業	749	5.5	112.0	77.6
建設業	645	4.7	115.0	85.9
教育、 学習支援業	608	4.5	117.6	102.0
その他	1,193	8.7	90.0	72.9
総計	13,641	100.0	112.3	84.8

(出典元「日本政策金融公庫HP」

https://www.jfc.go.jp/n/release/pdf/topics_220525a.pdf)

スタートアップ創出促進保証

　新しい資本主義を実現していくため、内閣に、新しい資本主義実現本部が設置され、「新しい資本主義のグランドデザイン及び実行計画」が令和4年6月7日に閣議決定されました。そして、その中で以下のデータが記載されていました。

（起業関心層が考える失敗したときのリスク）
　　1位　事業に投下した資金を失うこと　82.5％
　　2位　借金や個人保証を抱えること　76.8％
　　3位　安定した収入を失うこと　69.1％
　　4位　家族に迷惑をかけること　54.9％
　　5位　関係者（従業員等）に迷惑をかけること　31.5％

（創業時の民間金融機関からの借入金の特徴）
　　1位　経営者による個人保証を付与　47.1％
　　2位　不動産担保を差入れ　18.6％
　　3位　不動産以外の担保を差入れ　1.4％

　借入に関することであれば、起業関心層が考える失敗時のリスクとして、約77％が「借金や個人保証を抱えること」と回答しています。
　また、創業時に、信用保証付き融資を含め、民間金融機関から借り入れを行う際、約47％の経営者は個人保証を付与されているということです。
　会社が金融機関から借入をし、その際に経営者が個人保証した場合、会社が業績を悪化し、借りたお金を返すことができなくなったならば、会社の代表者が借入返済を求められます。
　しかし、このような状況ですと、起業しようと思っても、失敗時のリスクが大きいために起業することをためらってしまう人は多いでしょう。
　そのため、こうした懸念を取り除き、創業機運の醸成ひいては起業・創業の促進につながるように、創業時の経営者保証を不要とするスタートアップ創出促進保証制度が創設され、令和5年3月15日に制度が開始されました。

制度の主な概要

保証対象者	○事業を営んでいない個人で、2か月以内（※）に法人を設立し事業を開始する具体的な計画がある創業予定者 ※市区町村が実施する認定特定創業支援等事業により支援を受けて創業する方は、6か月以内 ○創業後5年未満の法人（事業を営んでいない個人が設立した法人で、設立から5年未満） ○創業後5年未満の法人成り企業（事業を営んでいない個人が開始した事業を法人化し、個人創業時から5年未満）
対象資金	運転資金、設備資金
保証限度額	3,500万円
保証期間	10年以内
金利	金融機関所定利率
保証料率	各信用保証協会所定の創業関連保証の保証料率に0.2％上乗せした保証料率
担保・保証人	不要
自己資金	保証申込受付時点において、創業を予定されている方または税務申告1期未終了の創業者にあっては創業資金総額の1／10以上の自己資金が必要となる

創業計画書の提出が必須

融資申し込み時には、下記を記載した創業計画書を提出する必要があります。

(1)事業概要
(2)創業準備の着手状況（税務申告1期以上終了している者は記入省略可）
(3)必要な資金および調達の方法（税務申告1期以上終了している者は記入省略可）
(4)収支計画（今後1年間分）
(5)販売・仕入先
(6)借入金等状況
(7)その他（計画に関する補足説明がある場合）

なお、「(6)借入金等状況」については、今回の資金調達計画によるもの以外のもので、現在負担している非事業性を含む借入金等(経営者本人が負担している保証債務も含みます)を記載する必要があります。

■ ガバナンス体制の整備に関するチェックが必須

　スタートアップ創出促進保証制度により融資を受けた後、会社を設立して3年目および5年目中に「中小企業活性化協議会」に連絡をし、「ガバナンス体制の整備に関するチェックシート」に基づく確認および助言を受ける必要があります。

　中小企業活性化協議会とは、中小企業の活性化を支援する公的機関として47都道府県に設置されており、全国の商工会議所等が運営しています。

　必須書類として、決算書となっていますが、ガバナンスチェックにおいて、重要なポイントは以下となっています。

　なお、下記における「支援者」とは、現時点においてはっきり定義されておらず、今のところ、中小企業活性化協議会あるいは信用保証協会による支援が実施された場合にその支援をする者だそうです。

(1)経営者へのアクセス

　支援者が必要なタイミングまたは定期的に経営状況等について内容が確認できるなど経営者とのコミュニケーションに支障がない。

(2)情報開示

　①経営者は、決算書、各勘定明細(資産・負債明細、売上原価・販管費明細等)を作成しており、支援者はそれらを確認できる。
　②経営者は税務署の受領印(電子申告の場合、受付通知)がある税務関係書類を保有しており、支援者はそれらを確認できる。

(3)内容の正確性

　経営者は日々現預金の出入りを管理し、動きを把握する。例えば、終業時に金庫やレジの現金と記帳残高が一致するなど収支を確認しており、支援者は経営者の取組を確認できる。

(4)資金の流れ

　①支援者は、事業者から経営者への事業上の必要が認められない資金の流れ(貸付金、未収入金、仮払金等)がないことを確認できる。

②支援者は、経営者が事業上の必要が認められない経営者個人として消費した費用(個人の飲食代等)を法人の経費処理としていないことを確認できる。

(5)財務基盤の強化

①債務償還力　EBITDA有利子負債倍率が15倍以内

EBITDA有利子負債倍率(倍)＝(借入金－現預金)／(営業利益＋減価償却費)

②安定的な収益性　減価償却前経常利益が2期連続赤字でないこと

③資本の健全性　直近が債務超過でないこと

■ 都道府県による保証料補助

「スタートアップ創出促進保証」制度を利用する場合、各信用保証協会所定の創業関連保証の保証料率に0.2％上乗せした保証料率となります。

本来、会社が借入金を返済できないときは、信用保証協会が金融機関に残債を代位弁済(肩代わりして返済)し、経営者は代位弁済された借入金を信用保証協会へ返済しますが、経営者が一切保証しなくてよいため、リスク料である0.2％上乗せした保証料率となるのです。

ただし、各都道府県は、「スタートアップ創出促進保証制度」に準拠した制度を創設しています。例えば、東京都では、上乗せ後の保証料について都から2分の1の補助が受けられる等のメリットがあります。

ですから、上乗せされても、実質お得な制度といえます。

■ 補助金・助成金制度の活用

補助金・助成金とは、「国や地方自治体の政策目標に合った事業の実施をサポートするために給付するお金」で、返済義務はなく(ただし、収益納付が必要な場合がある)、後払い(精算払い)となります。融資(設備投資の場合)との主な違いは、以下のようなものです。

	融資	補助金・助成金
返済義務	有	無
タイミング	先	後
確認書類	見積書等	領収書等

創業時の資金調達について

なお、補助金と助成金の違いは主には以下のような点が挙げられます。

	補助金	助成金
管轄	経済産業省、商工担当が多い	厚生労働省、雇用担当が多い
受給の可能性	申請後、審査により採択される	所定の資格要件を満たせば受けられる
必要な書類	所定の目的で支出したことを証明する書類	資格要件を満たすことを証明する書類

補助金・助成金は融資と違って返済する必要がないので、受給ができるのであれば、会社にとってはメリットがあります。ただし、補助金・助成金は、新たに創設されるものもあれば、終了してしまうものもあります。また、数年存続していても、年によって要件が違うものもあります。

ですから、補助金・助成金を受けようと思う場合は、自分の会社が受給できそうなものがないか調べることと、十分な準備が必要です。

なお、補助金・助成金を調べるには、中小企業・小規模事業者向けの補助金・給付金等の申請や事業のサポートを目的とした国（中小企業庁）のＷｅｂサイトである「ミラサポplus」と、厚生労働省のＷｅｂサイト「事業主の方のための雇用関係助成金」を利用するとよいでしょう。

○ミラサポplus
https://mirasapo-plus.go.jp/
○事業主の方のための雇用関係助成金
https://www.mhlw.go.jp/stf/seisakunitsuite/bunya/koyou_roudou/koyou/kyufukin/index.html

合同会社の社員の諸々

合同会社の社員の権利とは

　株式会社における株主は、その有する株式について、①剰余金の配当を受ける権利、②残余財産の分配を受ける権利、③株主総会における議決権を有します。

　そして、株式会社は、株主をその有する株式の内容および数に応じて平等に取り扱わなければならないことになっています。つまり、株式会社の株主は、原則としてその所有する株式数に応じて権利を有しています。ただし、種類株式や定款の定めを利用すれば、異なる扱いをすることができます。

　合同会社の社員も、**合同会社に対して利益の配当を請求することができます**（詳しくは259ページ参照）。そして、損益分配の割合について定款の定めがないときは、その割合は、各社員の出資の価額に応じて定めることになっています。また、残余財産の分配の割合について定款の定めがないときは、その割合は、各社員の出資の価額に応じて定めることになっています。

　なお、会社法上、合同会社では議決権という用語は使用されていません。代わりに「同意」「承諾」「承認」「決定」という用語が使用されています。例えば、会社法には「社員は、他の社員の全員の承諾がなければ、その持分の全部又は一部を他人に譲渡することができない」「社員が2人以上ある場合には、持分会社の業務は、定款に別段の定めがある場合を除き、社員の過半数をもって決定する」「持分会社は、定款に別段の定めがある場合を除き、総社員の同意によって、定款の変更をすることができる」と記載されています。

　このような**合同会社の社員の同意等の権利は、原則として1社員につき1個**となっています。出資の価額に応じてではないので注意が必要です。株式会社における株主は、原則として株式1株につき1個の議決権を有することとなっています。一方、合同会社は、株式会社のように資本を多く出した者が支配する仕組みにはなっていません。もっとも、あくまでも原則なので、定款で別段の定めをすることは可能です。

社員の権利（原則）

	剰余金・利益の配当	残余財産の分配	議決権・同意等
株式会社	株式数に応じて	株式数に応じて	株式数に応じて
合同会社	出資の価額に応じて	出資の価額に応じて	1社員につき1個

業務執行社員の義務と責任

　合同会社の業務執行社員は、株式会社でいう「取締役兼株主」のようなもの。そのため、株式会社の取締役と同様に、下記のような義務と責任を負います。

義務❶ 善管注意義務
　善菅とは「善良な管理者」の略。つまり、業務執行社員はその立場上、善良な管理者として注意を払いつつ、その職務を果たす義務を負わなければならない。

義務❷ 忠実義務
　合同会社のため、業務執行社員は法令及び定款を遵守して、忠実にその職務を果たす義務を負わなければならない。

責任❶ 合同会社に対する損害賠償責任
　業務執行社員は合同会社に対して、その任務を怠ったことにより損害が生じた場合は、連帯して賠償する責任をとらなければならない。

責任❷ 第三者に対する損害賠償責任
　業務執行社員がその職務を行うについて悪意または重大な過失があった場合、それによって第三者に与えた損害を賠償する責任を連帯してとらなければならない。

上記に違反すると、損害賠償責任を負うことがあります

違反はNG!!

競業の禁止

「競業」とは営業上の競争行為をいいます。業務執行社員は、他の社員全員の承認を受けなければ、次のような行為をすることができません。

①自己又は第三者のために、合同会社の事業の部類に属する取引をすること。
②合同会社の事業と同種の事業を目的とする会社の取締役、執行役、又は業務執行社員となること。

原則は、他の社員「全員の承認」を受けなければいけないのですが、定款で定めれば「過半数の承認」などと緩和することができます。競業の禁止を緩和したい場合には、定款の「社員及び出資」又は「業務の執行及び会社の代表」の章の中に記載するとよいでしょう。

（競業の禁止）
第○条　業務を執行する社員は、当該社員以外の社員の過半数の承認を受けなければ、次に掲げる行為をしてはならない。
　　一　自己又は第三者のために当会社の事業の部類に属する取引をすること。
　　二　当会社の事業と同種の事業を目的とする会社の取締役、執行役又は業務を執行する社員となること。

利益相反取引の制限

業務執行社員と合同会社との間で取引をした場合、合同会社の利益が不当に害されるおそれがあります。そのため、**業務執行社員は、次のような取引については、他の社員の過半数の承認を受けなければならない**ことになっています。

①業務執行社員が自己又は第三者のために合同会社と取引をしようとするとき（直接取引）。

業務執行社員が会社に不当に高くモノを売ることなどを避けるための制限です。

②合同会社が業務執行社員の債務を保証すること、その他社員でない者との間において合同会社とその社員との利益が相反する取引をしようとするとき（間接取引）。

原則は、他の社員の「過半数の承認」を受けなければいけないのですが、定款で

定めれば「全員の承認」や「3分の1以上の承認」などと強化や緩和をすることができます。なお、定款に記載する場合は、「社員及び出資」又は「業務の執行及び会社の代表」の章の中に記載するとよいでしょう。

[強化の例]

> （利益相反取引の制限）
> 第○条　業務を執行する社員は、次に掲げる場合には、当該取引について当該社員以外の社員の全員の承認を受けなければならない。
> 　一　業務を執行する社員が自己又は第三者のために当会社と取引をしようとするとき。
> 　二　当会社が業務を執行する社員の債務を保証することその他社員でない者との間において当会社と当該社員との利益が相反する取引をしようとするとき。

[緩和の例]

> （利益相反取引の制限）
> 第○条　業務を執行する社員は、次に掲げる場合には、当該取引について当該社員以外の社員の3分の1以上の承認を受けなければならない。
> 　一　業務を執行する社員が自己又は第三者のために当会社と取引をしようとするとき。
> 　二　当会社が業務を執行する社員の債務を保証することその他社員でない者との間において当会社と当該社員との利益が相反する取引をしようとするとき。

なお、代表社員1名の場合の合同会社の場合は、以下のように記載する場合も考えられるでしょう。

> （利益相反取引の制限）
> 第○条　業務を執行する社員が会社法第595条第1項の取引をする場合は、代表社員の承認を受けなければならない。
> 　2　代表社員が会社法第595条第1項の取引の当事者である場合は、同法同項の承認があったものとみなす。

代表社員と社長の違いは

合同会社の「代表社員の氏名又は名称及び住所」は登記事項となっています。ただし、社長は登記事項となっていません。これは株式会社も同じで「代表取締役の氏名及び住所」は登記事項となっていますが、社長は登記事項となっていません。

社長とは、会社が定める職制に基づく最高責任者の名称のことです。一般的に、

社長といえば会社のトップであると認知されています。そのため、株式会社の場合、代表取締役社長といった肩書で名刺を作成するほうが多いのです。

　合同会社も同様に会社のトップであるならば「代表社員社長」や単なる「社長」といった肩書で名刺を作成することは何の問題もありません。

　なお、株式会社は、代表取締役以外の取締役に社長、副社長その他株式会社を代表する権限を有するものと認められる名称を付した場合には、当該取締役がした行為について、善意の第三者に対してその責任を負うこととなっています。いわゆる表見代表取締役の規定ですが、合同会社においてもトラブルにならないように、社長という肩書は代表社員だけにして以下のように定款を記載しましょう。

合同会社の社員の諸々

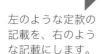

| （代表社員）
第○条　当会社の代表社員は、山田太郎とする。 | 左のような定款の記載を、右のような記載にします。 | （代表社員及び社長）
第○条　当会社の代表社員は、山田太郎とする。
　2　代表社員は社長とし、当会社を代表する。 |

定款の変更は原則、総社員の同意が必要

　合同会社は相互に人的信頼関係を有し、つながりの強い少人数の者が出資して共同で事業を営むことを予定した会社です。そのため**定款の変更は、原則として総社員の同意が必要となります**。しかし、それでは社員数が多い場合など実情にそぐわないことがあるので、定款で別段の定めをすることができます。

　「定款の変更の要件について定款で定めることができる別段の定めの内容についても特に制限はなく（省略）、たとえば、社員の過半数とすることのほか、業務執行社員の過半数とすることや特定の業務執行社員への委任等も認められる」（注6-2）

　よって、以下のような定款の記載ができるということになります。

（定款の変更）
第○条　当会社が定款を変更するには、社員の3分の2以上の同意を得なければならない。

（定款の変更）
第○条　当会社が定款を変更するには、社員の過半数の同意を得なければならない。

注6-2　相澤・会社法の解説 166ページ

> （定款の変更）
> 第○条　当会社が定款を変更するには、業務執行社員の過半数の同意を得なければ
> 　　　　ならない。

　定款の配列はとくに決まっていませんが、「総則」「社員及び出資」「業務の執行及び会社の代表」「計算」「定款の変更」「附則」の順に章を立て、「定款の変更」の章の中で記載するのがよいでしょう。

> ## 第○章　定款の変更
>
> （定款の変更）
> 第○条　当会社が定款を変更するには、社員の過半数の同意を得なければならない。

　なお、**定款の変更で新たな定款を作成することになった場合でも、収入印紙を貼る必要はありません**。会社の設立のときに作成される定款の原本にだけ貼ることになっているからです。

持分の譲渡には制限がある

■ 譲渡を自由に行うことができないのが基本

　株式会社の場合、出資者である株主が有する権利を株式といいますが、この株式会社の株式に相当するものを持分会社では持分といいます（完全に同じものであるわけではありません）。なお、持分会社における社員の持分には２つの意義があるとされています。

　「第１の意義は、社員たる地位それ自体、つまり社員がその資格において会社に対して有する各種の権利義務の基礎である、会社と社員との関係のことである（省略）。持分譲渡でいう持分とはこの意味である（省略）。第２の意義は、社員が会社財産に対して有する分け前を示す計算上の数値のことである（省略）。611条の退社員の持分の払戻しにおける持分とは、第２の意義である。この２つの意義は相互に関連性があり、第２の意義の持分は第１の意義の持分の経済的価値を表している」（注6-3）

　合同会社では、社員の個性やつながりが重視されています。そのため、基本的には**社員は持分の譲渡を自由に行うことはできません**。したがって、原則として

注6-3　神田・会社法111ページ

社員は、他の社員の全員の承諾がなければ、その持分の全部または一部を他人に譲渡することができないことになっています。

　ただし、業務を執行している社員の変更は、会社に影響を及ぼす可能性が高く重要なことですが、業務を執行していない単なる社員の変更は、そこまでの影響はないと考えられます。また、社員の数が多数いる合同会社の場合、現実的に社員全員の承諾を得ることはかなり難しいといえます。そのため原則として、業務を執行しない社員に関しては、**業務を執行する社員すべての承諾があるときは、その持分の全部または一部を他人に譲渡することができる**ことになっています。

　つまり、合同会社の社員の持分の譲渡は、原則として以下のとおりとなります。

> ①業務を執行する社員は、他の社員の全員の承諾があるとき、持分を他人に譲渡することができる。
> ②業務を執行しない社員は、業務を執行する社員の全員の承諾があるとき、持分を他人に譲渡することができる。

　なお、合同会社において「社員の氏名又は名称及び住所」「社員の出資の目的及びその価額又は評価の標準」は定款の絶対的記載事項のため、**社員の持分の譲渡があるときには当然に定款の変更が生じる**ことになります。ここでいう社員の持分の譲渡とは、持分の全部譲渡（退社事由）や社員以外への持分譲渡（新たな社員加入事由）だけでなく、社員間の持分の一部譲渡（出資価額の変動）も該当します。そして、定款の変更には、原則として社員全員の同意が必要なのですが、業務を執行しない社員の持分の譲渡に伴い定款の変更を生ずるときは、業務を執行する社員の全員の同意によって定款の変更ができることになっています。

定款による別段の定めで「強化」も「緩和」もできる

　ただし、上述の「持分の譲渡」の要件については、あくまでも原則的なことです。持分の譲渡に関する規律は会社の内部関係であるため、**定款で別段の定めをすれば、上述と異なる要件にすることができます。**

　例えば、業務を執行しない社員の「持分の譲渡」の要件についても、他の社員の全員の承諾があるときにできるようにすることができます。これにより、閉鎖的な会社にすることができます。なお、定款に記載する場合は、「社員及び出資」の

章の中に記載するとよいでしょう。その記載例を下に示します。

（持分の譲渡）
第〇条　社員は、他の社員の全員の承諾がなければ、その持分の全部又は一部を他
　　　　人に譲渡することができない。
　　2　会社法第585条第2項及び第3項は、適用しない。

　逆に、「持分の譲渡」の要件について緩和することもできます。ただし、その場
合は「定款の変更」の要件についても緩和する必要があるでしょう。

（持分の譲渡）
第〇条　社員は、他の社員の過半数の承諾がなければ、その持分の全部又は一部を
　　　　他人に譲渡することができない。
　　2　前項の規定にかかわらず、業務を執行しない社員は、業務を執行する社員
　　　　の過半数の承諾があるときは、その持分の全部又は一部を他人に譲渡する
　　　　ことができる。
　　3　本定款第〇条（定款の変更）の規定にかかわらず、業務を執行しない社員の
　　　　持分の譲渡に伴い定款の変更を生ずるときは、その持分の譲渡による定款
　　　　の変更は、業務を執行する社員の過半数の同意によってすることができる。

（定款の変更）
第〇条　当会社が定款を変更するには、社員の過半数の同意を得なければならない。

　また、持分の譲渡を以下のように、代表社員による承諾事項とすることもでき
ます。

（持分の譲渡）
第〇条　社員は、代表社員の承諾がなければ、その持分の全部又は一部を他人に譲
　　　　渡することができない。
　　2　前項に伴う本定款の変更は、本定款第〇条（定款の変更）の規定にかかわら
　　　　ず、代表社員の同意によってすることができる。

◻ 持分を譲渡した社員の立場

　社員は、持分の全部または一部を他人に譲渡することができることになってい
るので、持分の「全部を譲渡した場合」と「一部を譲渡した場合」の2つのケースが

あるということになります。これについては、以下のようになります。

「持分の全部を譲渡した社員は、その譲渡後、持分会社の持分を失い、社員ではなくなるため、会社債権者との関係では、退社した場合と同様の立場に立つことになる」「持分の一部を譲渡した社員は、通常、その出資の価額が減少することとなる」（注6-4）

会社による自己持分の譲り受けはできない

合同会社では、株式会社における自己株式の取得をするようなことは認められていません。ようするに、**合同会社それ自体が、持分を譲渡しようとする社員から持分の全部または一部を譲り受けることができない**ことになっています。もし、合同会社がやむをえずに、その合同会社の持分を取得した場合（合併による承継など）には、その持分は合同会社がこれを取得したときに消滅することとされています。

登記上の注意点

持分の譲受によって新たな社員が加入する場合でも、会社に対する新たな出資はないため、資本金の額は変動しません。なお、業務執行社員が他の社員に持分の全部を譲渡した場合には、退社の登記が必要となります。また、持分の譲受によって新たに加入した社員が業務執行社員である場合には、業務執行社員の加入の登記が必要です。

税務上の注意点

例えば、合同会社を設立する際に10万円を出資して社員となり、持分を取得したとします。その合同会社が毎年、利益を出し続け、10年後に会社が大きく成長していたとします。その時に、出資したのが10万円だからといって、10万円で持分を手放すようなことは普通しないでしょう。つまり、その時点での持分の価値（時価）が10万円を超えていることは明らかだからです。

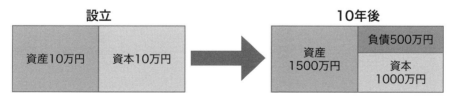

個人の社員が他の個人に出資の持分を譲渡した場合には、**実際に売却など譲渡した金額と、出資の取得価額との差額に対して所得税が課されます**。つまり、10万円の出資で手に入れた持分を、1000万円で売却した場合は990万円（1000万円

－10万円)を基に所得税が課されるということになります。

　では、ある人が自分の持っている持分(時価1000万円、取得価額10万円)を10万円で息子に譲渡したとします。この場合、息子は時価1000万円のものを、10万円で手に入れたことになります。こういった著しく低い価額の対価で財産の譲渡を受けた場合には、息子に贈与税が課されることになります。

　以上のことは、個人間の譲渡のことであり、法人・個人間や、法人間の譲渡では、また違う取り扱いとなります。持分を他の人に譲渡する場合は、課税関係が生じる場合があるので、顧問税理士に相談をしてから譲渡を行うようにしてください。

■ 社員を新たに加入させる際はここに注意

◯ 加入には「定款の変更」と「払込み等の完了」が必要

　合同会社は、新たに社員を加入させることができます。新たに出資させ社員として加入させれば会社の財産が増えるため、通常、債権者にとっても反対する理由はありません。ただし**債権者保護のため、払込みに関する規制があります。**

　合同会社において社員は定款の絶対的記載事項であるため、社員を加入させる場合には定款の変更が必要です。そのため、新たな社員の加入は原則として、その社員にかかわる定款の変更をしたときに、その効力を生じます。ただし、新たに社員になろうとする者が、定款の変更をしたときにその出資にかかわる払込みまたは給付を履行していないときは、**払込みまたは給付を完了したときに合同会社の社員となります。**つまり、**「定款の変更」と「払込み等の完了」の両方が終わっていないと、社員の加入の効力が生じない**というわけです。なお、定款に別段の定めがない限り、定款の変更には総社員の同意が必要です。そのため定款に別段の定めがない限り、社員の加入にも総社員の同意が必要ということになります。

　なお、払込みまたは給付された範囲内で資本金の額が増加し、資本金に計上しなかった残余の額は資本剰余金となります。資本金の額が増加する場合には、登記が必要です。また、加入した社員が業務執行社員である場合には、それについても登記が必要です。

　また、払込み等の金額が時価でないと、課税関係が生じる場合があります。

◻️社員となる予定の者に定款を確認させておく

合同会社における社員の入社とは、上記の「新たに出資させ社員を加入させる」ことの他に、「非社員が社員の持分を譲り受ける」場合にも生じますが、以下のような注意点があります。

「持分の譲受人や成立後の新規加入者は、定款規定に真に合意している保障はないのではないかという指摘はありうる。しかし、持分会社の持分については、株式会社の株式と異なり、その流通の円滑化等を図る必要はなく、会社法上は、定款の内容を十分に確認しないで社員となる者を保護するための規定は存せず、通常の契約と同様、詐欺、錯誤等の民法の一般原則が適用されるのみ（省略）である。したがって、社員となる者は、定款規定を十分に確認してから入社等をすべきであり、その確認のための手段は法定されていないものの、確認することができなければ入社や譲受けを断ればよいという整理をするほかない」（注6-5）

合同会社では定款で別段の定めをすることができることが多いため、会社法の原則とは違うような規定を盛り込んで定款を作成していることが当然あるでしょう。そのような場合において、その定款を確認させないまま社員として入れてしまった場合、のちにトラブルになる可能性があります。**新たに社員となる者には、あらかじめ定款を確認させておいたほうが望ましい**といえます。

株式会社では、定款を本店に備え置かなければならないことになっています。また、株式会社の株主および債権者は、株式会社の営業時間内は、いつでも、閲覧などの請求をすることができることになっています。いわゆる「定款の備置き及び閲覧等」の規定ですが、持分会社ではそのような規定はありません。ただし、合同会社においても定款を本店に備え置き、社員や社員となる者がいつでも閲覧できるような状態になっているのが望ましいでしょう。

▌社員の退社には規制がある

合同会社では会社の財産が流出することになる**社員の退社に関しては規制があります**。有限責任社員しかいない合同会社では債権者保護が必要だからです。社員の退社のケースとしては、任意退社や法定退社等があります。

合同会社の社員の諸々

注6-5　相澤・会社法の解説166ページ

■ 任意退社のケース

　合同会社の存続期間を定款で定めなかった場合は、結果的に、社員の退社が長期間制限されることとなります。また、ある社員がいて、その社員の終身の間は合同会社が存続することを定款で定めた場合も、その社員の退社は長期間制限されることとなります。しかし、それではいつ退社できるのかがわからないため、社員になろうとする人がいないでしょう。社員は持分の譲渡も自由にすることはできないわけですから。

　そのため上記の場合(存続期間を定款で定めなかった場合等)は、各社員は定款に別段の定めがある場合を除き、**6か月前までに合同会社に退社の予告をしていれば、特別の理由がなくても事業年度の終了のときにおいて退社をすることができる**こととなっています。

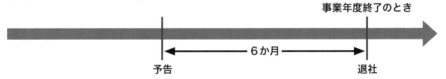

　また、やむを得ない事由があるようなときは、いつでも退社することができることになっていますが、ここでいう「やむを得ない事由」とは「社員が単に当初の意思を変更したというだけでは足りず、定款規定を定めた時や入社・設立時に前提としていた状況等が著しく変更され、もはや当初の合意どおりに社員を続けることができなくなった場合等がこれに当たるものと解すべきである」(注6-6)となっています。ただし、**任意退社については定款で別段の定めをすることができる**ので、下記のように記載して緩和することもできます。なお、定款に記載する場合は、「社員及び出資」の章の中に記載するとよいでしょう。

（社員の任意退社）
第〇条　社員は、事業年度の終了の時において退社をすることができる。この場合においては、当該社員は、3か月前までに当会社に退社の予告をしなければならない。
　2　　前項の規定にかかわらず、社員は、やむを得ない事由があるときは、いつでも退社することができる。

　反対に、任意退社について強化することもできますが、法の立案担当者は次のように解説しています。「定款において、入社後一定期間は任意退社をすることができないこととする旨を定めることの有効性も問題となるが、そもそも、たとえ

ば会社の存続期間を10年間と定めれば、社員は、前記のやむを得ない事由が生じた場合以外には、自己の意思で退社することは認められないのであるから、会社の存続期間を定めなかった場合であっても、同様の効果を有する定款規定を定めることは可能であるものと考えられる」(注6-7)

法定退社のケース

　法定退社とは、会社法607条による次の8つの事由により退社することです。①定款で定めた事由の発生、②総社員の同意、③死亡、④法人社員の消滅する合併、⑤破産手続開始の決定、⑥解散、⑦後見開始の審判を受けたこと、⑧除名、となります。ただし、その社員が⑤・⑥・⑦に掲げる事由の全部または一部によっては、退社しない旨を定めることができるようになっています。

退社に伴う定款のみなし変更

　任意退社や法定退社によって社員が退社した場合には、合同会社は、当該社員が退社したときに、当該社員に関わる定款の定めを廃止する定款の変更をしたものとみなされます。

退社に伴う持分の払い戻し

　退社した社員は、相続人その他の一般承継人が社員となる場合を除き、持分の払い戻しを受けることができます。なお、退社した社員の持分は、社員がした出資の種類を問わず、金銭で払い戻すことができます。例えば、車による現物出資があった場合でも、現金で払い戻すことができます。

　合同会社は、持分の払い戻しのために資本金の額を減少することができます。資本金の額を減少する場合には、債権者保護の手続きが必要です。また、剰余金額を超える持分の払い戻しにも、債権者保護の手続きが必要となっています。

登記上の注意点

　業務執行社員が退社した場合は、退社の登記をしなければなりません。また、資本金の額を減少した場合にも、資本金の額の減少の登記が必要です。

税務上の注意点

　個人である社員が退社して持分の払い戻しを受けた場合は、みなし配当や譲渡所得といった課税関係が生じる場合があります。法人である社員についても同様に、課税関係が生じる場合があります。

6-7　相澤・会社法の解説 162ページ

合同会社の社員の諸々

社員の相続及び合併の場合の特則

特則を定款で定める

　株式会社と違い、合同会社では社員の死亡によって当然に社員の地位が相続人に引き継がれるものではありません。**合同会社の場合は、死亡または合併による消滅は社員の法定退社の事由となります**。そして、相続人その他の一般承継人は持分の払い戻しを受けます。なお、社員1名の合同会社の場合、社員が亡くなると法定解散事由となってしまいます。

　ただし、社員が死亡した場合または合併により消滅した場合における当該社員の相続人その他の一般承継人が当該社員の持分を承継する旨を定款で定めることができます。定款に記載する場合は、「社員及び出資」の章の中に記載するとよいでしょう。

　社員1名の合同会社の場合は、必ず、定款で定めておいてください。また、合同会社の社員である経営者が亡くなったときでもスムーズに後継者に事業承継をしたいと思うなら、定款で定めることが必要です。なお、「承継する旨」の定款の定めがある場合には、相続人その他の一般承継人（社員以外の者）は持分を承継したときに、その持分を有する社員となります。そして、その一般承継人にかかわる定款の変更がされたものとみなされます。

　また、相続による一般承継人が2人以上ある場合には、**各一般承継人は、承継した持分についての権利を行使する者1人を定めなければ、その持分についての権利を行使することができません**。ただし、合同会社が各一般承継人が権利を行使することに同意したならば、かまいません。

定款の定め方

　定款の定め方は、いろいろなパターンが考えられます。「例えば、社員の死亡時に特定の相続人が持分を承継するという定めも可能である（省略）。また、①相続人が希望する場合に持分を承継する、②他の社員が同意をした場合に相続人が持分を承継する、③相続人は（他の社員の同意や相続人の意思表示などがなくとも）当然に持分を承継する、といった定めもいずれも可能である（省略）。合併の場合も、同様に他の社員の同意を条件としたりするなどの定め方が可能となろう」（注6-8）

　なお、特定の相続人に持分を承継させる場合には、その旨についての定款の記載だけでなく遺言書の作成も必要になります。

（社員の相続）
第○条　社員山田太郎が死亡した場合には、当該社員の相続人山田花子は、社員山田太郎の持分を承継して社員となる。

（社員の相続）
第○条　社員が死亡した場合には、当該社員の相続人は、当該社員の持分を承継して社員となることができる。

（社員の相続）
第○条　社員が死亡した場合には、当該社員の相続人は、他の社員全員の承諾を得て、当該社員の持分を承継して社員となる。

（社員の相続）
第○条　社員が死亡した場合には、当該社員の相続人は、当該社員の持分を承継して社員となる。

（社員の相続及び合併）
第○条　社員が死亡した場合又は合併により消滅した場合においては当該社員の相続人その他の一般承継人が当該社員の持分を承継して社員となる。

※上記は持分の承継について、「注6−8」に基づいた定款の定め方の記載例である。

◻ 税務上の注意点

1．持分の払戻しを受ける場合（「承継する旨」の定款の定めがない場合）

　相続財産として、持分の払戻請求権として評価します。また、みなし配当等の所得税の問題が生じる場合があります。

2．持分を承継する場合（「承継する旨」の定款の定めがある場合）

　取引相場のない株式の評価方法に準じて出資の価額を評価します。

合同会社は各社員の資本の持分管理をする

▌合同会社の持分は社員ごとに異なる

合同会社が株式会社と比べて大きく違うところは、株式会社の株主平等と違って合同会社の場合、持分という概念があり、その持分は社員ごとに異なるということです。よって、合同会社は各社員の資本の持分管理をする必要があります。

なお、**ここでいう持分とは「社員が会社財産に対して有する分け前を示す計算上の数値」**のことです。

利益の配当を請求する社員や請求しない社員がいたり、損益の分配割合が出資の価額に応じていなかったり、社員の入社の時期が違ったりなどであると、きちんと管理していないと各社員の資本の持分がどのくらいあるのかわからなくなります。例えば、貸借対照表上の「純資産の部(社員資本)」が以下のようになっているとします。

資本金	300万円
資本剰余金	100万円
利益剰余金	200万円

上記の資本金、資本剰余金、利益剰余金は社員全員分の総額です。社員が1人だったら問題ありません。その社員の資本の持分は上記の金額と一緒だからです。ただし、社員がAとBの2人いたとします。社員A、Bそれぞれの社員資本の持分がどのくらいあるのか、貸借対照表上ではわかりません。ですから、「純資産の部」が変動したときは、その時点で、以下のような「社員資本持分管理表」を作成しておきましょう。

最低でも、会社設立時、決算が終了時(損益の分配時)、利益の配当時といった社員個別の資本持分が変動するたびに作成しておくべきだといえます。それが、将来の社員間での争いを防ぐことになります。また、備考欄に、前回作成した「社員資本持分管理表」と何が違っているのかわかるように記載をしておくとよいでしょう。

合同会社成美堂商店 社員資本持分管理表　令和○年○月○日作成（○回目）

単位：円

社員名	資本金	資本剰余金	利益剰余金	合計
A	2,000,000	500,000	500,000	3,000,000
B	1,000,000	500,000	1,500,000	3,000,000
合計	3,000,000	1,000,000	2,000,000	6,000,000

（備考）第○期（事業年度令和○年○月○日～×年×月×日）決算により、Aに利益剰余金500,000円、Bに利益剰余金1,500,000円が分配された。

設立時における社員資本の持分管理

合同会社を設立したら、まず、設立日（成立日）における貸借対照表を作成する必要があります。

例えば社員Aが200万円、社員Bが100万円を出資し、その出資した金額全額を資本金として、資本剰余金に計上しなければ、設立時の貸借対照表上の「純資産の部（社員資本）」は以下のようになります。

（社員資本）
　資本金　　　　3,000,000円

これだけですと、ぱっと見、社員A、社員Bそれぞれの個別の資本持分がわからないので、貸借対照表作成と同時に以下のような「社員資本持分管理表」を作成します。

合同会社成美堂商店 社員資本持分管理表　令和○年6月4日作成（1回目）

単位：円

社員名	資本金	資本剰余金	利益剰余金	合計
A	2,000,000			2,000,000
B	1,000,000			1,000,000
合計	3,000,000			3,000,000

（備考）令和○年6月4日会社設立により、Aが資本金2,000,000円、Bが資本金1,000,000円を出資した。

なお、合同会社の多くが、設立時において出資した全額を資本金としますが、会社によっては出資した金額の一部を資本剰余金とする場合があるでしょう。例えば社員Aが200万円(資本金100万円、資本剰余金100万円)、社員Bが100万円(資本金50万円、資本剰余金50万円)として出資した場合、設立時の貸借対照表上の「純資産の部(社員資本)」は以下のようになります。

(社員資本)

資本金	1,500,000円
資本剰余金	1,500,000円

　そして、貸借対照表作成と同時に以下のような「社員資本持分管理表」を作成します。

合同会社成美堂商店 社員資本持分管理表　令和〇年6月4日作成(1回目)

単位：円

社員名	資本金	資本剰余金	利益剰余金	合計
A	1,000,000	1,000,000		2,000,000
B	500,000	500,000		1,000,000
合計	1,500,000	1,500,000		3,000,000

(備考)令和〇年6月4日会社設立により、Aが資本金1,000,000円、資本剰余金1,000,000円、Bが資本金500,000円、資本剰余金500,000円を出資した。

「損益の分配」と「利益の配当」

▌「損益の分配」と「利益の配当」の違い

社員の持分の増減については、以下のように考えます。

「会社に利益が生じれば、各社員の持分(の数値)が増加し、損失が発生すれば、持分が減少するが、必ずしも、そのつど、社員に利益を配当したり、損失をてん補させたりする必要はない。増減した社員の持分は、社員の退社または会社の清算の際に現実化する」(注6-9)

そして、会社法では「損益の分配」と「利益の配当」を区別して規定しているのですが、この2つの関係は次のように考えます。

> **損益の分配**：合同会社が事業経営により得た利益や損失を計算上、各社員に
> 　　　　　　　分配すること
> **利益の配当**：分配された利益に相当する財産を現実に払い戻しすること

事業年度ごとに作成される計算書類により合同会社の利益または損失の額が確定します。例えば、会社がある事業年度において利益を得たとします。合同会社の場合、法人ですので、およそ30％弱の法人税等(国税と地方税合わせて)がかかります。

そして、その法人税等の税引き後の利益(当期純利益金額)が、各社員に分配がされます。なお、分配された利益について、利益配当をせずに利益剰余金として会社内部に留保しておくことは問題ありません。

また、会社がある事業年度において損失を出したとします。そして、その損失が、各社員に分配されます。なお、分配された損失について、すぐに社員が補填しないといけないというわけではありません。

◗「損益(利益)の分配」の一例

例えば、社員Aが200万円、社員Bが100万円出資して設立した資本金300万円の合同会社が税引前当期純利益金額90万円を得て、それに対する法人税等が30万円の場合、当期純利益金額(利益剰余金)60万円が増えることになります。

注6-9　神田・会社法11ページ

定款に別段の定めがなければ、持分の数値の増加分はAが40万円、Bが20万円となります。これが「損益(利益)の分配」です。

合同会社成美堂商店 社員資本持分管理表　令和〇年〇月〇日作成(〇回目)

単位：円

社員名	資本金	資本剰余金	利益剰余金	合計
A	2,000,000		400,000	2,400,000
B	1,000,000		200,000	1,200,000
合計	3,000,000		600,000	3,600,000

(備考)第〇期(事業年度令和〇年〇月〇日〜×年×月×日)決算により、Aに利益剰余金400,000円、Bに利益剰余金200,000円が分配された。

そして、Aが10万円の利益の配当請求したので、配当をしたとします。これが「利益の配当」です。

合同会社成美堂商店 社員資本持分管理表　令和〇年〇月〇日作成(〇回目)

単位：円

社員名	資本金	資本剰余金	利益剰余金	合計
A	2,000,000		300,000	2,300,000
B	1,000,000		200,000	1,200,000
合計	3,000,000		500,000	3,500,000

(備考)令和〇年〇月〇日、Aに対し100,000円の配当をした。

社員の損益分配の割合

◉原則として各社員の出資割合に応じて行う

損益分配の割合について定款の定めがないときは、その割合は、各社員の出資の価額に応じて定めることになっています。つまり、原則としては各社員の出資額の割合に応じて損益分配を行うことになります。例えば、研究者であるがお金

のないＡと、お金があるＢの２人が出資をして合同会社を設立したとします。この場合の出資額が、Ａが100万円、Ｂが900万円だとすると、損益分配の割合も１：９となるのが原則です。しかし、特定の取り決めを行い、定款で定めれば、柔軟な損益分配が可能だということになります。出資比率が１：９であっても、損益分配の比率をイーブンの５：５のようにすることも可能だということになります。定款自治の原則が働くということです。

　なお、利益または損失の一方についてのみ分配の割合について定款で定めたときは、その割合は、利益と損失の分配に共通であるものと推定されます。つまり、**利益分配の割合だけを定款で定めた場合であっても、損失が生じた場合にも同じ割合が用いられる**ということです。なお、**定款で定めれば、利益分配の割合と損失分配の割合を別にすることもできます**。ただし、「一部の社員が損失を分担しない旨の定款の定めは、社員相互間の問題として、許されると解される（省略）。これに対し、一部の社員が利益分配を全く受けない旨の定款の定めは、対外的活動によって得た利益を出資者である社員に分配することを目的とするという、会社の営利法人の本質に反することになり、許されない」(注6-10)と解されます。

定款への記載

　社員の損益分配の割合について定款に記載する場合は、「計算」の章の中で記載するのがよいでしょう。

［記載例１］

（社員の損益分配の割合）
第○条　損益分配の割合は、社員○○○○が７割、社員○○○○が３割とする。

税務上の注意点

　出資比率と異なるように損益分配の割合を設定した場合は、その設定について経済的合理性を有していると認められないときは社員間で贈与などがあったとして課税関係が生じる場合があります。

　例えば、親子で合同会社を設立するにあたって、親が900万円、子が100万円を出資したとします。この場合、出資比率が９：１なので、本来は損益分配の割合も、親が９、子が１となります(次ページ表左)。しかし、定款で利益分配の割合を、親が１、子が９と定めたとします(次ページ表右、損失分配の割合は出資価額に応じて定める)。これについて、合理的な説明がつくのであればよいのですが、合理性が認められないときは問題となります。例えば、合理性が認められないような

設定の場合でも、無条件に課税関係が生じないとするならば、親から子に無税で財産を移すようなことがやり方によっては可能です。それでは、相続税や贈与税といったものが意味をなくします。そのため、**出資比率と異なるように損益分配の割合を設定した場合は、その設定について合理性が求められる**こととなります。

[原則]   [定款による定め]

	出資比率	利益	損失
親	9	9	9
子	1	1	1

	出資比率	利益	損失
親	9	1	9
子	1	9	1

出資価額の割合と異なる損益分配の割合の設定をした場合、経済的合理性を有していると認められないときは贈与税等の課税関係が生じることがある。

　事業年度ごとに作成される計算書類により合同会社の利益または損失の額が確定します。利益または損失の額が各社員に分配された場合、「純資産の部」が変動しますので、その時点で、以下のような「社員資本持分管理表」を作成しておきましょう。

　なお、分配するに当たって1円未満の端数が出る場合があるので、あらかじめ会社でどのように分配するかを決めておくとよいでしょう。

合同会社成美堂商店 社員資本持分管理表　令和〇年〇月〇日作成（〇回目）

単位：円

社員名	資本金	資本剰余金	利益剰余金	合計
A	2,000,000		400,001	2,400,001
B	1,000,000		200,000	1,200,000
合計	3,000,000		600,001	3,600,001

（備考）第〇期（事業年度令和〇年〇月〇日～×年×月×日）決算により、Aに利益剰余金400,001円、Bに利益剰余金200,000円が分配された。本来の利益分配の割合より社員Aは1円多く分配されたが、これは、総社員による同意による。

利益の配当

● 原則としていつでも請求できる

　株式会社は、株主に対し剰余金の配当をすることができますが、その都度、株主総会の決議によって一定事項を定めなければならないということになっています。つまり、株主に配当をする場合は、まず株主総会の決議ありきで、株主から請求して確定するというわけではありません。

　一方、合同会社の場合は、社員は合同会社に対し、原則としていつでも利益の配当を請求することができ確定します。ただし、利益の配当を請求する方法その他の利益の配当に関する事項を定款で自由に定めることができます。つまり、定款により各社員が自由にいつでも配当を請求するようなことがないようにすることもできます。

　なお、合同会社では有限責任社員しかいないため、債権者保護のため、特則が設けられ、利益配当に関する制限などがされています。例えば、会社法628条では次のように利益の配当の制限についての特則が設けられています。

　合同会社は、利益の配当額が配当をする日における利益額を超える場合には、利益の配当をすることはできません。なお、ここでいう利益額とは次に掲げる額のうちいずれか少ない額となります。

> **（1）合同会社全体における利益額**
> 　利益の配当をした日における利益剰余金の額
> **（2）請求をした社員ごとの利益額**
> 　すでに分配された利益の額－（すでに分配された損失の額＋すでに利益配当された額）

　「（1）合同会社全体における利益額」の制限があるのは、会社債権者を害することがないようにするためです。「（2）請求をした社員ごとの利益額」の制限があるのは、他の社員を害することがないようにするためです。

　なお、「純資産の部」が変動したときは、その時点で、次ページのような「社員別資本持分表」を作成しておきましょう。例えば、Bが過去に利益の配当を請求していて、自分の持分である利益剰余金が0円の場合は、Bは配当の請求をすることができないということが一目でわかります。一方、Aは配当の請求をすることができます。

単位：円

社員名	資本金	資本剰余金	利益剰余金	合計
A	2,000,000		400,000	2,400,000
B	1,000,000		0	1,000,000
合計	3,000,000		400,000	3,400,000

「利益の配当」に関する定款への記載

　法の立案担当者は「定款で定めることができる事項としては、利益の配当を請求することができる時期・回数、当期に配当する利益金額の決定方法などであり、その内容については、特に制約はない」(注6-11)と解説しています。そのため、利益の配当について、比較的自由に定款で定めることができるといえます。なお、定款に記載する場合は、「計算」の章の中で記載するのがよいでしょう。

（利益の配当）

第〇条　利益の配当をしようとするときは、毎事業年度末日現在における社員に配当するものとし、社員の過半数の同意をもって次の事項について決定する。

　　　一　配当財産の種類及び帳簿価額の総額

　　　二　社員に対する配当財産の割当てに関する事項

　　　三　利益の配当がその効力を生ずる日

　2　社員は前項の決定後でなければ、当会社に対して利益の配当を請求することができない。

税務上の注意点

　利益の配当を受けた社員には、その受取配当金について課税関係が生じます。

　利益の配当を受けた社員が**個人である場合は、配当所得として所得税が課されます**。ただし、**総合課税の対象とした配当所得については、配当控除の適用を受ける**ことができます。

　また、利益の配当を受けた社員が法人である場合は、益金として法人税の課税所得となります。ただし、出資の割合に応じて、一定額が益金不算入となります。

　配当を支払う側の合同会社の場合は、配当を支払う際に20.42％（所得税等）の源泉徴収をし、支払った月の翌月10日までに税務署に納付をします。また、原則

注6-11　相澤・論点解説 594ページ

として、「配当、剰余金の分配、金銭の分配及び基金利息の支払調書」を税務署に提出します。

実務上、利益の配当は行われにくい

合同会社を設立した後、利益の配当を実際にする会社は少ないでしょう。このことについて説明します。

本書を購入して、これから合同会社を設立しようと考えている方は、合同会社において単なる社員ではなく、業務執行社員や代表社員となる予定の方でしょう。業務執行社員は、出資者である社員という立場と、業務を執行する役員という立場を持ちます。会社からすると、業務執行社員に対して、出資者として利益配当を支払うこともできますし、役員として役員給与を支払うこともできます(業務執行社員や代表社員を定めている場合、経営に従事していない社員に対する給与は従業員給与となります。また、社員なので利益配当を請求できます)。

しかし、**利益配当を支払うことと、役員給与を支払うことには違いがあります。**会社が役員に支払う定期同額給与は、不相当に高額でなければ税務上の損金となります。つまり、役員給与を支払えば、その分、会社の所得が減り法人税が減ります。一方、役員給与をもらった個人の業務執行社員は給与所得となり、所得税が課されます。

利益配当は、会社が法人税を納めた後の利益を現実に分配するものです。つまり、会社が配当の支払いをしても、法人税上の損金とはなりません。では、利益配当をもらった社員の収入とはならない、となりそうですが、そうはなりません。個人の社員が利益配当をもらった場合、配当所得となり所得税が課されます。

つまり、個人である社員が利益配当を受ける場合には、法人税と所得税の二重に課税されるというわけです。このような配当の二重課税を排除するために、個人社員には配当控除、法人社員には受取配当等の益金不算入という規定があります。しかし、完全子法人株式等(株式等保有割合が100％のもの)でない限り、完全には排除されません。

以上のことにより、会社が業務執行社員に対して支払う場合、利益の配当ではなく、役員給与とするほうが得するため、利益の配当は利用されにくいでしょう。

業務執行社員に対して、利益の配当ではなく、役員給与とするほうが会社にとっては得になります

合同会社からの変更

「他の持分会社への種類変更」と「株式会社への組織変更」

他の持分会社への種類変更

合同会社では次に掲げる定款の変更をすることにより、他の種類の持分会社となることができます。

①社員の全部を無限責任社員とする定款の変更により合名会社への変更
②無限責任社員を加入させる定款の変更により合資会社への変更
③社員の一部を無限責任社員とする定款の変更により合資会社への変更

合同会社が上記により他の種類の持分会社となったときは、定款の変更の効力が生じた日から2週間以内に、本店の所在地において、種類の変更前の合同会社については解散の登記をし、種類の変更後の持分会社(合名会社、合資会社)については設立の登記をしなければならないことになっています。

ただし、合同会社から、無限責任社員が必要な合名会社や合資会社に変更を考えている方は、ほとんどいないでしょう。合名会社や合資会社から、合同会社への変更もできるので、そちらのほうがニーズがあるといえます。

株式会社への組織変更

合同会社を経営している方が、事業が大きくなり、資金を広く集めようとしたときには株式会社への変更を考えるでしょう。合同会社が株式会社に変更をすることを組織変更といいます。

合同会社から株式会社への組織変更をする場合の手続きは(1)組織変更計画の作成、(2)総社員の同意、(3)債権者保護の手続き、(4)組織変更の効力発生、(5)組織変更の登記の順となります。

(1)組織変更計画の作成

法定事項を定めた組織変更計画を作成する必要があります。法定事項とは、組

織変更後の株式会社の目的、商号、本店の所在地、発行可能株式総数、取締役の氏名や効力発生日といったものです。

■（2）総社員の同意

組織変更の効力発生日の前日までに、組織変更計画について総社員の同意を得なければならないことになっています。ただし、定款に別段の定めがある場合は、この限りではありません。なお、社員の同意は、組織変更の効力発生日の前日までに得ればよいので、**（3）債権者保護の手続き**のほうを先行させてもよいということになります。

■（3）債権者保護の手続き

債権者保護のために、次に掲げる事項を官報に公告をし、かつ、知れている債権者には、各別にこれを催告しなければならないことになっています。

①組織変更をする旨
②債権者が一定の期間内（１か月以上）に異議を述べることができる旨

■（4）組織変更の効力発生

組織変更計画で定めた効力発生日に株式会社となります。効力発生日に、組織変更計画の定めに従い、定款の変更をしたものとみなされます。そして、組織変更をする合同会社の社員は、効力発生日に、組織変更計画の定めに従い、組織変更後の株式会社の株主となります。

■（5）組織変更の登記

会社が組織変更をしたときは、その効力が生じた日から２週間以内に、その本店の所在地において、組織変更前の会社については解散の登記をし、組織変更後の会社については設立の登記をしなければならないことになっています。つまり、合同会社の解散と株式会社の設立の登記をするということになります。

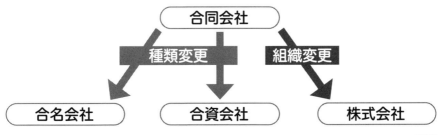

■ 株式会社へ組織変更にする場合の税務上の注意点

● (1) 会社は同一の法人格が維持される

　合同会社から株式会社への組織変更をした場合には、異動届出書を所轄の税務署、都道府県税事務所および市町村役場に速やかに提出します。

　ただし、組織変更をして株式会社となった場合でも、**組織変更前の合同会社の法人税法上の事業年度および消費税法上の課税期間は、その組織変更によっては区分されず、そのまま継続します。**

　また、組織変更前の合同会社が有していた資産および負債の帳簿価額を変更することはできないとされています。つまり、合同会社が有していた資産等が帳簿価額のままで株式会社に移転するということになりますので、移転にかかわる譲渡損益は生じないということになります。また、組織変更前の合同会社が繰越欠損金を有していた場合は、それも株式会社に引き継がれることになります。

　つまり、登記上は、合同会社の解散と株式会社の設立の登記をすることになりますが、税務上は解散および設立はなかったものが如く同一の法人格を維持する取り扱いがされるということになります。

● (2) 社員は「株主」となる

　合同会社から株式会社への組織変更をした場合には、組織変更前の合同会社の社員は、株式会社の株主となります。この場合において、次のとおりとなります。

> ア　組織変更前の合同会社の社員が有していた出資に代えて、株式会社の株式のみが交付される場合

　この場合には、有していた出資の取得価額が株式の取得価額に引き継がれるため、課税関係は生じません。

> イ　ア以外の場合

　例えば、組織変更前の合同会社の社員が有していた出資に代えて、株式と現金が交付されたとします。このような場合には、みなし配当が生ずることがあります。会社法上の配当ではないけれども、経済的実態が配当と異ならないものについては、税法上、配当とみなされます。これをみなし配当といい、課税関係が生じます。

よくわからない合同会社の社員権の取得勧誘に注意

合同会社からの変更

　事業実態が不透明な合同会社が多数の従業員を用いて、電話やインターネット、投資セミナー等さまざまな手段により、高利回りを謳って投資家に対して出資勧誘(社員権販売)を行っていました。

　投資家が勧誘に応じた結果、勧誘時に謳われていた利回りで運用されず、投資した資金自体も回収されない被害が広がる傾向にありました。

　なお、この怪しげな合同会社に勤めている従業員が、投資家に対して出資勧誘(社員権販売)を行うことについては、金商業登録不要(当時)ということがあり、かなりひどい状態で行われていたといえます。そのため、投資者保護を徹底する観点から、合同会社の業務執行社員以外の者(従業員や使用人)による当該合同会社の社員権の取得勧誘について、金融商品取引業の登録が必要な範囲を拡大するなどの見直しをするように証券取引等監視委員会が金融庁に対して求めました。

　その結果、内閣府令が改正され、令和4年10月3日から、合同会社の社員権については、その取得勧誘に業務執行社員以外の従業員が関与するときは、当該従業員が行う取得勧誘が業として行うものと認められる場合について、金融商品取引業の登録が必要となりました。なお、令和4年9月12日に同年10月3日から法改正がされることがわかったため、法規制が及ばない業務執行社員を増加する動きが、金融庁に苦情が寄せられていた合同会社数社にみられました。

　法規制を潜脱する目的で、単なる従業員等を形式的に業務執行社員とする怪しげな合同会社が増えてくることが予想されますので要注意です。

　本書を最後まで読んでいただいた読書の方はわかっていただけたと思いますが、合同会社は社員1名や社員数名(社員同士が知った仲)のスモールカンパニーに向いている法人です。知らない人を社員(出資者)に勧誘するような法人形態ではありません。ですから、よくわからない合同会社の社員権の取得勧誘には注意をしてください。

● 友人が合同会社を経営していて、社員にならないかと勧められた場合

　友人が合同会社を経営していて、社員にならないかと勧められた場合で、どうしても断れない場合は以下の点を注意してください。なお、ここでいう社員とは、本書で解説してきた社員のことであり、従業員のことではありません。

(謄本の確認)

　社員になる前には、登記所で、その合同会社の謄本(履歴事項全部証明書)を取

265

得しましょう。手数料を納付すれば誰でも取得できることになっています。枚数が多くなければ、登記事項証明書の手数料は1通につき600円となっています。

合同会社の謄本をとると、そこには以下のようなことが記載されています。

「会社法人等番号」「商号（会社名）」「本店（の所在場所）」「会社成立の年月日」「会社の事業（目的）」「資本金の額」「業務執行社員の氏名又は名称」「代表社員の氏名又は名称及び住所」

最低限の情報を知ることができます。勧誘をしている合同会社のパンフレットに書かれている記載と内容が相違ないか確認をしてください。

なお、合同会社設立前に出資を勧められている場合は、謄本を取得できません。

（定款の確認）

本書で解説してきたように、合同会社は「定款自治」がとられているため、会社法の原則規定どおりではなく、定款で別段の定めをして運営している可能性があります。実際、怪しげな合同会社は、一部の出資者である代表社員や業務執行社員は得ができるが、その他大勢の多数の社員は損するように定款が作成されています。ですから、社員になる前には、必ず、定款の確認をしてください。なお、定款は謄本のように、登記所（法務局）で取得するようなことはできませんが、会社に必ずあるものなので、会社に言って見せてもらいましょう。できれば、コピーを貰って持ち帰り、合同会社に詳しい専門家に相談すると良いでしょう。

社員の勧誘をしているのに、定款を見せない会社は怪しいので、社員になるべきではないと思います。なお、定款の確認ポイントはいくつかあるのですが、次の事項は必ず確認してください。

- **損益の分配**：会社は運営している以上、儲かったり、損したりします。その会社の損益の分配が、一部の社員が得になるように規定されていないか

- **配当請求**：仮に、会社が儲けて自分に利益が配分されたとしても、実際に配当されないと、絵に描いた餅となります。配当はどのように貰えるのか、どのように請求するのか

- **持分譲渡と退社**：社員となったが、やっぱりやめたいと思い、出資金を取り戻したい場合があるでしょう。その場合、持分譲渡（自分の出資持分を他者に譲渡）や退社（退社して、出資持分の払い戻しを受ける）という方法がありますが、この方法が厳しく制限されていないのか（例えば、払戻し制限額が設けられていないのか）

- **定款変更**：仮に定款を見せてもらっても、現時点での定款でしかありません。将来、定款変更をされる可能性があるので、定款変更をするための条件はどのようになっているのか

定款記載例

6章の内容を盛り込んだ定款の記載例を掲載します。本定款記載例の条項の中には、会社法の原則どおりのため、定款に記載する必要のないものもありますが、全社員が会社法のことを熟知しているとは限らないため、任意的記載事項として記載しています。

合同会社成美堂商店
定款

収入印紙

山田
太郎

定　　款

第1章　　総　　則

（商　　号）
第1条　当会社は合同会社成美堂商店と称し、英文ではＳｅｉｂｉｄｏ　ｓｔｏｒｅ,ＬＬＣと表示する。
（目　　的）
第2条　当会社は、次の事業を行うことを目的とする。
　　　　（1）レストランの経営
　　　　（2）喫茶店の経営
　　　　（3）前各号に附帯関連する一切の事業
（本店の所在地）
第3条　当会社は、本店を東京都港区に置く。
（公告の方法）
第4条　当会社の公告は、官報に掲載する方法により行う。

第2章　　社員及び出資

（社員の氏名、住所、出資及び責任）
第5条　社員の氏名及び住所、出資の価額並びに責任は次のとおりである。
　　　　（1）金100万円　東京都新宿区歌舞伎町九丁目8番○号
　　　　　　　有限責任社員　山田太郎
　　　　（2）金100万円　東京都渋谷区渋谷九丁目9番○号
　　　　　　　有限責任社員　渋谷次郎
　　　　（3）金100万円　東京都品川区品川一丁目2番○号
　　　　　　　有限責任社員　品川三郎
（持分の譲渡）
第6条　社員は、他の社員の全員の承諾がなければ、その持分の全部又は一部を他人に譲渡すること
　　　　ができない。
　　2　会社法第585条第2項及び第3項は、適用しない。
（競業の禁止）
第7条　業務を執行する社員は、当該社員以外の社員の全員の承認を受けなければ、次に掲げる行為
　　　　をしてはならない。
　　　　一　自己又は第三者のために当会社の事業の部類に属する取引をすること。
　　　　二　当会社の事業と同種の事業を目的とする会社の取締役、執行役又は業務を執行する社員
　　　　　　となること。
（利益相反取引の制限）
第8条　業務を執行する社員は、次に掲げる場合には、当該取引について当該社員以外の社員の全員
　　　　の承認を受けなければならない。
　　　　一　業務を執行する社員が自己又は第三者のために当会社と取引をしようとするとき。
　　　　二　当会社が業務を執行する社員の債務を保証することその他社員でない者との間において
　　　　　　当会社と当該社員との利益が相反する取引をしようとするとき。
（社員の加入）
第9条　新たに社員を加入させるには、総社員の同意を得なければならない。
（社員の任意退社）
第10条　社員は、事業年度の終了の時において退社をすることができる。この場合においては、当該
　　　　社員は、6か月前までに当会社に退社の予告をしなければならない。
　　2　前項の規定にかかわらず、社員は、やむを得ない事由があるときは、いつでも退社すること
　　　　ができる。
（社員の相続）
第11条　社員が死亡した場合には、その相続人は、他の社員の承諾を得て、持分を承継して社員とな
　　　　ることができる。

第3章　　業務の執行及び会社の代表

（業務執行社員）
第12条　当会社の業務は、業務執行社員がこれを執行する。
　　2　業務執行社員は、山田太郎、渋谷次郎及び品川三郎とする。
（代表社員及び社長）
第13条　当会社の代表社員は、山田太郎とする。
　　2　代表社員は社長とし、当会社を代表する。
（報酬）
第14条　業務執行社員の報酬は、社員の過半数の同意をもって定める。

第4章　　計　　　算

（事業年度）
第15条　当会社の事業年度は、毎年6月1日から翌年5月31日までとする。
（社員の損益分配の割合）
第16条　社員の損益分配の割合は、各社員の出資の価額に応じて定める。
（利益の配当）
第17条　利益の配当をしようとするときは、毎事業年度末日現在における社員に配当するものとし、
　　　　社員の過半数の同意をもって次の事項について決定する。
　　　　一　配当財産の種類及び帳簿価額の総額
　　　　二　社員に対する配当財産の割当てに関する事項
　　　　三　利益の配当がその効力を生ずる日
　　2　社員は前項の決定後でなければ、当会社に対して利益の配当を請求することができない。

第5章　　定款の変更

（定款の変更）
第18条　当会社が定款を変更するには、総社員の同意を得なければならない。

第6章　　附　　　則

（最初の事業年度）
第19条　当会社の最初の事業年度は、当会社の成立の日から令和×年5月31日までとする。
（定款に定めのない事項）
第20条　この定款に定めのない事項については、すべて会社法その他の法令の定めるところによる。

　以上、合同会社成美堂商店の設立のため、この定款を作成し、社員が次に記名押印する。

令和〇年6月3日

有限責任社員　　　山田太郎　

有限責任社員　　　渋谷次郎

有限責任社員　　　品川三郎

参考文献と本文中での略称

書籍名：論点解説 新・会社法―千問の道標 著　者：相澤哲・葉玉匡美・郡谷大輔（編著） 出版社：商事法務	→(略称)相澤・論点解説
書籍名：立案担当者による新・会社法の解説 　　　　（別冊商事法務（295）） 著　者：相澤哲（編著） 出版社：商事法務	→(略称)相澤・会社法の解説
書籍名：商業登記ハンドブック第4版 著　者：松井信憲 出版社：商事法務	→(略称)松井・商業登記
書籍名：新基本法コンメンタール 会社法3 　　　　（別冊法学セミナー no.239） 著　者：奥島孝康・落合誠一・浜田道代（編） 　　　　のうち、青竹正一（著）の部分参考 出版社：日本評論社	→(略称)青竹・会社法
書籍名：会社法コンメンタール第14巻 著　者：神田秀樹（編） 出版社：商事法務	→(略称)神田・会社法

通達名の略称

本書における通達とその略称を示しておきます。

平成18年3月31日付け法務省民商第782号法務局長・地方法務局長あて法務省民事局長通達「会社法の施行に伴う商業登記事務の取扱いについて」	→(略称)取扱通達
平成19年1月17日法務省民商第91号法務局長、地方法務局長あて民事局長通達「株式会社の設立の登記等の添付書面である資本金の額の計上に関する書面の取扱いについて」	→(略称)添付書面通達

その他の参考文献

○書籍名：法律時報80巻11号「合同会社や有限責任事業組合の実務上の利用例と
　　　　　問題点」
　著　者：関口智弘・西垣建剛　出版社：日本評論社

○書籍名：通達準拠 会社法と商業登記
　著　者：小川秀樹・相澤哲（編著）　出版社：金融財政事情研究会

○書籍名：５つの定款モデルで自由自在「合同会社」設立・運営のすべて
　著　者：神﨑満治郎　出版社：中央経済社

○書籍名：会社法 第17版
　著　者：神田秀樹　　出版社：弘文堂

○書籍名：株式会社法 第６版
　著　者：江頭憲治郎　出版社：有斐閣

○書籍名：資料版商事法務 344号（「合同会社の設立登記の手続とよくある質問」部分）
　著　者：東京法務局民事行政部法人登記部門　出版社：商事法務

○書籍名：商業登記実務から見た 合同会社の運営と理論（第２版）
　監修者：金子登志雄　出版社：中央経済社

■ 著者略歴
中島吉央（なかじま よしお）

東京クラウド会計税理士事務所・所長。行政書士・税理士。クラウド会計、
節税対策、税務調査、会社設立サポート、合同会社運営、不動産管理会社
運営、中小企業税務、株式・ＦＸ・仮想通貨などの証券・金融商品税務、
相続税・贈与税、遺言書作成、税務判決・税務裁決に精通。著書多数。

● イラスト：村山宇希

● 編集協力・DTP：knowm

● 企画編集：成美堂出版編集部

本書に関する正誤等の最新情報は、下記のＵＲＬをご覧ください。
https://www.seibidoshuppan.co.jp/support/

※上記アドレスに掲載されていない箇所で、正誤についてお気づきの場合は、書名・発行日・
　質問事項・氏名・住所・FAX番号を明記の上、**成美堂出版**まで**郵送**または**FAX**でお問い合
　わせください。**お電話でのお問い合わせは、お受けできません。**
※法律相談等は行っておりません。
※本書の正誤に関するご質問以外はお受けできません。
※内容によっては、ご質問いただいてから回答を郵送またはFAXで発送するまでお時間をい
　ただく場合もございます。

図解 いちばんやさしく丁寧に書いた合同会社設立・運営の本

2023年7月1日発行

著　者　中島吉央

発行者　深見公子

発行所　成美堂出版
　　　　〒162-8445　東京都新宿区新小川町1-7
　　　　電話(03)5206-8151　FAX(03)5206-8159

印　刷　大盛印刷株式会社

©SEIBIDO SHUPPAN 2023 PRINTED IN JAPAN
ISBN978-4-415-33228-4
落丁・乱丁などの不良本はお取り替えします
定価はカバーに表示してあります